Vom Zeitungsverlag zum Medienhaus

Thomas Breyer-Mayländer
(Hrsg.)

Vom Zeitungsverlag zum Medienhaus

Geschäftsmodelle in Zeiten der Medienkonvergenz

Herausgeber
Prof. Dr. Thomas Breyer-Mayländer
Hochschule Offenburg
Deutschland

ISBN 978-3-658-04099-4   ISBN 978-3-658-04100-7 (eBook)
DOI 10.1007/978-3-658-04100-7

Die Deutsche Nationalbibliothek verzeichnet diese Publikation in der Deutschen Nationalbibliografie; detaillierte bibliografische Daten sind im Internet über http://dnb.d-nb.de abrufbar.

Springer Gabler
© Springer Fachmedien Wiesbaden 2015
Das Werk einschließlich aller seiner Teile ist urheberrechtlich geschützt. Jede Verwertung, die nicht ausdrücklich vom Urheberrechtsgesetz zugelassen ist, bedarf der vorherigen Zustimmung des Verlags. Das gilt insbesondere für Vervielfältigungen, Bearbeitungen, Übersetzungen, Mikroverfilmungen und die Einspeicherung und Verarbeitung in elektronischen Systemen.

Die Wiedergabe von Gebrauchsnamen, Handelsnamen, Warenbezeichnungen usw. in diesem Werk berechtigt auch ohne besondere Kennzeichnung nicht zu der Annahme, dass solche Namen im Sinne der Warenzeichen- und Markenschutz-Gesetzgebung als frei zu betrachten wären und daher von jedermann benutzt werden dürften.

Lektorat: Barbara Roscher, Jutta Hinrichsen

Gedruckt auf säurefreiem und chlorfrei gebleichtem Papier

Springer Gabler ist eine Marke von Springer DE. Springer DE ist Teil der Fachverlagsgruppe Springer Science+Business Media
www.springer-gabler.de

Vorwort des Herausgebers

Es ist ziemlich genau ein Jahr her, als im Sommer 2013 die deutsche Medienlandschaft durch die Meldung aufgeschreckt wurde, dass der Medienkonzern Axel Springer sich von seinen Regionalzeitungen trennen wird. Dass kleinere Zeitungsverlage bei schwächelnden Marktpositionen verkauft werden und in größeren Einheiten aufgehen, war bereits ein etabliertes Muster der Marktveränderungen. Was aber hatte man vom De-Investment eines Großverlags zu halten, der bereits Jahre zuvor den Verlagsbegriff aus der eigenen Unternehmensbezeichnung gestrichen hatte? War das der Anfang vom Ende der Zeitungsbranche? Glauben denn nicht einmal mehr die Starken, die ja von den Skaleneffekten im Zeitungsgeschäft profitieren können, an die Zukunftsfähigkeit des Geschäfts? Seit rund zwanzig Jahren befasse ich mich mit der Analyse der Zeitungsmärkte; eigentlich ein Nischenthema. Aufgeregte Interviewanfragen des ZDF zeigten mir im Juli 2013, dass der Strukturwandel der Zeitungsbranche sich nun vom Nischenthema der Fachmedien zum allgemeinen Thema der Wirtschaftsberichterstattung gewandelt hatte.

Die deutschen Zeitungsverlage und ihre meist lokalen und regionalen Geschäftsfelder befinden sich in einem Umbruch, der für die Unternehmen als Akteure unterschiedliche strategische Optionen bietet. Dies ist zunächst keineswegs eine beunruhigende Situation, sondern lediglich ein Markt, der ein aktives Management der Verantwortlichen erfordert. Bei allen Diskussionen über Marktveränderungen wird häufig vergessen, dass viele dieser Medienunternehmen auch in Phasen der Veränderung ansehnliche Renditen erwirtschaften und der Handlungsrahmen damit keineswegs der beschränkte Rahmen des Krisenmanagements in fortgeschrittenem Krisenstadium ist. Wer Strategiekrisen rechtzeitig erkennt und Geschäftsfelder, Produkte und Geschäftsmodelle frühzeitig neu strukturiert, hat zwar intern eine Kraftanstrengungen im Change-Prozess zu bewältigen, muss aber keineswegs die Veränderungen im Rezipientenverhalten und im Medienmarkt fatalistisch aus Sicht des passiven Zuschauers erleben.

Dieses Buch liefert aus den unterschiedlichen Perspektiven der Fachautoren eine Momentaufnahme für die Umbruchsituation im deutschen Zeitungssektor. Dabei werden die Blickwinkel der Wissenschaft mit dem Blickwinkel des praktischen Verlags- und Medienmanagements kombiniert, sodass ein aktuelles und umfassendes Bild entsteht, das sowohl für die Zielgruppen aus Lehre und Forschung als auch für Praktiker und Quereinsteiger des Verlagswesens einen Einstieg in die aktuelle Diskussion bietet. Der erste Abschnitt

„Die Entwicklung zum Medienhaus aus Sicht der Wissenschaft" zeigt die strukturelle Veränderung der Branche und die Auswirkungen auf unterschiedliche Managementfelder auf. Der zweite Abschnitt „Best Practice: Produkte, Geschäftsmodelle auf dem Prüfstand" geht auf die Veränderungen der Branche aus der Perspektive der Unternehmen und Akteure ein, indem Verantwortliche aus Redaktion und Verlagsmanagement selbst zu Wort kommen. Da alle Beiträge jeweils in ihrem Themenfeld nicht nur die aktuelle Situation, sondern auch die grundsätzliche Struktur beschreiben, liefert dieser Band ein Strukturwissen, dass über die aktuelle Situation hinaus für die Analyse der Zeitungsbranche und der lokalen und regionalen Medienlandschaft relevant ist.

An dieser Stelle möchte ich mich recht herzlich bei allen Autorinnen und Autoren bedanken, die ihr Fachwissen zu diesem Herausgeberband beigesteuert haben und damit die notwendigen vielseitigen Perspektiven für diesen Band erst ermöglichen. Für die redaktionelle Arbeit bei der Vorbereitung des Bandes möchte ich Beate Ritter danken, die einmal mehr für die notwendige Anpassung des Manuskripts gesorgt hat. Besonderer Dank gilt Barbara Roscher und Jutta Hinrichsen vom Verlag Springer Gabler in Wiesbaden, die diesen Titel mit geplant und das Lektorat übernommen haben.

Ettenheimmünster, Juli 2014   Prof. Dr. Thomas Breyer-Mayländer

Inhaltsverzeichnis

Teil I Die Entwicklung zum Medienhaus aus Sicht der Wissenschaft

Medienkonvergenz: Auswirkungen auf die traditionellen Geschäftsmodelle
von Zeitungsverlagen 3
Prof. Dr. Thomas Breyer-Mayländer

Vom Zeitungsverlag zum Medienhaus: 50 Jahre Markt- und
Organisationsentwicklung im lokalen und regionalen Zeitungsmarkt 15
Prof. Dr. Thomas Breyer-Mayländer

Neue Produkte erfordern neue Qualifikationen – die Herausforderung
des Personalmarketings und Personalentwicklung 29
Prof. Christof Seeger

Herausforderung Personalentwicklung im Zeitungsverlag – Von
der Einzelkompetenz zur Teamkompetenz 43
Prof. Dr. Steffen Hillebrecht

Ist Content King? – Zur Bedeutung neuer Content-Formate 53
Michael Hallermayer, Manuel Menke und Prof. Dr. Susanne Kinnebrock

Lokaljournalismus und Partizipation: Profis zwischen User
Generated Content und Bürgerjournalismus 61
Prof. Dr. Christoph Neuberger

Geschäftsmodelle lokal, mobil, sozial: LBS, Couponing und mehr 73
Prof. Dr. Thomas Breyer-Mayländer

Paid Content-Modelle in der Übersicht 83
Holger Kansky

Zeitungsverlage als Fullservice-Dienstleister im Werbemarkt: Medienhäuser auf dem Weg zu einer regional orientierten Kommunikationsagentur 103
Prof. Dr. Steffen Hillebrecht

Rechtliche Dimension des Journalismus: Redaktionelle Verantwortung und User Generated Content 111
Prof. Dr. Stefan Ernst

Teil II Best Practice: Produkte, Geschäftsmodelle auf dem Prüfstand

BILD – Vermarktung einer starken Medienmarke 123
Peter Ludwig Müller

Apps, Online, Print: Crossmediale Content-Führung 129
Christian Weiß

Zeitungsmedien im Werbegeschäft – Die veränderte Rolle der regionalen Zeitungsmedien im Werbegeschäft 137
Dirk von Borstel

Kundenbeziehungen in der neuen Lebenswelt mit Social Media und Smartphone 147
Matthias Keil

Vom Regionalverlag zum Medienhaus: Herausforderungen im Markenmanagement 161
Prof. Dr. Bettina Rothärmel

Crossmedia in der Redaktion: Newsdesk, Newsflow 173
Markus Hofmann

Junge Leser – Zielgruppen für Zeitungsverlage? 185
Thorsten Merkle

Social Media als Verlagsaufgabe - People, nicht User 193
Christian Lindner

Social Media & neue digitale Geschäftsmodelle 203
Christian Hoffmeister

**Make vs. Buy, Digital vs. Print: Verlagsstrategien im Lokal-
und Regionalmarkt** 213
Dr. Holger Paesler

Das Markenerlebnis Medien Dome 223
Christian Kaufeisen

Content for free: „Huffington Post" als neues Modell des Journalismus? 233
Oliver Eckert

Hat Qualitätsjournalismus eine Zukunft? 237
Stefan Plöchinger

Autorenverzeichnis

Dirk von Borstel OMS Vermarktungs GmbH & Co. KG, Zollhof 4, 40221 Düsseldorf, Deutschland

Prof. Dr. Thomas Breyer-Mayländer Hochschule Offenburg, Badstr. 24, 77652 Offenburg, Deutschland

Oliver Eckert TOMORROW FOCUS Media GmbH, Neumarkter Str. 61, 81673 München, Deutschland

Prof. Dr. Stefan Ernst Kanzlei für Wirtschafts- und Medienrecht, Friedrichstr. 47, 79098 Freiburg i. Br., Deutschland

Michael Hallermayer Institut für Medien, Wissen und Kommunikation, Universität Augsburg, Universitätsstraße 2, 86159 Augsburg, Deutschland

Prof. Dr. Steffen Hillebrecht Hochschule für Angewandte Wissenschaften Würzburg-Schweinfurt, Münzstraße 12, 97076 Würzburg, Deutschland

Christian Hoffmeister DCI-Institute GmbH, Lehmweg 27, 20251 Hamburg, Deutschland

Markus Hofmann Badische Zeitung, Lörracherstraße 5a, 79115 Freiburg im Breisgau, Deutschland

Holger Kansky Bundesverband Deutscher Zeitungsverleger (BDZV), Markgrafenstraße 15, 10969 Berlin, Deutschland

Christian Kaufeisen Reiff Medien, Marlener Straße 9, 77656 Offenburg, Deutschland

Matthias Keil Data Management & Customer Care, AVS GmbH, Mainstraße 5, 95444 Bayreuth, Deutschland

Prof. Dr. Susanne Kinnebrock Institut für Medien, Wissen und Kommunikation, Universität Augsburg, Universitätsstraße 2, 86159 Augsburg, Deutschland

Christian Lindner Rhein-Zeitung, August-Horch-Straße 28, 56070 Koblenz, Deutschland

Manuel Menke Institut für Medien, Wissen und Kommunikation, Universität Augsburg, Universitätsstraße 2, 86159 Augsburg, Deutschland

Thorsten Merkle Jule: Initiative junge Leser GmbH, Ehlbeek 3, 30938 Burgwedel, Deutschland

Peter Ludwig Müller Axel Springer Media Impact GmbH & Co. KG, Axel-Springer-Str. 65, 10888 Berlin, Deutschland

Prof. Dr. Christoph Neuberger Institut für Kommunikationswissenschaft und Medienforschung, Ludwig-Maximilians-Universität München, Oettingenstraße 67, 80538 München, Deutschland

Dr. Holger Paesler Verlagsgruppe Ebner, Karlstraße 3, 89073 Ulm, Deutschland

Stefan Plöchinger Süddeutsche Zeitung Digitale Medien GmbH, Hultschiner Str. 8, 81677 München, Deutschland

Prof. Dr. Bettina Rothärmel BZV Medienhaus GmbH, Hamburger Straße 277, 38114 Braunschweig, Deutschland

Prof. Christof Seeger Hochschule der Medien, Nobelstr. 10, 70569 Stuttgart, Deutschland

Christian Weiß Würzburg, Deutschland

Der Herausgeber

Prof. Dr. Thomas Breyer-Mayländer Professor für Medienmanagement, Prorektor Marketing und Organisationsentwicklung, Hochschule Offenburg, Badstr. 24, 77652 Offenburg.

Teil I
Die Entwicklung zum Medienhaus aus Sicht der Wissenschaft

Medienkonvergenz: Auswirkungen auf die traditionellen Geschäftsmodelle von Zeitungsverlagen

Prof. Dr. Thomas Breyer-Mayländer

Inhaltsverzeichnis

1	Ebenen der Medienkonvergenz	4
	1.1 Medientechnik	4
	1.2 Medieninhalte	5
	1.3 Mediengattungen	5
	1.4 Medienpolitik	6
2	Veränderte Rollen von Mediengattungen	6
3	Medienkonvergenz und Werbemarkt	9
4	Das Geschäftsmodell des traditionellen Zeitungsgeschäfts	10
5	Neue Geschäftsmodelle	12
	Literatur	13

Zusammenfassung

Die traditionellen Geschäftsmodelle der Zeitungsverlage beruhen auf der Werbevermarktung von Anzeigen und Beilagen und dem direkten Erlösmodell für journalistische Inhalte durch Abonnement, bzw. Einzelverkaufserlöse. Diese Geschäftsmodelle verändern sich zugunsten neuer nicht-journalistischer digitaler Geschäftsmodelle, deren Zukunftsfähigkeit jedoch in vielen Fällen noch nicht bewiesen ist.

Dieses Kapitel beschreibt den technologischen, politischen und wirtschaftlichen Hintergrund, vor dem die derzeitigen Veränderungen der deutschen Zeitungslandschaft zu bewerten sind. Das Phänomen der Konvergenz, d. h. unterschiedliche Entwicklungslinien bewegen sich aufeinander zu, können wir in ganz unterschiedlichen

---

Prof. Dr. Thomas Breyer-Mayländer (✉)
Hochschule Offenburg, Badstr 24, 77652 Offenburg, Deutschland
E-Mail: breyer-maylaender@hs-offenburg.de

© Springer Fachmedien Wiesbaden 2015
T. Breyer-Mayländer (Hrsg.), *Vom Zeitungsverlag zum Medienhaus*,
DOI 10.1007/978-3-658-04100-7_1

gesellschaftlichen Bereichen immer wieder feststellen. Positionen politischer Parteien konvergieren, Hochschulgattungen nähern sich einander an und ebenso die Mediengattungen in Form der „Medienkonvergenz".

1 Ebenen der Medienkonvergenz

Konvergenz beschreibt aus Marktsicht die Verbindung von getrennten Märkten, was zu neuen Leistungsangeboten und systematischen Lösungen führt (vgl. Keuper und Hans 2003, S. 36). Medienkonvergenz beschreibt eine Entwicklung, wonach die unterschiedlichen Mediengattungen zusammenwachsen (Zerdick et al. 1999, S. 132 ff.). Dabei wird meist darauf hingewiesen, dass sich die Medienbranche als Teil der Kulturwirtschaft (Breyer-Mayländer 2013) aufgrund der gemeinsamen technischen Grundlage der digitalen Übertragungs- und Medientechnik mehr und mehr zu einer komplexen Industrie entwickelt, bei der vor- und nachgelagerte Wertschöpfungsstufen in die Branche integriert werden. Die Konvergenz geht damit über die reine Medienkonvergenz hinaus (Engel 2014, S. 47).

Um diese Entwicklung zu beschreiben, wurde der Begriff der TIME-Branchegeprägt (vgl. Breyer-Mayländer und Werner 2003, S. 367 ff.), da die Bereiche Telekommunikation, Informationstechnologie, Medien und Entertainment (TIME) sich aufgrund der digitalen Technologie und der technischen Verbindung über das TCP/IP basierte Internet (Gläser 2008, S. 270 ff.) zu einem neuen Marktsegment ergänzen. Diese Entwicklung hat auch 2014 nichts an Aktualität eingebüßt, beschreibt sie doch den Rahmen, in dem einige Marktinnovationen – beispielsweise im Bereich der mobilen Angebote – erst überhaupt möglich erscheinen. Es ist jedoch hilfreich, nicht mit verkürzten Diskussionen über das Aussterben „alter Medien" oder die völlige Integration aller Medienkanäle in ein Multimedium – beispielsweise „Quadplay" als Verbindung von Telefon, Internet, TV, Mobilfunk (Hofbauer 2008, S. 4) die Veränderungen in den klassischen Medienmärkten auszublenden. Es sind die grundlegenden Rahmenbedingungen für die Strategiebildung bei der Entscheidung, wo die Verlage durch Eigeninvestment, Kooperation oder Knowhow-Aufbau investieren wollen (vgl. Sjurts 2002, S. 20). Im Folgenden werden daher die Strukturen der Konvergenz näher untersucht und die Auswirkungen auf den Markt der klassischen Zeitungsverlage beschrieben.

1.1 Medientechnik

Konvergenz ist zunächst ein Phänomen, das jenseits der dahinter liegenden marktpolitischen und publizistischen Konzepte zunächst durch die Digitaltechnik ermöglicht wurde, die als Prozesstechnologie in allen Mediengattungen Einzug gehalten hat (vgl. Breyer-Mayländer 2001). Das bedeutet, dass selbst dann, wenn das Endprodukt keineswegs als digitales Produkt, sondern beispielsweise als gedruckte Zeitung auf den Markt gebracht wird, die davor liegenden Prozesse der Content-Akquise und Produktion durch die Digitaltechnik geprägt sind. Obwohl viele kurz gefassten Darstellungen zur Konvergenz die Medientechnik als Technik der digitalen Produkte beschreiben, liegt die eigentliche Veränderung zunächst in der gemeinsamen Technologie zur Produktion und Produkt(weiter)entwicklung. In Zusammenhang mit der Digitalisierung ist die veränderte Rolle des Content und der Content-Intermediation im Fokus des Innovationsprozesses (Walter 2007, S. 8). Die Mediengeschichte zeigt, dass rein technische Innovationen keine Veränderung der Medienstrukturen und der Mediensysteme hervorrufen. Mit ausschließlich technischen Innovationen werden keine Veränderungen der Mediengattungen erreicht (vgl. Seufert 2013, S. 8).

1.2 Medieninhalte

Innovationen im Mediensektor sind im Gegensatz zu anderen Branchen nicht immer davon abhängig, dass die technologische Basis erneuert wird. „Die generell in der Innovationsliteratur konstatierte große Bedeutung neuer Technologien alszentralem Merkmal von Produktinnovationen bestätigt sich auch für Medieninnovationen, jedoch mit Einschränkungen. Bei Medienproduktenist der Inhalt das zentrale Element der Nutzenstiftung, wobei Inhalt und Technologie verzahnt sind und im Ergebnis eine aggregierte Nutzenstiftung erfolgt" (Habann 2010, S. 19). Viele Medieninnovationen, wie z. B. die Erfolgsromane der „Harry Potter"-Serie, beruhen auf einer alten Technologie, aber auf neuen inhaltlichen Konzepten. Daher kommt bei der Weiterentwicklung von Produkten und Märkten den Inhalten eine besondere Bedeutung zu. Dabei geht es im Rahmen der Konvergenz um die neuen Inhalte, die durch die Kombination früher getrennter Medienkanäle und -technologien möglich werden. Die inhaltliche Verbindung eines digitalen Stadtführers mit interaktiven Anwendungen auf einem mobilen Endgerät, das zudem über Social Media-Plattformen mir als Nutzer anzeigt, welcher meiner Freunde auch in der Stadt unterwegs ist, mag ein Beispiel für eine solche Neuerung sein (vgl. Breyer-Mayländer 2011).

1.3 Mediengattungen

Bereits bei der Konvergenz der ersten Generation, beispielsweise der Kombination von titelbezogenen Print- und Online-Angeboten der Zeitungs- und Zeitschriftenverlage, zeigte sich recht schnell, dass ursprüngliche Grenzen der Mediengattungen an Bedeutung verlieren. Online-Angebote von Zeitungen, Zeitschriften und nachrichtenorientierten TV-Formaten stehen in direktem Wettbewerb, da sie vergleichbare Themen ähnlich aufbereiten und über identische mediale Kanäle für in weiten Teilen dieselbe Zielgruppe aufbereiten und anbieten. Dies führt auch zu Verschiebungen im konvergierenden Medienmarkt und der Notwendigkeit die unterschiedlichen Medien im früheren Zeitungsverlag als Medienhaus zu integrieren (vgl. Prümmer 2001).

1.4 Medienpolitik

Die Regulierung der Medien ist ein besonders sensibles Thema, da die Meinungs-, Informations- und Medienfreiheit, wie sie beispielsweise in Deutschland in Art. 5 GG festgeschrieben ist, einer allzu starken Einflussnahme (sowohl im Bereich des Medienrechts als auch im Bereich der Stimulierung über Subventionen etc.) entgegensteht. Die Mediengattungen hatten aufgrund ihrer spezifischen Unterschiede und der abgrenzbaren Märkte jeweils eigene Spezialregulierungen (Marktzugang im Rundfunk wegen der bisher knappen Ressource Frequenz, Vertriebsfreiheit als intensiver Regulierungsgegenstand im Pressesektor (vgl. Ipsen 1980, S. 45)etc.). Die neuen Realitäten verändern auch hier die Situation und erfordern einen gemeinsamen Blick auf die rechtlichen und politischen Rahmenbedingungen für die Produktion, Distribution und den Konsum von Medien. Ein Beispiel hierfür ist der App-Store, der unter der dominanten Rolle von Apple darüber entscheidet, in welcher Form und zu welchem Preis „Apps" für den Markt zugelassen sind. Ein Eingriff in die Neutralität des Medienvertriebs, der den bisherigen Prinzipien (z. B. des Pressevertriebs) komplett widerspricht. Im europäischen Raum steht die Etablierung einer konvergenten Gesetzgebung in den meisten Ländern noch aus, da man auf der Ebene der Einzelgesetze bislang Regelungen aufgebaut hat (Arnold 2013, S. 242 ff.).

Die Konvergenz der Medien sollte jedoch nicht als Auftakt zum großen Einheitsbrei missverstanden werden. Bereits vor der Debatte um Medienkonvergenz haben beispielsweise in der Vermarktung von Werbung Konzepte von Crossmedia (der gemeinsamen Abstimmung von Inhalten und Botschaften über Mediengattungsgrenzen hinweg) und des Mediamix (gezielte Kombination einzelner Medien- und Kommunikationskanäle im Rahmen einer Werbekampagne) erfolgreich die einzelnen Medien kombiniert, ohne zu einer kompletten Auflösung von Eigenheiten der ursprünglichen Ausgangsmedien zu führen.

2 Veränderte Rollen von Mediengattungen

Bereits die neuen Möglichkeiten, die sich aus der Konvergenz der Medien ergeben, legen nahe, dass sich entsprechend dem Riepl'schen Gesetz (1913) die Anwendungsbereiche der etablierten Medien verändern. Wir haben jedoch als Umfeldbedingung für die Veränderungen im Verlagsmarkt nicht nur Innovationschancen, sondern auch die Situation, dass die Nutzung der unterschiedlichen klassischen Medienarten sich im Zuge des zunehmenden intermedialen Wettbewerbs verändert. Am deutlichsten sieht man diese Veränderung bei der Reichweite von Mediengattungen und dem Zeitbudget, bzw. der Mediennutzung im Tagesablauf (vgl. Best und Breunig 2011).

Schauen wir anhand der ARD/ZDF-Studie „Massenkommunikation" auf die großen Entwicklungstrends, dann fällt aus der Perspektive der Zeitungsbranche zunächst auf, dass die Bindung an das Medium Tageszeitung keinen dramatischen Veränderungen im Zeitablauf unterliegt (vgl. Tab. 1 Eimeren und Ridder 2011).

Tab. 1: Bindung an Medien – Vermissen und Entscheiden in einer simulierten Grenzsituation (ARD/ZDF-Studie „Massenkommunikation")

	1970	1974	1980	1985	1990	1995	2000	2005	2010
Es würden sehr stark/ starkvermissen…									
Fernsehen	60	53	47	42	51	54	44	44	45
Hörfunk	42	47	52	54	57	55	58	57	52
Tageszeitung	47	53	60	57	63	58	52	46	42
Internet	–	–	–	–	–	–	8	21	38
Es würden sich entscheiden für…									
Fernsehen	62	57	51	47	52	55	45	44	32
Hörfunk	21	25	29	31	26	27	32	26	21
Tageszeitung	15	17	18	20	20	17	16	12	11
Internet	–	–	–	–	–	–	6	16	33

Befragte: BRD gesamt (vor 1990 alte Bundesländer), Pers. ab 14 Jahren in %

Tab. 2 Nutzungsdauer der Medien im Zeitverlauf (ARD/ZDF-Studie „Massenkommunikation")

	1970	1974	1980	1985	1990	1995	2000	2005	2010
Fernsehen	113	125	125	121	135	158	185	220	220
Hörfunk	73	113	135	154	170	162	206	221	187
Tageszeitung	35	38	38	33	28	30	30	28	23
Internet	–	–	–	–	–	–	13	44	83
CD/LP/MC/MP3	–	–	15	14	14	14	36	45	35
Bücher	–	–	22	17	18	15	18	25	22
Zeitschriften	–	–	11	10	11	11	10	12	6
Video DVD	–	–	–	2	4	3	4	5	5

Befragte: BRD gesamt (vor 1990 alte Bundesländer), Pers. ab 14 Jahren in Minuten/Tag Nutzungsdauer Mo,-So., der Sonntag wurde erst ab 1990 in die Erhebung aufgenommen

Erste negative Entwicklungen sind bei der für die Zeitungslektüre aufgewandten Zeit festzustellen. Hier konnten andere Mediengattungen erheblich zulegen und davon profitieren, dass das Zeitbudget der privaten Medienkonsumenten sich über die Jahre hinweg erheblich ausgedehnt hat. Aber auch der Rundfunk (TV, Radio), der erheblich davon profitiert hatte, steht vor einem Sättigungs- und Konsolidierungsprozess (vgl. Tab. 2).

Die aus Sicht der Zeitungsverlage dramatische Situation ergibt sich jedoch vor allem aus der langfristigen Entwicklungstendenz der Reichweiten. Die Tageszeitungen haben erheblich an Reichweite eingebüßt (vgl. Tab. 3).

Vergleichen wir diese Werte mit den aktuellen Daten der Mediaanalyse und steigen wir hier in einer Detailbetrachtung in die Entwicklung einzelner Altersklassen ein, so ergibt sich ein durchaus problematischer Befund. Die Reichweiten sinken, vor allem jüngere Altersklassen, die eigentlich für die Vermarktung des Mediums im Werbegeschäft und die

Tab. 3 Reichweiten der Mediengattung in Deutschland im Zeitverlauf (ARD/ZDF-Studie „Massenkommunikation")

	1970	1974	1980	1985	1990	1995	2000	2005	2010
Fernsehen	72	78	77	72	81	83	85	89	86
Hörfunk	67	70	69	76	79	75	85	84	79
Tageszeitung	70	73	76	73	71	65	54	51	44
Internet	–	–	–	–	–	–	10	28	43
CD/LP/MC/MP3	–	–	18	16	15	16	21	28	25
Bücher	–	–	22	21	20	21	18	23	21
Zeitschriften	–	–	22	20	19	22	16	17	11
Video DVD	–	–	–	3	4	4	5	4	4

Befragte: BRD gesamt (vor 1990 alte Bundesländer), Pers. ab 14 Jahren in% Reichweite Mo,-So., der Sonntag wurde erst ab 1990 in die Erhebung aufgenommen

Zukunftsfähigkeit im Vertriebsgeschäft entscheidend sind, werden nur unzureichend von Zeitungen angesprochen (vgl. Abb. 1).

Positiv werten die Zeitungsverlage jedoch die Tatsache, dass man mit diesem Medium überhaupt die sehr zersplitterte Zielgruppe der Jugendlichen und jungen Erwachsenen erreichen kann. Denn es wird für Werbetreibende immer schwieriger, überhaupt Leit- und Basismedien für junge Zielgruppen festzulegen, da hier die Mediennutzung zunehmend fragmentiert ist.

Eine erste Ergänzung liefert im Zeitalter der digitalen Medien der Bereich der Online-Angebote, der PDF-Versionen und der Zeitungs-Apps, wobei hier aktuell noch Probleme bestehen, die Geschäftsmodelle des Print-Sektors durch neue Modelle zu ergänzen (s. u.).

Bei der Veränderung in der Nutzung und Anwendung von Medienformen spielt nicht nur deren Funktion im Tagesablauf eine Rolle. Tageszeitungen als Morgenmedien spielen im Wettbewerb zu den elektronischen Medien keine große Rolle mehr bei der erstmaligen Übermittlung von Nachrichten (diese sind mit Ausnahme lokaler oder regionaler Gegebenheiten meist schon vor dem Lesen der Zeitung der Zielgruppe bekannt). Stattdessen bekommen die Hintergrundberichterstattung und die Themenauswahl eine größere Bedeutung für Zeitungsleser, die die Tageszeitung nach wie vor als aktuelles Morgenmedium nutzen.

Ein weiterer Bedeutungswandel entsteht durch die Tatsache, dass Medien, die professionell durch bezahlte Redaktionen erstellt werden, seit 2005 verstärkt mit Plattformen konkurrieren, die im Internet oder auf anderen (mobilen) digitalen Plattformen vertreten sind und in erster Linie von den Nutzern erstellten Content (User Generated Content) zur Verfügung stellen. Abgesehen von der Tatsache, dass man dann oftmals euphorisch vom „Prosumenten/Prosumer" (Hellmann 2010, S. 36)spricht, der Konsumenten und Produzenten-Eigenschaften auf sich vereint, stellt sich die Frage, wie stark diese Form von Inhalten tatsächlich mit redaktionellen Inhalten vergleichbar ist. Da Tageszeitungen heute aber nicht mehr nur ihre Existenzberechtigung daraus ableiten, dass sie die ersten sind,

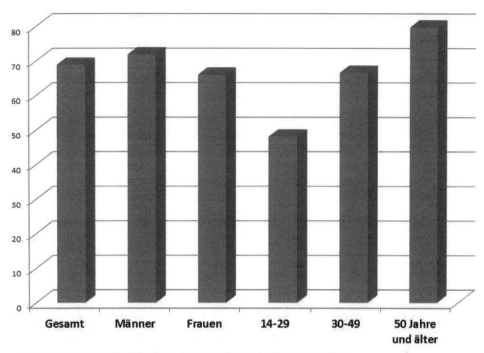

Reichweite [%] Basis: Deutschsprachige Bevölkerung ab 14 Jahren,

Abb. 1 Reichweite der Zeitungen nach Zielgruppen. (AGMA-Daten nach ZMG). (Quelle: Media-Analyse 2013, Pressemedien II)

die Fakten mitgeteilt bekommen haben, relativiert sich die Konkurrenzsituation zu reinen Infodiensten, wie z. B. dem Microblogging-Dienst Twitter.

3 Medienkonvergenz und Werbemarkt

Ein erheblicher Teil der Erlöse von Zeitungen (Tages- und Wochenzeitungen; lokale, regionale und überregionale Zeitungen, Kauf- und Abonnement-Zeitungen) stammt aus dem Werbeerlös, der vor allem über Anzeigen und Beilagen erwirtschaftet wird. Um hier einen serösen Blick auf die Entwicklungen der Branche werfen zu können, empfiehlt sich eine Auswertung der Daten des Zentralverbands der Deutschen Werbewirtschaft (ZAW), da diese Daten als Nettodaten bereits um die Rabatte des Werbegeschäfts bereinigt sind (vgl. Seufert 1994, S. 100). In vielen Mediengattungen herrscht nämlich keineswegs eine besonders hohe Preislistentreue, sondern große Kunden fordern Rabatte von bis zu 80 %, sodass die Brutto-Werte, wie sie beispielsweise in der Statistik von Nielsen S + P ausgewiesen werden, eine deutliche Unschärfe enthalten.

Lange Jahre haben die Tageszeitungen die Statistik als größter deutscher Werbeträger angeführt (vgl. Breyer-Mayländer und Seeger 2004, S. 22). Parallel zum kontinuierlichen

Rückgang der Reichweite hat sich jedoch auch zumindest eine Stagnation in den letzten Jahren auch ein Rückgang des Gesamtwerbeumsatzes in der Statistik abgezeichnet. In einzelnen amerikanischen Lokalmärkten konnte man seit 2008 zudem eine Entwicklung erkennen, die auch künftig in Deutschland in abgegrenzten Märkten eintreten kann. Sobald die Reichweite im Lesermarkt aus Sicht der Werbekunden unter einen kritischen Wert fällt (diesen definiert jeder Werbekunde selbst), fällt der Werbeträger aus dem „relevant set" für die Mediaplanung und muss durch Ergänzungsangebote wie Resthaushaltsabdeckung gestützt werden (vgl. Donnerstag et al. 2005, S. 143 ff.). Daher hat der schleichende Rückgang bei einigen Titeln im amerikanischen Markt auch einige deutliche Einbrüche bewirkt (vgl. Siepmann 2010). Im Lokalgeschäft macht der Generationenwechsel bei inhabergeführten Werbekunden einigen Tageszeitungen zu schaffen, da eine neue Inhabergeneration über Werbeausgaben entscheidet, die selbst nicht mehr sehr intensiv als Zeitungsleser sozialisiert wurde.

Die Zeitungsbranche selbst kann als sehr schrumpfende Branche (vgl. Porter 1999, S. 324 ff.) charakterisiert werden, was strategisch zur Folge hat, dass Nischenstrategien, Verfahren der Marktabschöpfung oder wie es gerade 2013 mit dem Rückzug von Springer aus dem Geschäft der Regionalzeitungen sichtbar wurde, mit der „frühzeitigen Liquidation", d. h. dem rechtzeitigen Verkauf, solange man noch etwas dafür bekommt, im strategischen Management reagiert werden kann (Springer Verlag und Funke Mediengruppe 2013).

4 Das Geschäftsmodell des traditionellen Zeitungsgeschäfts

Lange Zeit galt im Bereich der lokalen und regionalen Abonnement-Zeitungen die Erlösaufteilung zwischen Werbung (Anzeigen sowie Beilagen) und Vertrieb als statisch. Zwei Drittel stammten aus dem Werbegeschäft und ein Drittel waren Vertriebserlöse über die verkauften Zeitungen im Abonnement und (zum weitaus geringeren Teil) am Kiosk (vgl. Breyer-Mayländer et al. 2010, S. 435 ff.).

Durch die negative Entwicklung der Zeitungsreichweiten hat das Werbegeschäft angesichts des zunehmenden intermedialen Wettbewerbs im Werbemarkt so stark gelitten, dass der Anteil auf 50 % und weniger abgesunken ist (Breyer-Mayländer 2010). Das Grundgeschäftsmodell der gedruckten Zeitung mit den zwei Erlössäulen bleibt zwar für das gedruckte Produkt bestehen, jedoch findet der Werbeerlös auf einem wesentlich niedrigeren Niveau statt. Der gezielten Preispolitik unter Ausschöpfung der Preisspielräume im Vertrieb kommt eine wesentlich größere Bedeutung zu (vgl. Bauer und Schneider 2007). Einige Verlage konnten die Gesamtsituation der Erlöse durch gezielte Preiserhöhungen im Vertriebsmarkt stabilisieren. Diese Kompensationsmöglichkeiten sind jedoch mittelfristig und vor allem langfristig begrenzt, sodass von einem niedrigeren Erlöspotenzial im Printgeschäft auszugehen ist.

Hier wirkt sich auch das Problem aus, dass Kernelemente der Funktionen gedruckter Zeitungen von anderen Medienformen auch zeitungsnahen Medien wahrgenommen werden und in Konkurrenz zur gedruckten Zeitung stehen. Internetplattformen mit lokalen und regionalen Inhalten und Zielgruppen sind als paidcontent-Modell nur begrenzt erfolgreich.

Die vielfältigen Angebote auf Basis von „free content" begrenzen derzeit zumindest die Kommerzialisierbarkeit einiger digitaler Produktvarianten der Zeitungsverlage (z. B. Online-Angebote oder Apps). Für den mittelfristigen Erfolg der Zeitungsbranche ist es entscheidend, dass die Erfolgsfaktoren der aktuell dominierenden lokalen und regionalen Produkte ausgebaut und auf neue Medienformen übertragen werden (Plaikner2013). Im internationalen Vergleich ist die Nachfrage in Deutschland nach regionalen Informationen überdurchschnittlich (Hölig und Hasebrink 2013, S. 522), auch die Nachfrage nach Zeitungsangeboten in digitalen Medien ist zufriedenstellend (Hölig und Hasebrink 2013, S. 526). Dennoch lässt sich daraus keine Garantie für tragfähige Geschäftsmodelle wie Paid-Content ableiten.

Die früher sehr starken lokalen und regionalen Rubrikanzeigen (Kfz-, Immobilien-, Stellen-Anzeigen) sind aufgrund der technisch vorteilhaften Recherchierbarkeit sehr stark zu Online-Anbietern abgewandert (vgl. Riefler 1996; Hesse 2001), die zwar teilweise auch im Besitz der Zeitungsverlage, bzw. ihrer Mediengruppen sind, die jedoch ebenfalls nicht den Umsatzverlust der einzelnen gedruckten Zeitung komplett kompensieren können.

Das traditionelle Geschäftsmodell der Zeitungshäuser basiert auf dem Verbund von redaktionellem Medienprodukt und Werbung. Kiefer spricht in diesem Zusammenhang von der Eigenschaft eines Kuppelprodukts (Kiefer 2001, S. 151), bei dem bereits im Rahmen der Produktion Nutzer- und Werbemarkt verknüpft werden. Dieser Zusammenhang gilt als einer der Hauptfaktoren für die Konzentrationstendenzen in Zeitungsmärkten (vgl. Heinrich 2001, S. 129 ff.). Die Zeitungen, die mit ihren Produkten ein größeres Zielpublikum erreichen, sind in der Lage, ihre Kontakte zu einem günstigeren Preis an die Werbekundschaft zu verkaufen. Der Tausend-Kontakt-Preis (TKP) ist daher bei den Marktführern im Rezipientenmarkt im Regelfall günstiger, als bei den Zweit- oder Drittplatzierten (Breyer-Mayländer und Seeger 2006, S. 15). Daher besteht die Tendenz, diese Erweiterung des normalen Skaleneffekts durch die Bildung größerer Verlagsgruppen zu nutzen. Die Auswirkungen des Zusammenhangs zwischen Nutzer- und Werbemarkt zeigt am Beispiel der Printmedien auch das Modell der Anzeigen-Auflagen-Spirale auf (vgl. Breyer-Mayländer und Seeger 2004, S. 19 nach dem Modell von: Pürer und Raabe 1996, S. 216).

Die erste Einschränkung der Theorie liegt in der Abgrenzbarkeit der Märkte. Nur dann, wenn eine klare Substitutionsbeziehung zwischen einzelnen Produkten besteht, kann der Erfolg des einen direkt den Misserfolg des anderen darstellen, wie dies der Theorie zugrunde liegt. Da im gegenwärtigen Zeitungsmarkt jedoch der intramediale Wettbewerb auch in den früher eher geschützten lokalen und regionalen Informations- und Unterhaltungsmärkten Einzug gehalten hat, geht es nicht mehr nur um die Frage, welche gedruckte Zeitung in welchem Markt die Nase vorn hat.

Die Bildung großer Einheiten und damit ein Konzentrationsprozess im Zeitungsmarkt ist die ökonomische Antwort auf diese grundsätzliche Schwäche des traditionellen Geschäftsmodells. Die Kostenstruktur der Medienproduktion mit dem hohen Anteil an Fixkosten begünstigt diese Entwicklung. Die „First-Copy-Costs" sind sehr hoch, während eine steigende Menge (höhere Auflagen innerhalb der Zeitungsgruppe) zu sinkenden Stückkosten und damit besseren Kostenstrukturen führen (vgl. Breyer-Mayländer und Werner 2003, S. 229 ff.).

Eine im Zusammenhang mit der Neuformulierung des Kartellrechts und der Pressefusionskontrolle diskutierte Variante, wonach im Zeitungsgeschäft die schwächeren Verlage vom Gesetzgeber das Recht bekommen sollten, eine Zwangsanzeigenkombination mit dem Marktführer einzugehen (Röper 2004, S. 282), verdeutlicht dieses Dilemma. Jedoch hätten solche regulatorischen und medienpolitischen Klimmzüge im Sinne einer Vorbereitung der medienpolitischen Konvergenz das strukturelle Problem der Zeitungsbranche durch die Schwäche des Geschäftsmodells keinesfalls lösen können. Die Ansätze beruhen auf der Idee, dass Zeitungen ein meritorisches Gut sind, d. h. ein Produkt, von dem sich die Gesellschaft ein größeres Angebot und eine stärkere Nachfrage wünscht als es von Seiten des Marktes ermöglicht wird (vgl. Beyer und Carl 2004, S. 67).

5 Neue Geschäftsmodelle

Um die erkennbaren Schwächen der bestehenden Geschäftsmodelle zu kompensieren, werden neue Geschäftsfelder in den jeweiligen Marktsegmenten der Zeitungsverlage erforderlich (vgl. Breyer-Mayländer 1999; Nohr 2013). In den folgenden Kapiteln werden diese neuen Geschäftsfelder, die dahinter liegenden Geschäftsmodelle und ihre Wechselwirkungen ausführlich behandelt, sodass an dieser Stelle eine kurze Auflistung ausreicht.

- Digitale Produkte: Online-Angebote, E-Paper, Apps und die mobilen Varianten der digitalen Produkte sind die bekanntesten Varianten digitaler Produkte für Zeitungsmärkte. Hierzu gehören auch die unterschiedlichen Paid-Content-Modelle (vgl. zu den Anfängen Nogly 2003) sowie die Pricing-Strategien für Digitalprodukte im Vergleich zu den Print-Angeboten (vgl. Bauer 2011).
- E-Commerce: Neben klassischen Medienprodukten sind es Plattformen des Handels, die zusätzliche Verkaufserlöse gestatten.
- Services: Zusätzliche Dienstleistungen in Verbindung mit (lokalen und regionalen) Kooperationspartnern, bei denen die Kontakte vor Ort und das Vertrauen in die Zeitungs- und Verlagsmarke genutzt werden (z. B. Rechtsberatung etc.).
- Sonderprodukte aus dem Medienbereich: Dies können bei überregionalen Marken eigene Buch- und CD-Editionen sein, oder im lokalen Markt Sonderprodukte, die den lokalen Bezug als Produktkern beinhalten (beispielsweise historische Filmaufnahmen der Region).
- Kundenmanagement: Die Vermarktung von Beziehungen zu privaten Endkunden aus dem Vertriebsgeschäft und gewerblichen Kunden aus dem Werbegeschäft lässt sich auch auf andere Themenfelder ausdehnen und ermöglicht zusätzliche Erlös- und Geschäftsmodelle.

Literatur

Arnold, D. (2013). Auf dem Weg zum „Single-Regulator"? Medienregulierung in Europa. In W. Seufert & F. Sattelberger (Hrsg.), *Langfristiger Wandel von Medienstrukturen: Theorie, Methoden, Befunde (Reihe Medienstrukturen Nr. 4)*. (S. 239-258). Baden-Baden. Nomos

Bauer, F. (2011). Alte Fehler nicht wiederholen. *dnv*, 4, 20 (Hamburg).

Bauer, F., & Schneider, P. (2007). Konzeptionelle Grundlage valider Preisoptimierung im Zeitungsmarkt. *Planung & Analyse Ausgabe,5*(2007), 39–43 (Frankfurt a. M).

Best, S., & Breunig, C. (2011). Parallele undexklusive Mediennutzung. *Media Perspektiven*, 1, 16-35 (Frankfurt a. M).

Beyer, A., & Carl, P. (2004). *Einführung in die Medienökonomie*. Konstanz. UVK

Breyer-Mayländer, T. (1999). Zeitungen online - woher kommen die Umsätze?. BDZV (Hrsg.), *Zeitungen '99*, 170–179 (Bonn). ZV

Breyer-Mayländer, T. (2001). Auswirkungen der Digitaltechnik auf die technische Weiterentwicklung von Zeitungen und Zeitschriften. In J.-F. Leonhard, H.-W. Ludwig, D. Schwarze, E. Straßner (Hrsg.), *Medienwissenschaft; Media: Technology, History, Communication, Aesthetics*. Teilband 2. (S. 1751–1755). Berlin. De Gruyter

Breyer-Mayländer, T. (2010). Paradigmenwechsel - Vertrieb überholt Werbung. BDZV (Hrsg.), *Zeitungen 2010*, 266–273 (Bonn). ZV

Breyer-Mayländer, T. (2011). Mehr als nur ein „Communication Shift": Neue Formen des Mediamix im lokalen Markt. *Marketing Review St. Gallen, 5*(2011), 22–27 (Heidelberg).

Breyer-Mayländer, T. (2013). Kreative Industrie: Branchensegmente und Entwicklungstendenzen. In T. Breyer-Mayländer (Hrsg.), *Clustermanagement und Entwicklungsperspektiven in der kreativen Industrie: Analyse und Standortbestimmung mit exemplarischer Beschreibung der trinationalen Metropolregion Oberrhein*. (S. 99–114). Baden-Baden. Nomos

Breyer-Mayländer, T., & Seeger, C. (2004). *Verlage vor neuen Herausforderungen: Krisenmanagement in der Pressebranche*. Berlin. ZV

Breyer-Mayländer, T., & Seeger, C. (2006). *Medienmarketing*. München. Vahlen

Breyer-Mayländer, T., & Werner, A. (2003). *Handbuch der Medienbetriebslehre*. München. Oldenbourg

Breyer-Mayländer, T., et al. (2010). *Wirtschaftsunternehmen Verlag. Edition Buchhandel* (Bd. 5, 4. Aufl.). Frankfurt a. M. Bramann

Donnerstag, J., Engel, R., & Mika, C. (2005). Werbemittel im Einsatz: Anzeigen und Beilagen. In T. Breyer-Mayländer (Hrsg.), *Handbuch des Anzeigengeschäfts* (S. 121–161). Berlin. ZV

Eimeren, B., & van & Ridder, C.-M. (2011).Trends in der Nutzung und Bewertung der Medien 1970 bis 2010: Ergebnisse der ARD/ZDF-Langzeitstudie Massenkommunikation 2011. *Media Perspektiven*, *1*, 2–15 (Frankfurt a. M).

Engel, B. (2014). Entwicklungspfade in der konvergenten Medienwelt. *Media Perspektiven*, 1, 47–55 (Frankfurt a. M).

Gläser, M. (2008). *Medienmanagement*. München. Vahlen

Habann, F. (2010). *Erfolgsfaktoren von Medieninnovationen: Eine kausalanalytische empirische Untersuchung*. Baden-Baden. Nomos

Heinrich, J. (2001). *Medienökonomie: Bd. 1: Mediensystem, Zeitung, Zeitschrift, Anzeigenblatt*. Opladen. Westdeutscher Verlag

Hellmann, K.-U. (2010). ProsumerRevisited: Zur Aktualität einer Debatte - Eine Einführung. In: B. Blättel-Mink, & K.-U. Hellmann (Hrsg.), *ProsumerRevisited: Zur Aktualität einer Debatte* (S. 13–48). Wiesbaden. Springer VS

Hesse, G. (2001). Neue Wege im Rubrikengeschäft. In T. Breyer-Mayländer & J. Fuhrmann (Hrsg.), *Erfolg im neuen Markt: Online-Strategien für Zeitungsverlage* (S. 155–169). Berlin. ZV

Hölig, S., & Hasebrink, U. (2013). Nachrichtennutzung in konvergierenden Medienumgebungen. *Media Perspektiven*, 11, 522–536 (Frankfurt a. M).

Hofbauer, C. (2008).*Geschäftsmodelle Quadruple Play: Eine Einschätzung der Entwicklung in Deutschland*. Wiesbaden. Springer Gabler.

Ipsen, H. P. (1980). *Presse-Grosso im Verfassungsrahmen*. Berlin. Duncker & Humblot.

Keuper, F., & Hans, R. (2003). *Multimedia-Management*. Wiesbaden. Springer Gabler.

Kiefer, M.-L. (2001). *Medienökonomik*. München. Oldenbourg

Nogly, C. (2003): Welcher Inhalt zu welchem Preis?: Zur Refinanzierung von Online-Angeboten. BDZV (Hrsg.), *Zeitungen 2003*, 228–237. Berlin. ZV.

Nohr, H. (2013). Zeitungen auf der Suche nach digitalen Geschäftsmodellen. In B. Schwarzer & S. Spitzer (Hrsg.), *Zeitungsverlage im digitalen Wandel: Aktuelle Entwicklungen auf dem deutschen Zeitungsmarkt* (S. 11–50). Baden-Baden. Nomos.

Plaikner, A. (2013). *Lesernähe: Modell und Instrument für regionale Tageszeitungen*. Baden-Baden. Nomos.

Porter, M. (1999). *Wettbewerbsstrategie: Methoden zur Analyse von Branchen und Konkurrenten*. Frankfurt a. M. Campus.

von Prümmer, K. (2001). Für Leser, Hörer, Nutzer: Aus Verlagen werden Multimedia-Unternehmen. BDZV (Hrsg.), *Zeitungen 2001*, 174–181 (Berlin). ZV.

Pürer, H., & Raabe, J. (1996). *Medien in Deutschland. Bd. 1: Presse*. Konstanz. UVK

Riefler, K. (1996).Tanz auf dem Vulkan. Sollen sich Zeitungen online engagieren? *Zeitungen '96*, hrsg. vom Bundesverband DeutscherZeitungsverleger e. V. S. 157–179 (Bonn). ZV.

Riepl, W. (1913). *Das Nachrichtenwesen des Altertums mit besonderer Rücksicht auf die Römer*. Berlin. B.G. Teubner.

Röper, H. Bewegungen im Zeitungsmarkt 2004. Media Perspektiven, 6, 268–283 (Frankfurt a.M.)

Seufert, W. (1994). *Gesamtwirtschaftliche Position der Medien in Deutschland 1982–1992, Ausgabe 153 von Beiträge zur Strukturforschung*. Berlin. Duncker & Humblot.

Seufert, W. (2013). Analyse des langfristigen Wandels von Medienstrukturen - theoretische und methodische Anforderungen. In W. Seufert, & F. Sattelberger (Hrsg.), *Langfristiger Wandel von Medienstrukturen: Theorie, Methoden, Befunde (Reihe Medienstrukturen Nr. 4)*. (S. 7–28). Baden-Baden. Nomos.

Siepmann, R. (2010). Am Wendepunkt: Die Zeitungen in den USA: Strukturen, Trends, Strategien - Konvergenzen und Divergenzen zum deutschen Zeitungsmarkt, hrsg. vom Bundesverband Deutscher Zeitungsverleger (Berlin). ZV

Sjurts, I. (2002). *Strategien in der Medienbranche: Grundlagen und Fallbeispiele*. Wiesbaden. Springer Gabler.

Springer Verlag und Funke Mediengruppe. (Hrsg.). (2013). gemeinsame Pressemitteilung: FUNKE MEDIENGRUPPE übernimmt Regionalzeitungen und Teile des Zeitschriftenportfolios von Axel Springer/Gründung von Gemeinschaftsunternehmen für Anzeigenvermarktung und Vertrieb, 25. Juli 2013.

von Walter, B. (2007). *Intermediationund Digitalisierung: Ein ökonomisches Konzept am Beispiel der konvergenten Medienbranche*. Wiesbaden. Springer Gabler

Zerdick, A., Picot, A. & Schrape, K., et al. (1999). *Die Internet-Ökonomie - Strategien für die digitale Wirtschaft*. Berlin. Springer

Prof. Dr. Thomas Breyer-Mayländer Professur für Medienmanagement, Prorektor Marketing und Organisationsentwicklung, Hochschule Offenburg, Badstr. 24, 77652 Offenburg.

Vom Zeitungsverlag zum Medienhaus: 50 Jahre Markt- und Organisationsentwicklung im lokalen und regionalen Zeitungsmarkt

Prof. Dr. Thomas Breyer-Mayländer

Inhaltsverzeichnis

1	Politik und Strategie der Zeitungsverlage	16
2	Neue Produktformen für das lokale und regionale Medienhaus	17
	2.1 Anzeigenblätter	18
	2.2 Privater Rundfunk	18
	2.3 Lokaler Rundfunk	19
	2.4 Direktverteilung und Post	19
	2.5 Internet und das Ende der Abgrenzbarkeit von Medienmärkten	20
3	Organisationsentwicklung	21
	3.1 Stammhauskonzern im lokalen und regionalen Markt	22
	3.2 Managementholding mittelgroßer und großer Mediengruppen	22
	3.3 Kompetenzen im Management	22
	3.4 Kompetenzen bei Inhalten	23
	3.5 Crossmedia in der Redaktion	23
	3.6 Crossmedia in der Vermarktung	23
	3.7 Integriertes Verlagsmarketing	24
	3.8 Neue Strukturen in der Aufteilung zwischen Anzeigen und Vertrieb	24
	3.9 Neue Formen der Etablierung neuer Geschäftsfelder	24
Literatur		25

Zusammenfassung

Zeitungsverlage haben jahrzehntelang in einem sehr stabilen Marktumfeld agiert, sodass die Kunst darin bestand, das Umfeld möglichst weiterhin konstant zu halten und

---

Prof. Dr. Thomas Breyer-Mayländer (✉)
Hochschule Offenburg, Badstr. 24, 77652 Offenburg, Deutschland
E-Mail: breyer-maylaender@hs-offenburg.de

© Springer Fachmedien Wiesbaden 2015
T. Breyer-Mayländer (Hrsg.), *Vom Zeitungsverlag zum Medienhaus*,
DOI 10.1007/978-3-658-04100-7_2

die bestehenden Märkte und Produkte zu optimieren. Die neuen Medien- und Produktformen, die in dieser Zeit im Publikums- und Werbemarkt aufkamen, wurden bei den lokalen und regionalen Verlagen in das eigene Angebotsspektrum integriert, sodass am Ende im Regelfall ein oftmals kleiner, aber hochprofitabler Medienkonzern ins Internetzeitalter eintrat. Hier kommen nun zunehmend Anforderungen an digitale Geschäftsmodelle auf, die neue Geschäftsmodelle erfordern, die skalierbar sind.

In vollem Bewusstsein, dass die Zeitungsbranche in Deutschland über 400 Jahre Geschichte mit teils spannenden Phasen vorweisen kann (vgl. Böning 2005) und in der Nachkriegszeit des 20. Jahrhunderts durch das Aufeinandertreffen von Lizenz-Verlegern und Alt-Verlegern eine besonders spannende Marktsituation entstanden war, konzentriert sich dieser Abschnitt auf die wichtigsten Stationen der Zeit ab den 1960er Jahren, da sich daraus ableiten lässt, mit welchem unternehmerischem Selbstverständnis Zeitungsverlage arbeiten und welche Diversifikationsstrategien die Zeitungsverlage als kleine Konzerne und Mediengruppen unternommen haben, bevor mit dem Aufkommen der digitalen Speicherbasis eine neue Wettbewerbs- und Kooperationssituation entstanden war. Da die meisten Zeitungen in lokalen und regionalen Räumen erscheinen (Gerth 2012, S. 60 ff.), konzentriert sich die folgende Darstellung meist auf lokale und regionale Tageszeitungen, wodurch sich die Strategie von den überregionalen Zeitungsverlagen (vgl. Sjurts 2002, S. 25 ff.) unterscheidet.

1 Politik und Strategie der Zeitungsverlage

Zeitungsverlage im Spiegel der Politik ist in erster Linie ein Thema der Medien- und Wettbewerbspolitik und in zweiter Linie eine Aufgabenstellung, die insbesondere bei kleineren und mittleren Mediengruppen als Teil der Unternehmenspolitik verstanden wird. Die medienpolitischen Rahmenbedingungen sahen von Anfang an in der freien Zeitungspresse ein zentrales Element für den Austausch von Informationen und Meinungen und damit als konstitutives Medium für den politischen Willensbildungsprozess (vgl. Schulz 2011, S. 53). Dies hat zahlreiche Sonderrechte und Privilegien (Funktionsgarantie des Staates, inkl. aller Wertschöpfungsstufen; Tendenzschutz etc.) zur Folge (vgl. Richter 1973; Kübler 1992), aber auch engere kartellrechtliche Grenzen im Rahmen der Pressefusionskontrolle zur Begrenzung der Konzentrationstendenzen (vgl. Monopolkommission 2004), sowie Ausnahmetatbestände für kleinere Zeitungsverlage, die bei Fusionen weniger hohen Auflagen unterliegen (Kapp 2013, S. 192).

Das unternehmerische Selbstverständnis der Zeitungsverlage war in der Regel bis in die 90er-Jahre des 20. Jahrhunderts an das Kernprodukt der gedruckten Zeitung gekoppelt. Die Verleger sahen sich als zentrale Instanz, die mit der Pressefreiheit ein zentrales bürgerliches Freiheitsrecht in Anspruch nahmen und verteidigten (vgl. Poscher 2003, S. 241). Der wirtschaftliche Erfolg von gedruckten Zeitungen stand dabei nicht grundsätzlich in

Frage und insbesondere bei lokalen und regionalen Märkten war der Wettbewerb meist nicht im kompletten Verbreitungsgebiet der Zeitung so beschaffen, dass ein intensiver oder gar ruinöser Preiskampf drohte.

Aus betriebswirtschaftlicher Sicht stellt sich hier die Frage nach der Definition des relevanten Marktes (vgl. Pepels 2012, S. 1500 ff.) sowie des unternehmerischen Grundauftrags (Breyer-Mayländer 2004a, S. 103). Eine Festlegung der strategischen Ausrichtung eines Zeitungsverlags als Unternehmen, das gedruckte Zeitungen für einen geografisch definierten Raum erstellt und verteilt, erschien schon in den siebziger Jahren mit Aufkommen der Anzeigenblätter als kaum zukunftsfähig. Entsprechend den gängigen mehrdimensionalen Marktabgrenzungen haben die meisten lokalen und regionalen Zeitungsverlage den Weg beschritten, sich als der führende Informationsanbieter in ihrem Wettbewerbsgebiet zu begreifen (vgl. Hillebrecht 2010, S. 33 f.). Dies schließt die Integration neuer Medienformen ein, bietet jedoch eine Abgrenzung gegenüber einer kompletten inhaltlichen Beliebigkeit.

Unternehmensstrategisch entwickelte die Branche in den vergangenen fünfzig Jahren ein einfaches Prinzip. Beim Aufkommen neuer Medienformen (z. B. Anzeigenblätter) versuchte man deren Verbreitung zunächst durch politische Maßnahmen und Einflussnahmen zu verhindern. Sollte diese Strategie nicht funktionieren, beschritten einige Verlage exemplarisch den Klageweg, um die juristischen Rahmenbedingungen für die neuen ungeliebten Wettbewerber auszuloten. Parallel zu diesen beiden Maßnahmen entwickelten jedoch vor allem die mittelgroßen und großen Zeitungskonzerne eigene Varianten der neuen Medienformen, um nach dem Scheitern des Klagewegs selbst als Medienunternehmen den neuen Markt mit zu bedienen. Dieser bewusste „Kannibalismus" hatte das Ziel, dass die starke Marktstellung, die in einigen Fällen sogar eine Alleinstellung im abgegrenzten lokalen Raum beinhaltete, auch künftig aufrechterhalten werden konnte. Wenn schon vom lokalen Werbekuchen an neue Werbeträger Stücke abgegeben werden mussten, dann wollte man diese Medien doch gerne selbst betreiben (vgl. Hillebrecht 2009, S. 121 f.).

Durch die Effekte der „Anzeigen-Auflagen-Spirale" (vgl. das vorausgehende Kapitel), d. h. die Tatsache, dass das jeweilige Leitmedium im abgegrenzten lokalen und regionalen Markt deutliche Vorteile in der Kosten- und Erlösrelation besitzt, kam es in der Vergangenheit zu außerordentlich stabilen Führungspositionen in den Verbreitungsgebieten (vgl. Schütz 1999, S. 121).

2 Neue Produktformen für das lokale und regionale Medienhaus

Die Chronologie der neuen Produkte für die Zeitungsverlage, die sich damit zu lokalen und regionalen Medienhäusern wandelten, gibt einen Überblick über die Markt- und Produktentwicklungen und liefert somit einen Anhaltspunkt über die veränderte Unternehmensumwelt einerseits und die damit verbundene Organisationsanpassung andererseits.

2.1 Anzeigenblätter

In den siebziger Jahren wurde die historische Tradition der „Intelligenzblätter" aus dem 18. Jahrhundert wieder belebt, als eine Reihe wöchentlich erscheinender Anzeigenblätter gegründet wurden, die meist kostenlos durch Boten verteilt werden und deren Erlöse ausschließlich aus dem Anzeigen- und Beilagengeschäft stammen (vgl. Heinrich 2010, S. 365 ff.). Ergänzt wurde dieses Prinzip einige Jahre später durch die Offertenblätter, die kostenlos private (Klein-)Anzeigen veröffentlichten und durch die Schaffung relevanter Umfelder attraktive Inhalte für große Kunden anbieten konnten. Beispielsweise ist es für einen gewerblichen Anbieter von Autos attraktiv dort zu werben, wo im Offertenblatt die privaten Rubrikanzeigen für Autos erscheinen. Denn die Leser dieser Inhalte sind offenbar auf der Suche nach einem Auto, sonst hätten sie nicht für das Offertenblatt, das ihnen lediglich die besprochenen Anzeigeninformationen bietet, einen (wenn auch überschaubaren) Vertriebspreis entrichtet. Die neue Form der lokalen Konkurrenz führte zu einigen Diskussionen, in denen die heute aktuell erscheinenden Themen (vgl. Schwarzer 2013, S. 56 ff.) über Inhalte von Leserreportern/User-Generated-Content oder auch der Trend zu „hyper local" sublokale Medien bereits im Fokus standen (vgl. Jarren 1983). Kurz nach dem Aufkommen der Anzeigenblätter begannen die Verlage selbst in diesem Bereich aktiv zu werden. Sowohl bei Anzeigenblättern als auch im Markt der Offertenblätter versuchten einige lokale und regionale Verlage eine Marktbereinigung herbeizuführen, indem sie dort, wo Wettbewerbsmedien ihren Markt im Visier hatten, sich an diesen neuen Medien (oftmals mehrheitlich) beteiligten.

Eine gewisse Neuauflage bekam die Diskussion über die Zulässigkeit kostenloser Informationen in den neunziger Jahren, als kostenlose Tageszeitungen aufkamen waren (vgl. Bauer 1999) und viele bereits um den anteiligen Vertriebserlös und damit um das traditionelle Geschäftsmodell der Verlage bangten (vgl. Haas 2005). In Deutschland konnte sich jedoch diese oftmals in Ballungsräumen des Auslands stark verbreitete Medienform nicht richtig durchsetzen.

2.2 Privater Rundfunk

Rundfunk umfasst die Medien Fernsehen und Hörfunk und war klassischerweise im deutschen Nachkriegsmarkt zunächst ein sehr stark reglementierter Bereich, galt es doch die knappe Ressource Frequenz zu bewirtschaften. Erst mit dem Aufkommen neuer Technologien der Übertragung war klar, dass es zwar mittelfristig bei analoger Übertragung noch eine erhebliche Begrenzung bei der Zahl der verfügbaren Kanäle/Sender geben wird, jedoch keineswegs nur öffentlich-rechtliche Sender möglich sind. Nach breiter politischer Diskussion (v. a. die CDU war mit dem öffentlich-rechtlichen Rundfunk unzufrieden), wurde in den 1970er Jahren die politische Vorbereitung des dualen Rundfunksystems gestartet, das 1982 mit dem Kabelpilotprojekt in Ludwigshafen beginnen konnte.

Die Zeitungsverleger machten von Anfang an – bereits gegenüber dem öffentlich-rechtlichen Rundfunk – ihre Bedenken geltend, fürchteten sie doch, dass das neue Medium ihnen Anzeigenkunden wegnehmen könnte und damit die eigene Finanzierung nicht mehr auf gesichertem Boden stünde. Entsprechend dem oben dargestellten Schema wurde zunächst politisch (vgl. Detjen 1981), dann rechtlich und dann marktpolitisch reagiert, indem viele Verlage als Gesellschafter von Sat1 aktiv wurden. Die Vermarktung und der redaktionelle Betrieb sollten damals über das Zwei-Säulen-Modell voneinander abgegrenzt werden, damit nicht gleichzeitig durch die Beteiligung der Verlage eine publizistische Machtkonzentration stattfinden konnte, die dem Geist von Art. 5 GG entgegenstand. Nachdem die Zusammenarbeit der in der APF (Aktuell Presse-Fernsehen) gebündelten Zeitungsverlage (vgl. Richter 1989; Dörr 2013, S. 50) mit dem Filmhändler Leo Kirch sich jedoch als wenig fruchtbar erwiesen hatte, verabschiedeten sich die meisten Zeitungsverlage wieder aus dem (nationalen) TV-Geschäft.

2.3 Lokaler Rundfunk

Der lokale Rundfunk als lokaler Hörfunk berührte da schon sehr viel direkter die von den Verlagen dominierten lokalen und regionalen Märkte, weshalb es eine der wichtigsten Aufgaben der von Zeitungsverlagen betriebenen Lobbyarbeit war, die medienpolitisch Verantwortlichen davon zu überzeugen, dass die Zeitungsverlage einen Zugang zu diesem neuen Markt und Medium benötigen. „Das lokale (regionale) Hörfunk- und Fernsehangebot nimmt der Zeitung die letzte Domäne der lokalen und regionalen Aktualität." stellte ein Gutachten von Witte (1984, S. 30) in den achtziger Jahren fest. Die auf Landesebene organisierte Lizenzpolitik wurde zwar in den Bundesländern im Detail unterschiedlich geregelt, für viele Verlage war es jedoch möglich sich in ihrem engeren Umfeld in den lokalen Hörfunk als Gesellschafter einzubringen.

2.4 Direktverteilung und Post

Bereits mit dem Einstieg in das Geschäft der Anzeigenblätter bauten die meisten Verlage eigene Zustellgesellschaften auf, die nicht nur einen betriebsverfassungsrechtlich begrenzten Einfluss der Zusteller auf die Mitbestimmung in den Verlagen sicherstellen sollten, sondern zudem auch die unterschiedlichen Vertriebsgegebenheiten berücksichtigten. In der Vermarktung im Werbemarkt war bald klar, dass es neben dem Bedarf an Anzeigenblatt- und Zeitungsbeilagen auch den Wunsch gibt, flächendeckend Prospekte zu verteilen. Die flächendeckende Verteilung ist im klassischen Zeitungsvertrieb nur als Resthaushaltsabdeckung möglich, da ja nicht alle Haushalte eine Zeitung abonniert haben. Als Mitte der neunziger Jahre die Postmärkte geöffnet wurden und damit auch Briefzustellung durch private Dienstleister möglich war, etablierten mehr und mehr Zeitungsverlage eigene Zustellfirmen und für den immer wieder problematischen Pressevertrieb durch die

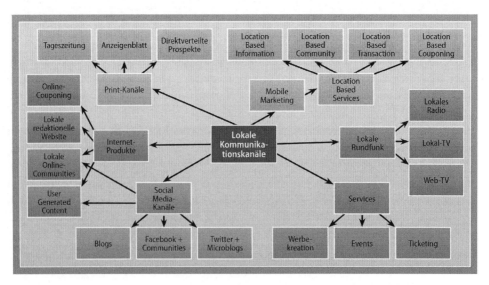

Abb. 1 Geschäftsfelder eines lokalen Medienunternehmens im Nutzer- und Werbemarkt. (Breyer-Mayländer 2011, S. 26)

Deutsche Post bzw. Deutsche Post AG entwickelten sich alternative Zustelldienste (vgl. Breyer 1999; Breyer-Mayländer 2004-II).

2.5 Internet und das Ende der Abgrenzbarkeit von Medienmärkten

Eine neue Qualität der zu integrierenden Medienformen zeigte sich in den neunziger Jahren mit dem Aufkommen des World Wide Web als publikumstaugliche Hypertextvariante des Internet (vgl. Kuhlen 1991). Waren bei den Vorläufern wie etwa dem von der Deutschen Bundespost propagierten Bildschirmtext (BTX) noch proprietäre Standards und eine nationalstaatliche Abgrenzung die Basis elektronischer Informationssysteme, hat das Internet mit den offenen technologischen Standards und Schnittstellen sowie der weltweiten Verbreitung hier einen Standard gesetzt, der den üblichen Rahmen veränderte. Entsprechend ist hier nicht der Weg des politischen Lobbyings und der Klageweg gegen das Medium erfolgversprechend, sondern die auf diesem Weg notwendige Begleitung der eigenen Online- und Digital-Aktivitäten. Diese politisch-strategische Vorgehensweise zeigt sich beispielsweise in den Diskussionen um das Leistungsschutzrecht (Breyer-Mayländer 2013, S. 642). Die mangelnde Abgrenzbarkeit von Märkten zeigt sich in den Versuchen der Zeitungsverleger, auf politischem und rechtlichem Wege den Wettbewerb mit öffentlich-rechtlichen Rundfunkanstalten zu begrenzen (vgl. Ory 2011). Zeitungsverlage haben als lokale oder regionale Medienunternehmen eine Vielzahl von Medienkanälen und Geschäftsfelder im eigenen Unternehmen/Konzern integriert (vgl. Abb. 1).

3 Organisationsentwicklung

Wenn Unternehmen und Organisationen wesentliche Veränderungen vornehmen, da sich die Unternehmensumwelt verändert, das Leistungsspektrum an neue Gegebenheiten angepasst wird, bedeutet dies im Regelfall auch eine Veränderung der internen Strukturen und Prozesse. Dies sind Kernthemen der Organisationsentwicklung, die notwendig sind, um den Wandel vom Zeitungsverlag als Einproduktunternehmen zum Medienhaus als Mehrproduktunternehmen erfolgreich nachvollziehen zu können. In der Begrifflichkeit des Medienunternehmens wird genau dieser Aspekt betont, dass es in diesem Fall Teil des unternehmerischen Selbstverständnisses ist, mehr als nur Verlagsprodukte in gedruckter Form für den (meist regionalen oder lokalen) Markt anzubieten. In seiner fundierten Analyse des Tageszeitungsgeschäfts kritisiert Andreas Vogel diesen Terminus sehr stark:

„Immer mehr Unternehmen der Branche verabschieden sich von dem Begriff ‚Verlag' und wählen das Etikett ‚Medienhaus'. Das erscheint symptomatisch für die Desorientierung in diesen Unternehmen. Denn der Begriff ‚Verlag' gibt ja weder nach seinem Wortsinn noch nach seiner Herkunft irgendeine Medienbindung vor. Vielmehr signalisiert er das ‚Vorlegen' von Geld für Veröffentlichungen. (…) ‚Verlag' verweist somit auf ein konkretes publizistisches Geschäftsmodell. Welche Geschäftsausrichtung aber signalisiert hingegen der heute beliebte Begriff ‚Medienhaus'? Er konotiert keinerlei schöpferisches Geschäftsmodell mehr, sondern eher den profanen kaufmännischen Handel mit Medienerzeugnissen" (Vogel 2014, S. 108).

Hier muss jedoch ergänzt werden, dass gerade die Funktion des Vorlegens, die auf nichtperiodische Publikationen des Buchsektors abzielte, spätestens seit dem Aufkommen von Publishing-on-Demand-Produkten nicht mehr das Kernwesen des Verlegens ausmacht, da es nicht mehr darum geht, eine Auflage vorzufinanzieren. Wenn man an dieser Stelle den Begriff des Verlags im Sinne des Vorfinanzierens genau unter die Lupe nimmt, ist er ohnehin in keiner Weise an publizistische Produkte oder Geschäftsmodelle gebunden, sondern für alle Arten von Branchen (Erz, Textil) und kennzeichnete lediglich eine Betriebsform auf dem Weg vom Handwerksbetrieb zum Industrieunternehmen (Schönstedt und Breyer-Mayländer 2010, S. 2–4). Die von Vogel reklamierte Produktunabhängigkeit würde nur für diese Definition gelten, da bei allen anderen Definitionen eine Begrenzung auf Buch- und Presseprodukte dem Begriff des Verlags zugrunde liegt. Niemand würde bei der Errichtung eines regionalen Radiosenders ein Unternehmen gründen, das dann den Begriff des Verlags im Namen trägt, obwohl ein Hörfunkprogramm durchaus ein publizistisches Produkt darstellt. Spätestens seit nicht-publizistische Produkte, wie Resthaushaltsabdeckungen im Werbemarkt oder alternative Postdienste im Zustellmarkt in die Zeitungsverlage integriert wurden, bestehen Geschäftsfelder, die unter den unterschiedlichen Blickwinkeln nicht mehr unbedingt in den Begriffsbereich des Verlags gehören (vgl. Breyer-Mayländer et al. 2010, S. 41). Daher ist der Begriffswandel symptomatisch für die inhaltlichen Veränderungen in der Zeitungsbranche und damit auch ein Symbol für die Herausforderungen im Bereich der Organisationsentwicklung.

3.1 Stammhauskonzern im lokalen und regionalen Markt

Mit der Integration von neuen Produkten, die eigenständige Marktaktivitäten und Unternehmensformen voraussetzen, in den traditionellen Zeitungsverlag setzte in der Regel die Kombination unterschiedlich rechtlich selbständiger, aber wirtschaftlich abhängiger Unternehmungen im Rahmen eines Konzerns ein (vgl. Breyer-Mayländer und Werner 2003, S. 98). Im Fall kleinerer lokaler Zeitungsverlage entstanden so Stammhauskonzerne, bei denen die Konzernmutter der Zeitungsverlag ist, der das Hauptprodukt herstellt und die Konzerntöchter beispielsweise Teilfunktionen des Zeitungsgeschäfts beinhalten, wie z. B. den Zeitungsvertrieb (in Form von Zustellgesellschaften) oder die Werbevermarktung. Diese Funktionen in rechtlich selbständigen Tochterfirmen sind inhaltlich stark an die Weisungen der Konzernmutter gebunden, stehen jedoch oftmals auch den Tochterfirmen, die eigene Medienprodukte herstellen und vermarkten (Anzeigenblatt, Online-Angebot, Direktverteilung etc.), als Dienstleister zur Verfügung. Da sich die Aktivitäten der Tochterunternehmen den Interessen des Hauptunternehmens, dem Zeitungsverlag als Stammhaus, unterordnen müssen, spricht man hier von einem Stammhauskonzern.

3.2 Managementholding mittelgroßer und großer Mediengruppen

Bei größeren Mediengruppen werden auf der Ebene der Konzernmutter oftmals typische Holdingfunktionen miteinander verbunden. Bei der Managementholding (vgl. Wöhe und Döring 2013, S. 257) ist dies auch die strategische Unternehmensführung, während es bei einer reinen Finanzholding um die Finanzhoheit und das Controlling geht und keine inhaltlichen Direktiven auch strategischer Natur stattfinden. Da die Finanzholding jedoch nur unzureichend dazu geeignet ist, Synergien zwischen den Verlagsteilen (beispielsweise zwischen regionalen Zeitungsverlagen in unterschiedlichen Regionen) zu ermöglichen und auch keine gemeinsame Produkt- und Personalentwicklung möglich ist, wird im Regelfall für Mediengruppen der Zeitungsbranche die Managementholding bevorzugt.

3.3 Kompetenzen im Management

Das Zeitungsgeschäft war über Jahrzehnte hinweg durch Unternehmensführung in stabilen Märkten geprägt. Dies führte zu der Meinung, dass „in seinen Begabungsvoraussetzungen (…) der Verleger Publizist, Kaufmann und Buchdrucker sein" (Dovifat und Wilke 1976, S. 67) muss. Durch die deutliche Strukturkrise ist Zeitungsmanagement und damit die Steuerung und strategische Weiterentwicklung von lokalen und regionalen Medienkonzernen ein wesentlich komplexeres Geschäft geworden. Stand früher die „Verwaltungsfunktion" mit einigen Repräsentativaufgaben im Vordergrund (vgl. Fischer 1987; Preusche 1987), geht es heute um eine „Gestaltungsfunktion" und die klare Entscheidungs- und Steuerungsfähigkeit des Unternehmens. Dies erfordert gerade auch beim

Talentmanagement ein konsequentes Umdenken, um als Arbeitgeber ausreichend dynamische Nachwuchs(führungs)kräfte an Bord holen zu können. Ein Problem, das sich aber bereits in den neunziger Jahren abzeichnete (vgl. Schaefer-Dieterle 1997). Der managementorientierten Aus- und Weiterbildung kommt daher eine besondere Bedeutung zu (vgl. der Beitrag von C. Seeger in diesem Band). Das Management benötigt in dieser Branchensituation neben kaufmännischen Fähigkeiten, Führungs- und Managementqualitäten, Medien- und Inhaltekompetenz und statt der „Buchdrucker"-Eigenschaften eine Basiskompetenz in Medieninformatik und Medientechnologien.

3.4 Kompetenzen bei Inhalten

Die inhaltliche Kompetenz, die beim Einproduktunternehmen Zeitungsverlag bislang auf die redaktionelle Ausgestaltung einer Zeitung fokussiert war, bekommt durch die Diversifikation in unterschiedliche Medienkanäle eine breitere Bedeutung. Ähnlich, wie sich das zeitschriftenorientierte Verlagshaus Gruner + Jahr im Jahr 2013 nicht mehr nach Zeitschriftensparten und -titeln, sondern nach Communities of Interest organisiert, muss auch im Zeitungshaus die Kompetenz erworben werden, unterschiedliche Medienkanäle mit ihren jeweiligen inhaltlichen Erfordernissen und Stärken kombiniert einzusetzen. Hierzu gehört auch die Kompetenz der crossmedialen Markenführung (vgl. Illenberger 2012).

3.5 Crossmedia in der Redaktion

Dies bedeutet in der Redaktion eine plattformunabhängige Organisation, die meist an einem zentralen Newsdesk zusammengeführt wird, bei dem entschieden wird, welches Thema zu welchem Zeitpunkt für welchen Medienkanal am besten geeignet erscheint.

3.6 Crossmedia in der Vermarktung

In der Vermarktung stellt sich regelmäßig die Frage, ob eine Vermarktung aus einer Hand (der Kunde kann jeden Werbeträger bei ein und demselben Mediaberater buchen) die beste Form der Integration neuer und alter Werbeträgerkanäle in ein gemeinsames Vermarktungskonzept der lokalen oder regionalen Mediengruppe darstellt. Die Erfahrungen im Markt zeigen, dass eine gemeinsame Vermarktung für viele positive Synergieeffekte sorgen kann. Voraussetzung ist jedoch, dass der Außendienst im Sinne des Anspruchs als Mediaberater ausreichend für die Beratung bei neuen Medienformen geschult wird und zudem für komplexe Fragen zu einzelnen Medienformen eine Beratung durch Spezialisten möglich ist.

3.7 Integriertes Verlagsmarketing

Das integrierte Verlagsmarketing, bei dem unterschiedliche Verlagsfunktionen wie Vertrieb, Anzeigen und Redaktion zusammenwirken, um gemeinsam bestehende und neue Produkte an den Markt- und Kundenbedürfnissen auszurichten, ist bereits seit den neunziger Jahren im Programm der Zeitungsverlage vorgesehen (vgl. Erlemann 1997 sowie Hillebrecht 2010, S. 23 f.). Für den lokalen und regionalen Medienkonzern ist das integrierte Verlagsmarketing jedoch die Basis um in alle Medienkanäle und alle marktrelevanten Einzelfunktionen miteinander abzustimmen und damit ein integriertes lokales oder regionales Medienmarketing zu ermöglichen.

3.8 Neue Strukturen in der Aufteilung zwischen Anzeigen und Vertrieb

War früher eine typische Abgrenzung im Verlag die Grenzziehung zwischen den Vertriebsaufgaben (Verkauf und Logistik von Abonnements und Einzelverkauf am Kiosk) und Anzeigenfunktionen (Vermarktung von Anzeigen und Beilagen), haben inzwischen viele Verlage auf eine Abtrennung von Privat- und Geschäftskunden umgestellt, um den neuen Aufgaben, die sich primär aus dem konsequenten Management von Kundenbeziehungen ergeben, gerecht zu werden.

3.9 Neue Formen der Etablierung neuer Geschäftsfelder

Grundsätzlich setzten die Verlage auf drei unterschiedliche Wege zur Etablierung neuer Geschäftsfelder im eigenen regionalen, bzw. lokalen Medienkonzern: Direktes Investment in erfolgreiche digitale Jungunternehmen, Kooperation mit erfolgreichen Partnern oder als dritte Möglichkeit der Know-how-Aufbau durch Eigenentwicklung (vgl. Sjurts 2002, S. 20). Auch diese Fähigkeit der gezielten Nutzung der Wege zur Integration neuer Geschäftsfelder ist ein Know-how, das die lokalen und regionalen Medienhäuser in den vergangenen Jahren aufbauen mussten, bzw. noch aufbauen (vgl. Abb. 2).

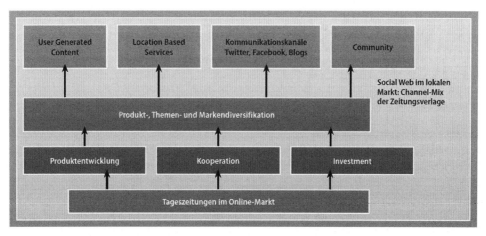

Abb. 2 Aufbau von neuen Geschäftsfeldern im Digitalsektor. (Breyer-Mayländer 2011, S. 24)

Literatur

Bauer, I. (1999). Kostenlose Zeitungen – neue Produkte auf einem umkämpften Markt. In BDZV (Hrsg.), *Zeitungen '99* (S. 110–119). Berlin: ZV.

Böning, H. (2005). 400 Jahre Zeitung – der erste Medientyp der Moderne und seine Folgen im 17. und 18. Jahrhundert (Aufsatz Institut für Zeitungsforschung Dortmund). http://www.dortmund.de/media/p/institut_fuer_zeitungsforschung/zi_downloads/dortmund2005-druck.pdf. Zugegriffen: 2. Jan. 2014.

Breyer, T. (1999). *Alternative Zustelldienste und Transportkonzepte im Pressesektor: Markt-, wirtschafts- und medienpolitische Auswirkungen der Deregulierung der Zustellmärkte*. Bonn: ZV.

Breyer-Mayländer, T. (2004a). *Einführung in das Medienmanagement*. München: Oldenbourg.

Breyer-Mayländer, T. (2004b). Post von der Zeitung: Ein Geschäftsfeld expandiert. In BDZV (Hrsg.), *Zeitungen 2004* (S. 254–259). Berlin: ZV.

Breyer-Mayländer, T. (2011). Mehr als nur ein „Communication Shift": Neue Formen des Mediamix im lokalen Markt. *Marketing Review St. Gallen, 5*(2011), 22–27 (Heidelberg).

Breyer-Mayländer, T. (2013). Medien, Medienwirtschaft. In R. Kuhlen, W. Semar, & D. Strauch (Hrsg.), *Grundlagen der praktischen Information und Dokumentation. 6. Ausgabe* (S. 634–647). Berlin: De Gruyter.

Breyer-Mayländer, T., & Werner, A. (2003). *Handbuch der Medienbetriebslehre*. München: Oldenbourg.

Breyer-Mayländer, T., et al. (2010). *Wirtschaftsunternehmen Verlag*. Frankfurt a. M: Bramann.

Detjen, C. (1981). Auswirkungen elektronischer Medien auf die lokale/regionale Presse. In Expertenkommission Neue Medien Baden-Württemberg (Hrsg.), *Abschlussbericht Band 2*. Stuttgart: Kohlhammer.

Dörr, K. (2013). *Zwischen Nachrichtenbrücke und Boulevard: Eine Untersuchung der Nachrichtenstruktur der Hauptnachrichten des deutschen Fernsehens*. Berlin: LIT.

Dovifat, E., & Wilke, J. (1976). *Zeitungslehre 1: Theoretische und rechtliche Grundlagen, Nachricht und Meinung, Sprache und Form*. Berlin: De Gruyter.

Erlemann, H.-P. (1997). Verlagsmarketing auf neuen Wegen (Teil II) – Wandel tut Not. *MediaSpektrum, 5*(97), 16 ff. (Heidelberg).
Fischer, H.-D. (1987). Der Verleger als Kommunikator. In H. D. Fischer (Hrsg.), *Positionen und Strukturen bei Druckmedien* (S. 13 40). Düsseldorf: Econ.
Gerth, M. A. (2012). *Making regional news: Ökonomische und publizistische Bedeutung politischer Berichterstattung für regionale Medien.* Baden-Baden: Nomos.
Haas, M. (2005). Die geschenkte Zeitung: Bestandsaufnahme und Studien zu einem neuen Pressetyp in Europa, (zugleich Dissertation Universität Bamberg). Berlin: LIT.
Heinrich, J. (2010). *Medienökonomie – Band 1: Mediensystem, Zeitung, Zeitschrift, Anzeigenblatt* (3. Aufl.). Wiesbaden: Springer VS.
Hillebrecht, S. (2009). *Marketing für Presseverlage – eine Einführung* (2. Aufl.). Berlin: LIT.
Hillebrecht, S. (2010). *Verlagsratgeber Marketing: Zeitungen und Zeitschriften vermarkten.* Hamburg: Input-Verlag.
Illenberger, R. P. (2012). *Erfolgsfaktoren printmarkenbasierter Online-Angebote.* Baden-Baden: Nomos.
Jarren, O. (Hrsg.). (1983). *Stadtteilzeitungen und lokale Kommunikation.* München: Saur.
Kapp, T. (2013). *Kartellrecht in der Unternehmenspraxis* (2. Aufl.). Wiesbaden: Springer Gabler.
Kübler, F. (1992). *Postzeitungsdienst und Verfassung. Schriften zum Öffentlichen Recht Band 623.* Berlin: Duncker & Humblot.
Kuhlen, R. (1991). *Hypertext. Ein nicht-lineares Medium zwischen Buch und Wissensbank* (Edition Alcatel SEL Stiftung). Berlin: Springer.
Monopolkommission. (Hrsg.). (2004). Die Pressefusionskontrolle in der Siebten GWB-Novelle. Sondergutachten Nr. 42 der Monopolkommission gemäß § 44 Abs. 1 Satz 4 GWB. Berlin.
Ory, S. (2011). Herausforderungen der Medienfreiheit, oder: Der Rundfunk als Endpunkt der Konvergenz? *AfP, 1*(2011), 19–22 (Baden-Baden).
Pepels, W. (2012). *Handbuch des Marketing* (6. Aufl.). München: Oldenbourg.
Poscher, R. (2003). Grundrechte als Abwehrrechte: reflexive Regelung rechtlich geordneter Freiheit. JuS Publikum 98. zugleich Habilitationsschrift, Humboldt Universität Berlin, Tübingen.
Preusche, H. (1987). Der Verlagsleiter als Generalmanager. In H. D. Fischer (Hrsg.), *Positionen und Strukturen bei Druckmedien* (S. 65–72). Düsseldorf: Econ.
Richter, R. (1973). *Kommunikationsfreiheit = Verlegerfreiheit? Zur Kommunikationspolitik der Zeitungsverleger in der Bundesrepublik Deutschland 1945–1969.* Pullach: Verlag Dokumentation.
Richter, H. (1989). Pressekonzentration und neue Medien: Der Einfluß neuer Wettbewerbsimpulse auf die Konzentration bei Tageszeitungen, Wirtschaftspolitische Studien 74, zugl. Dissertation Universität Hamburg. Göttingen: Vandenhoeck & Ruprecht.
Schaefer-Dieterle, S. (1997). Abschied von Macht und Status. In S. Schaefer-Dieterle (Hrsg.), *Zeitungen: Markenartikel mit Zukunft* (S. 115–121). Bonn: ZV.
Schönstedt, E., & Breyer-Mayländer, T. (2010). *Der Buchverlag: Geschichte, Aufbau, Wirtschaftsprinzipien, Kalkulation und Marketing* (3. Aufl.). Stuttgart: J.B. Metzler.
Schulz, W. (2011). *Politische Kommunikation: Theoretische Ansätze und Ergebnisse empirischer Forschung* (3. Aufl.). Wiesbaden: Springer VS.
Schütz, W. J. (1999). Entwicklung der Tagespresse. In J. Wilke (Hrsg.), *Mediengeschichte der Bundesrepublik Deutschland. Bundeszentrale für politische Bildung* (S. 109–134). Bonn.
Schwarzer, B. (2013). Die Zeitung in der Krise – oder doch nicht? In B. Schwarzer & S. Spitzer (Hrsg.), *Zeitungsverlage im digitalen Wandel: Aktuelle Entwicklungen auf dem deutschen Zeitungsmarkt* (S. 51–67). Baden-Baden: Nomos.
Sjurts, I. (2002). *Strategien in der Medienbranche: Grundlagen und Fallbeispiele.* Wiesbaden: Springer Gabler.

Vogel, A. (2014). *Talfahrt der Tagespresse: Eine Ursachenanalyse*. Bonn: Friedrich-Ebert-Stiftung.
Witte, E. (1984). *Zeitungen im Medienmarkt der Zukunft (unter Mitarbeit von Joachim Senn)*. Stuttgart C.E. Poeschel.
Wöhe, G., & Döring, U. (2013). *Einführung in die Allgemeine Betriebswirtschaftslehre* (25. Aufl.). München: Vahlen.

Prof. Dr. Thomas Breyer-Mayländer Professor für Medienmanagement, Prorektor Marketing und Organisationsentwicklung, Hochschule Offenburg, Badstr. 24, 77652 Offenburg.

Neue Produkte erfordern neue Qualifikationen – die Herausforderung des Personalmarketings und Personalentwicklung

Prof. Christof Seeger

Inhaltsverzeichnis

1 Die Demografie schlägt zu 30
   1.1 Wandel und Einflussgrößen auf dem Arbeitsmarkt 32
   1.2 Die Auswirkungen des Arbeitsmarktes auf Medienunternehmen 32
   1.3 Nachfolgesicherung in Zeiten des Fachkräftemangels 33
2 Strategische Aufgabe des Personalmarketings 33
   2.1 Personalrekrutierung 34
   2.2 Personalbindung 34
   2.3 Personalentwicklung 35
3 Employer Branding 35
4 Anforderungen der High Potentials an die Medienbranche 37
   4.1 Die Suche nach einem Arbeitgeber 37
   4.2 Die Einstellung zur Aufgabe 39
   4.3 Führung von High Potentials 39
   4.4 Bedeutung der Entlohnung 39
5 Fazit 40
Literatur 40

Zusammenfassung

Die neuen Anforderungen an Verlage als Medienunternehmen verändern auch das Spektrum der notwendigen Qualifikationen und Kompetenzen im Zeitungssektor, sodass einer geplanten Personalentwicklung und einer gezielten Personalakquise steigende Bedeutung zukommt. Da die Zeitungsbranche nicht mehr per se für alle Berufsgrup-

Prof. Christof Seeger (✉)
Hochschule der Medien, Nobelstr. 10, 70569 Stuttgart, Deutschland
E-Mail: seeger@hdm-stuttgart.de

pen als eine Top-Branche gilt, müssen die kurz-, mittel- und langfristigen Strategien und Maßnahmen des Personalmarketings verstärkt werden.

Vieles wurde und wird auch noch geschrieben werden, wenn es um die Frage geht, mit welchen Werkzeugen, Prozessen und Modellen die Medienbranche, insbesondere die Zeitungsverlage, den Umwälzungen durch die Digitalisierung begegnen sollen. Ein häufiger Ansatz dabei ist die Betrachtung der technischen Möglichkeiten mit Hilfe der Digitalisierung durch „Annäherung der zugrunde liegenden Technologien" und „die Zusammenführung einzelner Wertschöpfungsbereiche" (Wirtz 2012, S. 47). Diese technische Konvergenz bringt aber nicht nur neue Produkte hervor, sondern erfordert darüber hinaus veränderte Qualifikationen innerhalb der Unternehmen.

Dabei ist das notwendige IT-Know-how sicherlich eine Herausforderung, um die Entkopplung von Inhalten und Ausgabekanälen zu realisieren. Andererseits ist aber auch zunehmend das Verständnis eines geänderten Mediennutzungsverhaltens die Basis zur Etablierung erfolgreicher Produkte.

Die zentrale Frage danach „Was?" zukünftig angeboten werden soll, um auf der Basis von belastbaren Geschäftsmodellen unternehmerisch erfolgreich zu sein, muss allerdings mit der ebenso bedeutenden Frage „Wer?" das denn machen soll, ergänzt werden.

1 Die Demografie schlägt zu

Für viele Unternehmen stellt der demografische Wandel heute eine der größten Herausforderungen für die Zukunft dar. Die Veränderungen innerhalb der Gesellschaft werden regelmäßig durch das Statistische Bundesamt sowie das Institut für Arbeitsmarkt- und Berufsforschung (IAB) dokumentiert. Während in den 1960er Jahren die Geburtenrate der Frauen in Deutschland noch bei etwa 2,5 Kindern lag, wird heute ein Wert zwischen 1,3 und 1,4 erhoben. Dies bedeutet, dass heute jede Generation zahlenmäßig um ein Drittel kleiner als die vorherige Generation ist (vgl. Pötzsch 2013, S. 15). Neben dem Rückgang der absoluten Zahl innerhalb der Bevölkerung, der auch durch Migrationsbewegungen nicht aufzuhalten sein dürfte, gibt es die wachsende Vergreisung der Gesellschaft. Durch medizinische und hygienische Fortschritte sowie die Abnahme von schweren körperlichen Arbeiten steigt die Lebenserwartung stetig. Beide Faktoren prägen die Wirtschaft. Unternehmen erfahren einerseits eine Alterung innerhalb der Belegschaft und haben zudem Mühe geeigneten Nachwuchs für offene Fach- und Führungspositionen zu finden (vgl. Prezewowsky 2007, S. 20).

Der demografische Wandel hat demnach starken Einfluss auf die Struktur des künftigen Arbeitskräfteangebots in Deutschland. Die Trends der Bevölkerungsabnahme und Alterung betreffen insbesondere Erwerbspersonen, also Personen im Alter von 20 bis 65

Jahren. Im Jahr 2009 zählte man circa 50 Mio. Menschen im erwerbsfähigen Alter. Durch Bevölkerungsabnahme und Alterung werden im Jahr 2030 nur noch etwa 42 bis 43 Mio. Menschen dieser Altersspanne angehören, im Jahr 2060 werden es nur noch 36 Mio. Menschen sein (vgl. Statistisches Bundesamt).

Besonders die Gruppe der 20- bis 34-jährigen wird signifikant kleiner und im Gegensatz zu den älteren Alterskohorten gravierend unterrepräsentiert sein. Neben der Abnahme der Anzahl potenzieller Arbeitnehmer erfahren die Unternehmen eine drastische Alterung ihrer Belegschaft. Die personenstärkste Generation im Verlag sind in der Regel die 38- bis 52-jährigen.

Die Probleme, die der demografische Wandel mit sich bringt, sind heute schon spürbar. Bereits 42 % der Personalleiter haben Probleme, qualifizierte Mitarbeiter zu finden; 63 % sind sich sicher, dass es in Zukunft noch schwieriger werden wird.

Die Neubesetzung von offenen Stellen in der Pressebranche wird durch zwei Dinge erschwert: Einerseits das sinkende Erwerbspotenzial und andererseits die schwierige Zeit für Zeitungsunternehmen selbst. Die Nachfrage nach Fach- und Führungskräften übersteigt das Angebot und der Arbeitsmarkt hat sich für Unternehmen vom Angebots- zum Nachfragemarkt entwickelt.

Unternehmen stehen heute nicht mehr nur in marktwirtschaftlicher Konkurrenz zueinander, sondern sie treten zunehmend in Wettbewerb um die Gunst zukünftiger Arbeitnehmer. Dies wird allgemein auch als „War-for-Talents" bezeichnet. Dabei haben die Arbeitnehmer eigene Vorstellungen und Anforderungen an den Arbeitgeber, um sich auch für ihn zu entscheiden. Durch diese Entwicklungen auf dem Arbeitsmarkt fällt dem Personalmanagement in den Unternehmen eine bedeutendere Rolle zu. In der Vergangenheit war die Aufgabe der Personalabteilung eher verwaltend – zukünftig werden die Aufgaben des Personalwesens zunehmend zu einem strategischen Thema. Die Qualität der Arbeit im Personalmanagement ist heute ein wichtiger strategischer Faktor für den zukünftigen Unternehmenserfolg.

In der Medienbranche ist der Trend zum Wissensarbeiter deutlich erkennbar. Der zukünftige Mangel an hoch qualifizierten Mitarbeitern wird unter anderem auf die in Deutschland im internationalen Vergleich geringe Akademikerquote zurückgeführt (vgl. Felser 2009, S. 7).

Aufgrund der rückläufigen Geschäftsentwicklungen in den vergangenen Jahren und der wachsenden Unsicherheit der digitalisierten Märkte haben viele Presseverlage auf eine systematische Personalrekrutierung und -entwicklung verzichtet. Vor allem viele kleinere Zeitungsverlage haben diese Entscheidung mit dem Umwälzungsprozess begründet. Der technische Fortschritt hat in den Unternehmen viele Arbeitsprozesse vereinfacht. Dadurch sind Arbeitsplätze in der Branche weggefallen.

Obwohl es eine starke Nachfrage nach Medienberufen gibt, können Zeitungsverlage nicht in ausreichendem Maße davon profitieren, nicht zuletzt auch häufig aufgrund unattraktiver Standorte in ländlichen Gebieten.

1.1 Wandel und Einflussgrößen auf dem Arbeitsmarkt

Die Veränderungen in der Gesellschaftsstruktur haben einen nachhaltigen Wandel auf dem Arbeitsmarkt zur Folge. Neben dem Problem durch den demografischen Wandel, stellen die Globalisierung und die technologischen Entwicklungen im Bereich der Digitalisierung besondere Herausforderungen dar.

Die zunehmende Öffnung der Märkte ermöglicht den nahezu uneingeschränkten Zugang deutscher Unternehmen zu allen Märkten der Welt. Mit diesem wachsenden Marktpotenzial geht eine wachsende Konkurrenz hinsichtlich Innovationskraft, Produktivität und Kompetenz einher.

Die Wettbewerbsintensität steigt damit stetig. Um das hohe Lohnniveau Deutschlands zu halten und weiterhin konkurrenzfähig zu bleiben, müssen Unternehmen verstärkte Anstrengungen unternehmen, um die die Arbeitskosten zu senken und die Produktivität zu steigern. Das fordert insbesondere das Management sowie die Fachkräfte eines Unternehmens. Der technologische Fortschritt der letzten Jahre bot Unternehmen zwar vielerlei Vereinfachungen und beschleunigte Arbeitsprozesse, doch die Technologie birgt auch Nachteile für die Wirtschaft. Eine entscheidende Veränderung ist die starke Verkürzung der Halbwertszeit von Wissen (vgl. Bruckner 2008, S. 4). Mit wachsender Wettbewerbsintensität steigen die Anforderungen an die Mitarbeiter der Unternehmen.

Um auf verändernde Marktgegebenheiten schnell reagieren zu können, ist die Innovationsfähigkeit des Unternehmens von großer Bedeutung. Dies gelingt nur durch gut ausgebildete Fach- und Führungskräfte, was allerdings wiederum die Abhängigkeit des Unternehmens vom Personalsektor erhöht und die Bedeutung des Personalmarketings deutlich werden lässt. Zudem ist ein differenziertes Wissensmanagement innerhalb eines Unternehmens ein wichtiger Erfolgsfaktor.

1.2 Die Auswirkungen des Arbeitsmarktes auf Medienunternehmen

Die Entwicklung hin zu einer Wissensgesellschaft trifft vor allem Medienunternehmen. Durch die Digitalisierung und die immer kürzer werdenden Innovationszyklen der Kommunikationsbranche ist es kaum mehr möglich, ein breites Fachwissen über alle Medienkanäle zu besitzen. Zur Lösung anstehender Probleme werden immer kurzfristiger Spezialisten gesucht, deren Wissen zum Teil auch nur eine kurze Halbwertszeit hat. Dies bedeutet im Umkehrschluss, dass vor allem auf die Qualifizierung von Mitarbeitern ein größeres Augenmerk gelegt werden sollte. Das technische Wissen im digitalen Sektor ist manchmal schon nach einem Jahr völlig überholt.

Während aber in anderen Branchen in den vergangenen Jahren die Innovationskraft überwiegend durch eine Verjüngung in der Belegschaft unterstützt wurde, und auch zum Teil systematisch Nachwuchs gesucht wurde, ist die Entwicklung in Tageszeitungsverlagen offensichtlich etwas anders verlaufen: Die Altersstruktur in den deutschen Tageszeitungsverlagen weist zu wenige Mitarbeiter in jüngeren Alterskohorten auf.

Dennoch ist für Medienunternehmen wie die Tageszeitung nicht nur aktuelles Wissen von großer Bedeutung. Auch das Verständnis über die bestehenden Abläufe im Unternehmen sind von großer Relevanz, denn es handelt sich um Traditionsmarken mit einer langjährigen Markengeschichte.

Für den optimalen Innovationsschub wäre eine ausgeglichene Altersstruktur in den Zeitungsunternehmen nötig (vgl. Prezewowsky 2007, S. 37). Während ältere Mitarbeiter mit ihrer Erfahrung einen wertvollen Beitrag leisten, liegt der Mehrwert von jungen Mitarbeitern in deren aktuellem Wissen.

1.3 Nachfolgesicherung in Zeiten des Fachkräftemangels

Gerade auch das Ausscheiden älterer Mitarbeiter muss im Sinne eines Wissenstransfers gut vorbereitet werden. Ein Mitarbeiter, der viele Jahre in einem Unternehmen gearbeitet hat, verfügt über wertvolle Erfahrungen und Informationen, bzw. Kontakte. Dieses Wissen steigert den Unternehmenswert. Wenn ältere Mitarbeiter „einfach ausscheiden", d. h. keine Vorbereitungen getroffen wurden, wie das Wissen an jüngere Kollegen übergehen kann, fließt dieses Wissen ab und der Unternehmenswert sinkt (vgl. Koch 2008, S. 19).

„Durch einen strukturierten Austausch, bzw. Transfer von Erfahrungen zwischen den Generationen können aufgebaute und gewachsene, persönliche Netzwerke übernommen, Wissen über Arbeits- und Entscheidungsprozesse weitergegeben und die ansonsten bedrohte Produktivität des Unternehmens auch bei personellen Veränderungen erhalten werden." (Koch 2008, S. 19). Spätestens mit dem Ausscheiden der 60er Generation wird eine große Lücke im Humankapital der Unternehmen entstehen. Dies betrifft vor allem die Zeitungsverlage, da die Struktur der Mitarbeiterschaft in den Verlagen deutliche Zeichen der Überalterung aufweist.

2 Strategische Aufgabe des Personalmarketings

Das grundsätzliche Ziel des Personalmarketings ist die Steigerung der Arbeitgeberattraktivität, womit „die Voraussetzungen für die mittel- und langfristige Sicherung eines sowohl quantitativ als auch qualitativ angemessenen Potenzials an motivierten Mitarbeitern" (Stebler 2008, S. 29) geschaffen werden.

Dabei hat das Personalmarketing sowohl interne als auch externe Zielsetzungen zu beachten. Während das externe Personalmarketing vor allem auf die Erzeugung eines aktiven Interesses von geeigneten Bewerbern hinarbeitet, liegt der Fokus des internen Personalmarketings auf der Definition gemeinsamer Werte. Um Mitarbeiter erfolgreich zu gewinnen, langfristig ins Unternehmen zu integrieren und an das Unternehmen zu binden, ist es notwendig, dass das interne und externe Personalmarketing zusammenarbeiten.

Zur Erreichung dieser Ziele muss die Positionierung des Unternehmens mit den Wünschen der Zielgruppe übereinstimmen. Deshalb ist es eine der Hauptaufgaben des

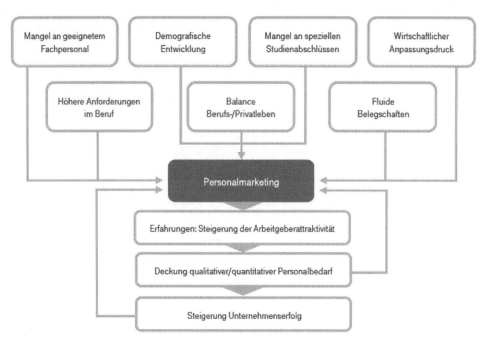

Abb. 1 Funktionsbereiche des Personalmarketing. (Quelle: nach DGFP 2006, S. 15)

Personalmarketings die Attraktivitätsfaktoren innerhalb der Zielgruppe(n) zu identifizieren und diese dann entsprechend zu kommunizieren bzw. erfahrbar zu machen (vgl. DGFP 2006, S. 0, vgl. Abb. 1). Nur so können in der Zielgruppe Mitarbeiter gewonnen werden und die Motivation bzw. Weiterentwicklung der bestehenden Belegschaft gesichert werden (Stebler 2008, S. 29).

2.1 Personalrekrutierung

Die Rekrutierung von Mitarbeitern stellt für Unternehmen im Grund kein neues Handlungsfeld dar. Doch mit dem beschriebenen steigenden Fachkräftemangel und der steigenden Konkurrenz zwischen den Arbeitgebern auf dem Arbeitsmarkt wird ein zielgruppenorientiertes Recruitment immer wichtiger und stellt die Funktionen der Personalbeschaffung vor neue Herausforderungen. So müssen zum Beispiel moderne Kommunikationsmittel wie Social Media frühzeitig eingesetzt werden, um auf Augenhöhe mit der gewünschten Zielgruppe in Kontakt treten zu können.

2.2 Personalbindung

Neben dem Auffinden geeigneter Mitarbeiter ist die Bindung dieser Mitarbeiter eine wichtige Herausforderung. Gerade Mitarbeiter, die über außerordentliche Fähigkeiten verfügen, sind auch für Wettbewerber sehr interessant. Wenn keine geeigneten Mitarbeiter auf dem freien Arbeitsmarkt verfügbar sind, wird es verstärkt dazu kommen, dass Unternehmen sich geeignete Mitarbeiter gegenseitig abwerben.

Gute Mitarbeiter sind sich im Übrigen heutzutage sehr bewusst, welchen Wert sie haben. Um die Wechselbereitschaft des Mitarbeiters zu minimieren, muss die Loyalität und Bindung des Mitarbeiters zum Unternehmen gefördert werden, indem zum Beispiel die individuellen Lebensphasen und Lebenssituationen neben den betrieblichen Notwendigkeiten berücksichtigt werden. Man kennt diese Notwendigkeit auch unter dem Begriff der „Work-Life-Balance", also des Ausbalancierens von betrieblichen Anforderungen sowie privaten und persönlichen Wünschen bzw. Bedürfnissen.

2.3 Personalentwicklung

Personalentwicklungsmaßnahmen sichern die Leistungsfähigkeit der Belegschaft und sorgen für die Aktualisierung von Wissen (vgl. Brandenburg und Domschke 2007, S. 135 ff). Darüber hinaus ist die Qualifizierung und das persönliche Weiterkommen ein wichtiger Baustein zur Mitarbeitermotivation. Verfügt ein Unternehmen über eine durchdachte Personalentwicklung, signalisiert es dem Mitarbeiter die Bereitschaft, ihn in seinem Werdegang, in seiner Karriere, dem Ausbau seiner Stärken zu begleiten und zu unterstützen. Denn die Möglichkeit, sich im Unternehmen weiterzuentwickeln, ist nicht nur für das Unternehmen von Vorteil, sondern stellt einen Mehrwert für den Mitarbeiter dar und kann dadurch auch die Bindung an das Unternehmen fördern. Der Mitarbeiter muss so nicht das Unternehmen wechseln, um sich weiterzuentwickeln. Gerade für junge Mitarbeiter stellt dies eine sehr wichtige Entscheidungsgrundlage dar sich für oder gegen ein Unternehmen zu entscheiden.

3 Employer Branding

In den Personalabteilungen herrscht mittlerweile Konsens darüber, dass die Positionierung des Unternehmens als attraktiver Arbeitgeber eine wichtige strategische Aufgabe darstellt. Das Ziel ist dabei, die Wettbewerbsfähigkeit zu erhalten oder zu steigern. Dies gelingt nur, wenn eine hohe Bekanntheit des Unternehmens als attraktiver Arbeitgeber vorhanden ist (vgl. Trost 2010, S. 16).

Die fünf positiven Wirkungsdimensionen eines funktionierenden Employer Brandings können dabei folgendermaßen beschrieben werden:

Mitarbeitergewinnung

- Größerer Bewerberpool und passendere Bewerber
- Senkung der Rekrutierungskosten
- Weitere Attraktivitätssteigerung durch Peer-Effekte

Leistung und Ergebnis

- Bessere Arbeitsleistung und höhere Motivation
- Führungsaufwand wird gesenkt
- Höhere Kundenzufriedenheit

Unternehmenskultur

- Kommunikation und Arbeitsklima werden verbessert
- Zusammenhalt wird gestärkt
- Fehlzeiten verringern sich

Unternehmensmarke

- Steigerung des Unternehmenswertes
- Steigerung der Wettbewerbsfähigkeit

Mitarbeiterbindung

- Senkung der Fluktuation
- Wissen bleibt erhalten
- Geringere Qualifizierungskosten

Bei der Auflistung der positiven Wirkungsdimensionen wird allerdings ab und an vergessen, dass die Arbeitgebermarke auch von innen gelebt werden muss, um nicht unglaubwürdig zu werden (vgl. Stebler 2008, S. 59). Die bestehende Mitarbeiterschaft muss die Arbeitgebermarke akzeptieren, dies stellt eine besondere Herausforderung für das innere Personalmarketing dar.

Einflussfaktoren des Employer Branding (vgl. DGFP 2006, S. 38; Stotz und Wedel-Klein 2013, S. 92–95):

Interne Einflussfaktoren

- Unternehmensvision (Wie sieht sich das Unternehmen jetzt und in Zukunft?)
- Unternehmensstrategie (Ziele, Ausrichtung, Portfolio)
- Produkte und Leistungen (Art der Produkte, Markt)
- Unternehmensorganisation (Ablauf- und Aufbauorganisation)
- Unternehmenskultur und Werte (besondere Werte, CSR)
- Grundsätze der Geschäftspolitik (Handlungsmaxime und Richtlinien der Interaktion)
- Unternehmenssituation (Ertragslage, Fluktuation)

Externe Einflussfaktoren

- Technologische Faktoren (technologischer Status, Produktionsverfahren, Qualifikationsbedarf
- Wirtschaftspolitische Faktoren (Branchenspezifika, Wettbewerbssituation, Marktentwicklung
- Kommunale Faktoren (Standortattraktivität)

Auf Basis der Erkenntnisse der Einflussfaktoren und der Zielgruppenanalyse können die in Abb. 2 dargestellten Handlungsfelder zur Kreation einer Arbeitgebermarke herangezogen werden (vgl. Abb. 2).

4 Anforderungen der High Potentials an die Medienbranche

Die High Potentials von heute werden überwiegend aus der so genannten Generation Y rekrutiert. Als Generation Y werden Personen bezeichnet, die zwischen 1980 und 2000 geboren worden sind. Das Personalmanagement muss sich mit den Vorstellungen und Einstellungen dieser Alterskohorte intensiv beschäftigen. Der Autor Anders Parment verfasste 2009 das Buch „Die Generation Y – Mitarbeiter der Zukunft", darin schreibt er „Die 80er-Generation ist in einer Gesellschaft mit hoher Transparenz, ständiger Kommunikation, vielen Wahlmöglichkeiten und großem Individualismus aufgewachsen" (Parment 2009, S. 20).

Dies bedeutet, dass diese Generation dazu neigt, schnelle Entscheidungen zu treffen, sich über modernste Kommunikationskanäle zu informieren und einen gewissen Individualismus für sich in Anspruch nimmt. Darunter leidet allerdings ein wenig die Loyalität, gerade auch zu einem einzigen Arbeitgeber. Diese Gruppe geht zudem mit Informationen aus und über ein Unternehmen kritisch um.

4.1 Die Suche nach einem Arbeitgeber

Im Rahmen einer Bachelorthesis von Sinah Ertl an der Hochschule der Medien, Stuttgart, wurden Interviews mit High Potentials durchgeführt (vgl. Ertl 2012).

Um auf einen Arbeitgeber aufmerksam zu werden, nutzen die High Potentials überwiegend vier Quellen:

- Internetrecherche
- Bestehende Bekanntheit der Unternehmen
- Hochschule
- Persönliches Netzwerk

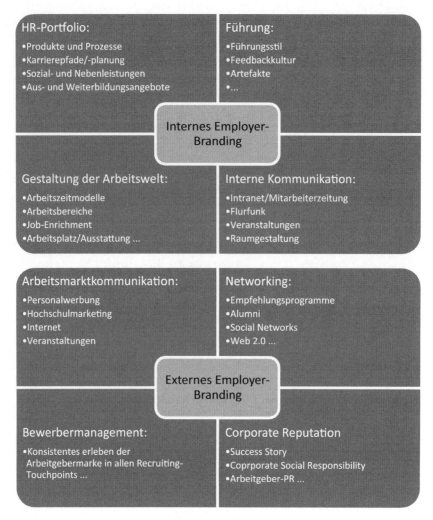

Abb. 2 Handlungsfelder des internen und externen Employer Brandings. (Quelle: nach Schlüter 2013, S. 37)

Alle vier Quellen sind dabei nicht isoliert zu betrachten. Ein bestimmter Bekanntheitsgrad des Unternehmens führt häufig zu einer intensiveren Auseinandersetzung über die Webseite. Es zeigt sich, dass im engen Suchradius von Medienunternehmen der Austausch über Netzwerke wie z. B. Facebook eine wesentliche Rolle in der Kommunikation über mögliche Arbeitgeber einnimmt. Der Online-Präsenz der Unternehmen ist daher entscheidend bei der Positionierung als Arbeitgeber. Dabei wird aber nicht nur die Corporate Website des Unternehmens angesehen, sondern auch Nachrichten über das Unternehmen, Bewertungsseiten und Jobportale werden zur Recherche genutzt. Je breiter die Internetpräsenz ist, desto höher ist auch die Wahrscheinlichkeit, von den High Potentials gefunden zu werden.

Inhaltlich informieren sich die High Potentials nicht nur über die möglichen Stellenangebote, sondern sie suchen nach dem Blick „hinter die Kulissen" und fordern somit Transparenz über die Arbeitgebereigenschaften. Hier sind vor allem Themen des Betriebsklimas, die innerbetriebliche Kommunikation, der Umgang mit Mitarbeitern von Bedeutung.

4.2 Die Einstellung zur Aufgabe

Wenn sich die High Potentials für einen Arbeitgeber entschieden haben, wollen sie selbstverständlich einen sinnvollen Beitrag zum Unternehmenserfolg leisten. Die gestellte Aufgabe sollte herausfordernd sein, da sich die Nachwuchskräfte gerne mit der Aufgabenstellung und damit auch mit dem Unternehmen identifizieren möchten. Routine und enge Vorgaben entsprechen nicht den Vorstellungen der Generation Y. Die Arbeit wird nicht nur als eine zu erledigende Aufgabe gesehen, sondern sie möchten Spaß dabei haben und das Gefühl haben, etwas Bedeutsames zu leisten. Das Betätigungsfeld hat im Gegensatz zu früher eine starke emotionale Dimension erhalten. Ein starker Trend ist dabei auch, dass die untersuchten Personen ergebnisorientiert arbeiten möchten. Dies hat zum Beispiel Auswirkungen auf die Arbeitszeiten, die sehr flexibel gestaltet sein müssen. High Potentials erwarten ein flexibles Arbeitszeitmodell quasi als Ausgleich für ein hohes Engagement.

4.3 Führung von High Potentials

Da die meisten High Potentials sich sehr wohl bewusst sind, das lebenslanges Lernen und die ständige Entwicklung ein Teil ihrer persönlichen Biografie sein werden, erwarten sie von den Unternehmen einen adäquaten Führungsstil. Dieser drückt sich vor allem in einer wertschätzenden Führung aus. Es wird eine gezielte Förderung auf dem Karriereweg erwartet und eine frühe Einbeziehung in Entscheidungsprozesse gewünscht. Vorgesetzte werden überwiegend als Bezugsperson und als Mentor verstanden, die in einem partnerschaftlichen Verhältnis stehen. Die reinen „Befehlsgeber" werden eher abgelehnt. Der Vorgesetzte muss über die Fähigkeit verfügen, Talente und Potenziale zu erkennen und zu fördern.

4.4 Bedeutung der Entlohnung

Interessant sind auch die Aussagen zur Entlohnung von High Potentials. Wenn die Rahmenbedingungen wie z. B. die Art der Aufgabe, das Unternehmensklima, die Karrieremöglichkeiten etc. stimmen, ist die Höhe der Entlohnung nicht der entscheidende Faktor für die Wahl eines Arbeitgebers. Das Gehalt als Erfolgsfaktor hat an Bedeutung verloren und wurde vom „Wohlfühlfaktor" und der Möglichkeit einer Weiterentwicklung, bzw. der beruflichen Perspektive abgelöst.

5 Fazit

Durch die beschriebenen demografischen Entwicklungen stehen grundsätzlich alle Arbeitgeber vor der schwierigen Aufgabe, geeigneten Nachwuchs für das eigene Unternehmen zu finden. Hinzu kommen die Veränderungen in punkto Werte und Einstellungen der Generation Y, weg von den rein monetären Faktoren, hin zu einer Perspektive des gegenseitigen Vertrauens und der Identifikation.

Gerade Medienunternehmen können vielfältige Möglichkeiten bieten. Die Branche befindet sich in einem rasanten dynamischen Veränderungsprozess, der nur mit Hilfe von motivierten jungen Menschen zu gestalten sein wird. Dazu müssen gerade viele kleinere und mittlere Zeitungshäuser aber die eigenen Hausaufgaben machen und beginnen die Vorteile des eigenen Medienhauses als Arbeitgebermarke zu definieren und den High Potentials zu kommunizieren. Dies bedeutet ein aktiveres Zugehen auf die gewünschte Zielgruppe. Die Präsenz und die aktive Kommunikation ist in Zukunft ein absolutes Muss, um von den High Potentials wahrgenommen zu werden.

Literatur

Brandenburg, U., & Domschke, J.-P. (2007). *Die Zukunft sieht alt aus: Herausforderungen des demografischen Wandels für das Personalmanagement.* Wiesbaden. Springer Gabler

Bruckner, C. (2008). *Talent Relationship Management: Ein innovatives Instrument der Beziehungspflege zu High Potentials im Personalmarketing.* Saarbrücken. AV Akademikerverlag.

Deutsche Gesellschaft für Personalführung. (Hrsg.). (2006). *Erfolgreiches Personalmarketing in der Praxis: Konzepte, Instrumente, Praxisbeispiele.* Bielefeld. Bertelsmann.

Ertl, S. (2012). *Nicht veröffentlichte Studienabschlussarbeit: Employer Branding zur Ansprache von High Potentials der Medienbranche. Eine Analyse der Anforderungen an den Arbeitgeber.* Hochschule der Medien Stuttgart.

Felser, G. (2009). *Personalmarketing.* Göttingen (u. a.: Hogrefe, 2010). http://sub-hh.ciando.com/book/?bok_id=35217. Zugegriffen: 23. Dez. 2013.

Koch, M. (2008). *Personalpolitische Antworten auf Megatrends in unserer Gesellschaft: ein Handlungsleitfaden für die künftige Gestaltung der Personalarbeit.* Saarbrücken.VDM.

Parment, A. (2009). *Die Generation Y – Mitarbeiter der Zukunft: Herausforderung und Erfolgsfaktor für das Personalmanagement.* Wiesbaden. Springer Gabler

Pötzsch, O. (2013). Geburten in Deutschland – Ausgabe 2012 – BroschuereGeburtenDeutschland0120007129004.pdf. https://www.destatis.de/DE/Publikationen/Thematisch/Bevoelkerung/Bevoelkerungsbewegung/BroschuereGeburtenDeutschland0120007129004.pdf?__blob=publicationFile. Zugegriffen: 23. Dez. 2013. (o. J.)

Prezewowsky, M. (2007). *Demografischer Wandel und Personalmanagement: Herausforderungen und Handlungsalternativen vor dem Hintergrund der Bevölkerungsentwicklung.* Wiesbaden. DUV GWV.

Schlüter, K. (2013). *Mitarbeitergewinnung im Web 2.0: Was die Generation Y wirklich anspricht.* Berlin. epubli.

Stebler, A. (2008). *Arbeitgeberattraktivität: Theoretische Grundlagen, sekundär-empirische Ergebnisse.* Saabrücken.VDM.

Stotz, W., & Wedel-Klein, A. (2013). *Employer Branding: Mit Strategie zum bevorzugten Arbeitgeber.* München. Oldenbourg.

Trost, A. (2010). *Employer Branding*. Köln. Luchterhand.
Wirtz, B. W. (2012). *Medien- und Internetmanagement*. Wiesbaden. Springer Gabler.

Prof. Christof Seeger Professor für Periodische Medien, Studiendekan Master Print & Publishing, Hochschule der Medien, Stuttgart, Media & Management, Meisenweg 44, 71126 Gäufelden.

Herausforderung Personalentwicklung im Zeitungsverlag – Von der Einzelkompetenz zur Teamkompetenz

Prof. Dr. Steffen Hillebrecht

Inhaltsverzeichnis

1	Die Ausgangslage	43
2	Anforderungen an redaktionelle Arbeitsteams	45
3	Umsetzung im betrieblichen Alltag	47
4	Folgen für die Führungskräfte	50
	Literatur	50

Zusammenfassung

Die Veränderungen im Branchenumfeld der Zeitungsverlage haben dazu geführt, dass zahlreiche Arbeitsprozesse neu organisiert werden. Nicht nur die Organisationsstrukturen müssen an die neuen Bedingungen angepasst werden, sondern auch die Formen der Zusammenarbeit und die dabei erforderlichen Kompetenzen der Fach- und Führungskräfte unterliegen einem Wandel.

1 Die Ausgangslage

Sinkende Margen, Stellenstreichungen insbesondere im redaktionellen Bereich, ein rasanter Medienwandel, der sich im Pressebereich überdeutlich manifestiert, all dies sind Stichwörter, die vor allem für die Organisation im Presseverlag inzwischen neue Organi-

---

Prof. Dr. Steffen Hillebrecht (✉)
Hochschule für Angewandte Wissenschaften Würzburg-Schweinfurt,
Münzstraße 12, 97076 Würzburg, Deutschland
E-Mail: steffen.hillebrecht@fhws.de

© Springer Fachmedien Wiesbaden 2015
T. Breyer-Mayländer (Hrsg.), *Vom Zeitungsverlag zum Medienhaus*,
DOI 10.1007/978-3-658-04100-7_4

sationsformen erfordern. Gerade im redaktionellen Bereich wird mit dem „Newsroom"-Prinzip schon länger damit gearbeitet, wie sich aktuell am Beispiel der „Welt"-Gruppe der Axel Springer AG zeigt (o. V., 2013welt). Ähnlich sieht man es auch mit der gemeinsamen Wirtschaftsredaktion von Gruner + Jahr oder dem „Kreativdesk" der Handelsblatt-Gruppe (vgl. o. V. 2013hb). Die Grundidee in beiden Fällen: Durch die kanalgerechte Aufbereitung der Inhalte können weniger Mitarbeiter mehr Medienkanäle bespielen und damit bei optimierten Kosten dennoch allen Nachfragerwünschen gerecht werden. Damit vollzieht die Verlagsorganisation eine Entwicklung nach, die bereits vor zehn Jahren angesprochen wurde (vgl. Breyer-Mayländer und Werner 2003, S. 343 ff.). Dass dies gerade bei den tradierten Arbeitsweisen im Journalismus problematisch werden kann, wird immer wieder diskutiert, zuletzt bei Vogt (2013, S. 74 ff.), allgemeiner auf alle Mediengattungen bezogen bei Weichert et al. (2012).

Was hierbei zu beachten ist: Die im Team vorhandenen Kompetenzen müssen sich soweit ergänzen, dass nicht jeder Mitarbeiter alle Aufgaben abdecken muss, sondern entsprechend der Vorerfahrungen und Ausbildungen sowie Neigungen müssen Tätigkeitsschwerpunkte gesetzt werden. Der Ansatz des „Kompetenzen-Teams" ist ein hilfreicher Ansatz, den entsprechenden Anforderungen gerecht zu werden. Er stellt aber auch einen Kulturwechsel dar, im Vergleich zur klassischen Organisation im regionalen Presseverlag. Dieser besteht aus einer Zentralredaktion am Verlagsort sowie verschiedenen Außen- oder Lokalredaktionen, einer Anzeigenabteilung, einer Marketingabteilung und einer Vertriebsabteilung, der Druckerei und vielleicht noch einiger Serviceeinheiten, v.a. mit Postdienstleistungen oder auch mit einem kleinen Buchverlag (vgl. Breyer-Mayländer und Werner 2003, S. 98 ff.; Hillebrecht 2009, S. 47 f.). Zusätzlich werden im Verlag die üblichen kaufmännischen Aufgaben wie Personalwesen und Controlling wahrgenommen. In vielen, aber nicht in allen Verlagen bestehen seit der Rundfunkreform in den 80er Jahren auch Hörfunk- und vielleicht auch regionale Fernsehsender sowie seit ca. 15–20 Jahren auch eigenständige Online-Redaktionen. Der Redaktionsbereich ist dementsprechend in traditioneller Form zunächst nach einzelnen Mediengattungen und in den einzelnen Mediengattungen nach Ressorts organisiert, die z. B. die Funktion für Nachrichten, Sport, Sonderprodukte etc. wahrnehmen (siehe auch Menhard und Treede 2004, S. 66 ff., ähnlich von Lucius 2005, S. 82 f.).

Abbildung 1 zeigt diese Funktionseinheiten, gestaffelt nach ihrer Stellung im Prozess der Inhaltegewinnung, Inhalteaufbereitung und Inhaltedistribution.

Vorteilhaft an dieser Organisationsform ist die klare Zuordnung von Verantwortlichkeiten für Produkte, Kostenstellen und Kostenträger. Allerdings zeigt sich in den letzten Jahren ein Durchbrechen der traditionellen Organisationsformen. Dies liegt zum einen an wirtschaftlichen Herausforderungen, denen sich die Zeitungshäuser gegenüber sehen, zum anderen aber auch an der Überlegung, dass es klug sein kann, mit einem Thema einen Mitarbeiter, bzw. ein kleines Arbeitsteam zu betrauen, dass alle Facetten des Themas in allen Ressorts und allen Medienformen editiert. Gerade unter dem Aspekt der Wirtschaft-

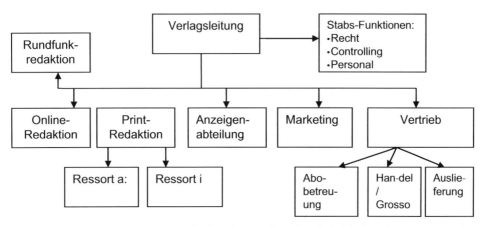

Abb. 1 Klassische Stab-Linien-Organisation eines Verlags (vereinfacht). (Quelle: eigene Erweiterung auf Basis von Hillebrecht, 2009)

lichkeit müssen daher das Management von Kenntnissen und Kompetenzen und demzufolge auch die Personalentwicklung neu gedacht werden, was sich im Ansatz der „Teamkompetenzen" (Kriz und Nöbauer 2008), bzw. „Abteilungskompetenzen" zeigt.

2 Anforderungen an redaktionelle Arbeitsteams

Wie bereits erwähnt, erfordern die Entwicklung digitaler Produkte, bzw. der damit korrespondierenden Cross-Media-Strukturen auf der einen Seite, der steigende Kostendruck auf der anderen Seite neue Organisationsformen. Gerade Fachverlage müssen inzwischen in „communities" denken, also in Nachfragergruppen, die ein eher allgemein definiertes Informationsinteresse haben. Ihnen kann man Wissen und Austausch in verschiedenen medialen Formen (Buch, Presse, Online, Events) anbieten, um erfolgreich am Markt zu bestehen. Das regional orientierte Informationsinteresse geht verstärkt in thematisch orientiertes Informations- und Unterhaltungsbedürfnis über, z. B. in Form von „Interesse am öffentlichen Leben in Oberschwaben" (bedeutet: Lokalpolitik und Auftreten lokaler Prominenz aus Politik, Wirtschaft, Sport und Kultur, z. B. auch mit Event-Fotos), „Kultur im Großraum Frankfurt/Main" (rund um Theater, Musik, Ausstellungen etc. in der Metropolregion) oder „Sport im Breisgau" (neben Fußball ggf. auch andere Breiten- oder Spartensportarten). Ein starres Festhalten an traditionellen Organisationsformen behindert demzufolge die Entwicklung des Unternehmens und die Wahrnehmung von Marktchancen.

Im Newsroom-Konzept gibt es – wie bereits dargelegt – keine klassische, fest fixierte Zuweisung auf einzelne Medien (z. B. Tageszeitung, bzw. Wochenzeitschrift, Privatfunk, Online) und darin genau festgelegte Aufgaben. Im Newsroom werden nach Themenfel-

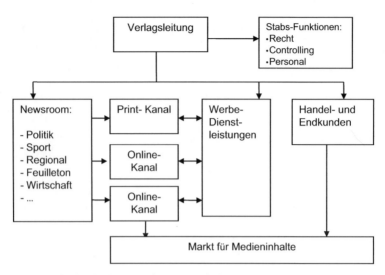

Abb. 2 Team-Organisation in einem Verlag (vereinfacht)

dern und Querschnittsfunktionen durchorganisierte, kleinere Arbeitsteams gebildet. Es findet eine Konvergenz der Verlagsfunktionen statt (Abb. 2), womit die Organisation auf den ersten Blick viel einfacher wirkt, aber in der Binnenorganisation der einzelnen Funktionseinheiten komplexer wird.

In der Organisationseinheit Newsroom werden also einzelne Mitarbeiter den Content der jeweiligen Themeneinheit so aufbereiten, dass er für mehrere, möglichst für alle Medienkanäle eine eigenständige Form gewinnt. Dies ist sicher einerseits mit einem höheren Grad an Multi-Tasking und damit auch Stress verbunden, sorgt aber auch dafür, dass Themen besser entsprechend den einzelnen Medienarten aufbereitet und vermarktet werden können und zudem einzelne Mitarbeiter innerhalb ihres Teams individuelle Schwerpunkte setzen können.

Ausgehend vom Newsroom der „Welt"-Gruppe sieht man, dass sich ca. 120 Mitarbeiter mit verschiedenen Medienkanälen beschäftigen. Im Zentrum steht dabei die Online-Ausgabe „welt.de", die rund um die Uhr aktuelle Nachrichten und Informationen publiziert. Gleichzeitig werden diese Inhalte auch für die digitale Ausgabe „Welt HD" (für Tablets) und für die gedruckten Ausgaben der „Welt" und der „Welt kompakt" gestaltet. Contentgewinnung und Contentproduktion werden dabei getrennt, so dass sich die einzelnen Mitarbeiter stärker auf journalistische oder stärker auf redaktionelle Aufgaben konzentrieren können (vgl. o. V. 2013welt). Der Vorteil: Sach- und Beurteilungskompetenz sowie Content können für drei verschiedene Medienkanäle optimal genutzt werden. Nachteilig ist sicher auch für die Betroffenen, dass hierbei einige Arbeitsplätze wegfallen – Arbeitsplatzabbau ist ein steter Begleiter von Rationalisierungsmaßnahmen.

Zugegebenermaßen blickt diese Organisationsform auf über 15 Jahre Geschichte im deutschsprachigen Raum zurück. Eugen Russ, der Inhaber der Vorarlberger Nachrichten, praktiziert dies seit Ende der 90er Jahre und wurde damit zu einem Anschauungsbeispiel für viele Verleger. Allerdings wurden die Konsequenzen, die sich damit insbesondere im Hinblick auf die Qualifikation der Mitarbeiter, d. h. die Personalentwicklung ergeben, noch nicht ausreichend zu Ende gedacht.

3 Umsetzung im betrieblichen Alltag

Innerhalb der Kompetenzfelder werden zum einen die relevanten Aufgaben und die damit erforderlichen Kompetenzen bestimmt, zum anderen die beteiligten Mitarbeiter im Hinblick auf vorhandenen Kompetenzen und Entwicklungspotentiale beurteilt. Die Unternehmensleitung, bzw. die Leitung des Funktionsbereichs kann auf diese Weise Tätigkeitsschwerpunkte und Entwicklungslinien zuweisen, muss aber auch sicherstellen, dass alle erforderlichen Aufgaben auch tatsächlich kompetent wahrgenommen werden, insbesondere bei Veränderungen in der Organisation (z. B. neue Schwerpunktsetzung bei einzelnen Mitarbeitern, Ersatz von ausscheidenden Mitarbeitern). Dies gelingt über den Ansatz des sog. „Kompetenzenmanagements": Die erforderlichen Kompetenzen werden mit den tatsächlichen regelmäßig abgeglichen und entsprechend ihrer Wahrnehmung beurteilt. Mitarbeiter erhalten dazu auch eine veränderte Form der Personalentwicklung, die neben Fachkenntnissen auch verstärkt soziale und persönliche Kompetenzen berücksichtigt. Als Belohnung steht eine höhere Mitarbeiterzufriedenheit und Mitarbeiterbindung im Raum, ergänzt um eine höhere Qualität der erbrachten Arbeitsprozesse. Kompetenzenmanagement ist damit eine anspruchsvolle, aber hilfreiche Antwort auf die neuen Aufgaben und Herausforderungen in kleineren und mittleren Verlagen. Dazu werden im Nachfolgenden einige Arbeitshilfen angeboten. Das Einführen eines teamorientierten Kompetenzenmanagements lässt sich in fünf Schritten umsetzen:

1. Schritt: Definition von Verantwortungsfeldern
2. Schritt: Definition der Aufgaben und notwendigen Kompetenzen
3. Schritt: Zuordnung der Mitarbeiter und Erhebung der tatsächlich vorhandenen Kompetenzen
4. Schritt: Teamentwicklung
5. Schritt: regelmäßige Evaluation und Weiterentwicklung

Der erste Schritt: Die Definition von Verantwortungsfeldern
Jeder Verlag besteht aus bestimmten Abteilungen, die bestimmte Arbeitsschritte vollziehen, wobei deren klassische Gliederung, nämlich Redaktion (Führung freier Journalisten, Workflows gegliedert nach Reporter und Editor), Anzeigen (Werbevermarktung), Marketing (Vermarktungskonzepte, Werbung, strategische Produktplanung), Vertrieb (Lesermarkt, Logistik etc.), Produktion (Druck, Weiterverarbeitung) heute in vielen Fällen neu geordnet werden, indem unterschiedliche Vermarktungsfunktionen neu kombiniert wurden. Denn diese einzelnen Abteilungen lassen sich zu wenigen, integrativen Verantwortungsfeldern zusammenfassen, wie z. B.:

Tab. 1 Zuordnung von Aufgaben und Kompetenzen am Beispiel Buchverlage

Verantwortungsfeld	Anfallende Aufgaben	Erforderliche Kompetenzen
Produktion	1. Manuskript-Prüfung	1. Text-Gefühl Grammatik
	2. Autorenbetreuung	2. Empathie Konfliktfähigkeit Gesprächsführung
	3. DTP-Gestaltung	3. Umgang mit DTP- Programmen
	4. Xml-Integration	4. Umgang mit xml
	5. Produktkalkulation	5. Kalkulationsfähigkeit: technisches und mathematisches Verständnis
	6. Einholen/Vergleichen von Druck-/Bindeangeboten	6. Kaufmännischer Schriftverkehr
Vermarktung	1. Marketing-Konzeption	1. Marketing-Kenntnisse
	2. Kundenbetreuung	2. Empathie; Fähigkeit zur Kalkulation Improvisationsfähigkeit
	3. Abrechnung	3. Kenntnisse in der Rechnungsstellung und Inkasso
	4. Presse-Arbeit	4. Kontaktfähigkeit, Fähigkeit zum schriftlichen und mündlichen Ausdruck Kenntnisse und Kontakte in der Medienlandschaft
	5. Vermarktung Rechte und Lizenzen	5. Kenntnisse internationaler Märkte Verhandlungsführung rechtliche Kenntnisse

- Produktion (Redaktion, Sonderthemen, Anzeigenproduktion)
- Technische Produktion (Druck, Weiterverarbeitung)
- Vermarktung (Marketing, Vertrieb, Werbevermarktung)

Der zweite Schritt: Die Definition der Aufgaben und notwendigen Kompetenzen

Innerhalb der jeweiligen Verantwortungsfelder müssen bestimmte Aufgaben ausgefüllt werden, um die jeweiligen Prozesse erfolgreich durchführen zu können. Die Bestandsaufnahme kann tabellarisch erfolgen und ermöglicht auch, die zur erfolgreichen Durchführung notwendigen Kompetenzen zu erkennen (vgl. Tab. 1):

Nota bene: Kompetenzen sind letztendlich immer die Fähigkeit, eine bestimmte Aufgabe bearbeiten und erfolgreich lösen zu können. Es geht um Wissen und dessen Einsatz, um Handlungsfähigkeit und Fähigkeit zur Reflektion eigener Tätigkeit.

In der Literatur finden sich hierzu vielfältige Ansätze zur genaueren Bestimmung, z. B. das Kompetenzenrad nach Klaus North und Kai Reinhardt (2005), S. 111), mit drei Kompetenzfeldern:

- Soziale und persönliche Kompetenzen (z. B. Kontaktfähigkeit, Selbstorganisation, Konfliktbearbeitung)
- Fachkompetenzen (z. B. zur Herstellung, zur Vermarktung)
- Methodenkompetenzen (z. B. Fähigkeit zur Planung und Durchführung der Arbeit)

Selbstredend gibt es auch andere Aufteilungen. Der Verfasser hat regelmäßig in persönliche, soziale und fachliche Kompetenzen unterschieden, was ebenfalls praktikabel sein kann (vgl. Hillebrecht, 2001). Die Prüfung der einzelnen Kompetenzenfelder nach einem SOLL und einem IST führt meist zu einem Katalog erforderlicher Maßnahmen der Personalentwicklung.

Der dritte Schritt: Die Zuordnung der Mitarbeiter und Erhebung der tatsächlich vorhandenen Kompetenzen
Der im zweiten Schritt erarbeitete Katalog wird mit den bei den Mitarbeitern vorhandenen Kompetenzen abgeglichen. Sinnvollerweise qualifiziert man die vorhandenen Kompetenzen auch nach dem Umfang und der Belastbarkeit, also nach „Grundkenntnisse", „sichere Kenntnisse für den Alltag", „Kompetenzen auf Vermittlungs-/Trainerebene", z. B. für innerbetriebliche Ausbildung, sowie anhand der Überlegung, ob der Kompetenzbereich in seiner Bedeutung in Zukunft noch wichtiger wird, gleich bleibt oder abnimmt. Der Anhaltswert: Jede Kompetenz, deren Bedeutung auch in Zukunft gleich hoch ist, sollte von mindestens einer Person auf der Ebene der alltäglichen Anwendungssicherheit beherrscht werden und von mindestens einer zweiten Person auf der Ebene Grundkenntnisse, um z. B. bei Urlaubs- und Krankheitsvertretung oder auch bei Ausscheiden aus der Firma noch jemanden zu haben, der die Funktion übernehmen kann.

Bei Kompetenzen, die in Zukunft von steigender Bedeutung sind, sollte mindestens ein Mitarbeiter auf der Ebene „alltägliche Anwendungssicherheit" sein und ein Mitarbeiter auf der Trainerebene, um die zukünftig bedeutsameren Kompetenzen an die Kollegen weiter geben zu können.

Der vierte Schritt: Teamentwicklung
Die Zusammenstellung zu Arbeitsteams wird durch begleitende Maßnahmen flankiert. Allein das gute kollegiale Vertragen führt nicht dazu, dass man sich in der neuen Teamstruktur auf die Zuarbeit und Ergänzung durch die Teammitglieder verlassen kann. Eher werden, vor allem bei langgedienten Mitarbeitern oder auch in Zeiten mit hoher Unsicherheit (z. B. Umsatzrückgänge, Gerüchte um einen Verkauf bzw. eine Übernahme durch einen größeren Verlag) sich manche auf die Weisheit zurückziehen, dass Wissen Macht ist und Unentbehrlichkeit sichert.

Bei der Entwicklung eines sich gegenseitig vertrauenden und zusammenarbeitenden Teams ist es naheliegend, einen gemeinsamen Workshop durchzuführen, um unter der Leitfrage „Wer übernimmt was?" sowohl für eine fachlich ausgewogene und sinnvolle Zusammenarbeit zu sorgen als auch die sozialen Prozesse des Zusammenwirkens zu stärken. Ein Teamtraining – nicht zwingend mit einem Hochseilgarten verbunden – wirkt.

Der fünfte Schritt: Regelmäßige Evaluation und Weiterentwicklung
Einmal durchgeführte Maßnahmen bedürfen des Hinterfragens und der Weiterentwicklung. Hierzu dienen regelmäßige Besprechungstermine wie das Jahresgespräch oder die jährliche Strategiekonferenz. Ein transparenter, für alle zugänglicher Prozess wird auch von allen Mitarbeitern mitgetragen. Genauso bieten ad hoc entstehende Einzelfälle (z. B.

Kündigung eines Mitarbeiters) einen Anlass, die bisherige Zusammenarbeit, die benötigten und die tatsächlich vorhandenen Kompetenzen im jeweiligen Team zu überprüfen. Dies kann das Ausscheiden eines Mitarbeiters oder die Einstellung eines neuen Mitarbeiters sein, das Hinzukommen eines neuen Programmbereichs, die innerbetriebliche Neuorganisation des Work-flows etc.

4 Folgen für die Führungskräfte

A Priori ergibt sich für Führungskräfte ein höherer Organisationsaufwand einerseits, andererseits aber eine dauerhafte Entlastung von traditionellen Führungsaufgaben durch die Selbstorganisation der einzelnen Funktionsbereiche. Damit haben Führungskräfte auch die Möglichkeit, sich selbst wieder stärker in die inhaltliche Arbeit einzubringen. Und nicht zuletzt bietet sich für die Verlage auch eine große Chance, ihre „Rohprodukte", also den Inhalt, noch breiter zu verwerten. Denn ein Vermarktungsteam muss nicht mehr in einzelnen Produktangeboten (z. B. Online, App, Print etc.) denken, sondern kann den Markterfolg insgesamt verfolgen.

Mitarbeiter haben die Möglichkeit, sich noch stärker mit ihren jeweiligen Begabungen und Interessen einzubringen und damit eine höhere Arbeitszufriedenheit zu entwickeln. Zudem können sie auch zusätzliche fachliche und soziale Kompetenzen entwickeln und damit auch eine „horizontale Karriere" (also die Übernahme einer neuen Verantwortung auf gleicher Ebene wie bisher) voran treiben. Dies kommt den Interessen vieler Arbeitnehmer entgegen, die neue Herausforderungen suchen, aber nicht unbedingt mehrere Karriereschritte nach oben gehen wollen.

Eine Neuorganisation nach Teamkompetenzen erfordert einen gewissen Zeitbedarf. Allerdings kann man gerade in kleineren Verlagen auch von einer gewissen positiven Voreinstellung ausgehen, da viele Verlage bereits in der Zusammenarbeit viele informelle Regelungen zu einer funktionsübergreifenden Zusammenarbeit vorgenommen haben. Eine Umgestaltung wird je nach Akzeptanz unter den Mitarbeitern zwischen drei und sechs Monaten dauern.

Mit diesem Modell haben die Verlage eine Chance, flexibel auf die Herausforderungen der Zukunft zu reagieren, Einsparpotenziale ebenso aufzudecken wie neue Arbeitsfelder und Innovationen zu wecken. Ein Prozess, der also auf lange Sicht für alle vorteilhaft ist.

Literatur

Breyer-Mayländer, T., & Werner, A. (2003). *Handbuch der Medienbetriebslehre*. München: Oldenbourg.
Hillebrecht, S. (2001). Die Gestaltung eines Personalentwicklungsplans. In *Der Betriebswirt*, 42(1/2001), 24–28. (Gaggenau).
Hillebrecht, S. (2009). Marketing für Presseverlage (2. Aufl.). Münster: LIT.

Kramp, L., & Weichert, S. (Hrsg.). (2012). Innovationsreport Journalismus. Bonn: FES 2012. http://library.fes.de/pdf-files/akademie/08984.pdf.
Kriz, W. C., & Nöbauer, B. (2008). *Teamkompetenzen* (4. Aufl.). Göttingen: Vandenhoeck & Ruprecht.
von Lucius, W. D. (2005). *Verlagswirtschaft*. Konstanz: UVK.
Menhard, E., & Treede, T. (2004). *Die Zeitschrift*. Konstanz: UVK.
North, K., & Reinhardt, K. (2005). *Kompetenzmanagement in der Praxis*. Wiesbaden: Springer Gabler.
o. V. (2013hb). Alle Mann an Deck. Beitrag vom 13.12.2013 unter www.handelsblatt.com/unternehmen/it-medien/in-eigener-sache-alle-mann-an-deck/9206868.html. Zugegriffen: 26. Sept. 2014.
o. V. (2013welt). So sieht der neue Newsroom der „Welt"-Gruppe aus. Beitrag vom 6.12.2013 unter www.welt.de/wirtschaft/webwelt/article122626513/So-sieht-der-neue-Newsroom-der-Welt-Gruppe-aus.html. Zugegriffen: 26. Sept. 2014.
Vogt, G. (2013). Mit unerschütterlichen Glaubenssätzen unterwegs. In *Organisationsentwicklung*, 32(4/2013), 74–78.
Weichert, S., et al. (Hrsg.). (2012). *Wozu noch Journalismus?* Göttingen: Vandenhoeck & Ruprecht.

Prof. Dr. Steffen Hillebrecht Hochschule für Angewandte Wissenschaften Würzburg-Schweinfurt, Fakultät Wirtschaftswissenschaften, Leitung des Studiengangs Medienmanagement, Forschungsschwerpunkte sind „Innovationen in Medienunternehmen" und „Der Mensch in (Medien-) Unternehmen", Kontakt unter.

Ist Content King? – Zur Bedeutung neuer Content-Formate

Michael Hallermayer, Manuel Menke und Prof. Dr. Susanne Kinnebrock

Inhaltsverzeichnis

1 Content – Von der Massenpresse ins Zeitalter der Medienkonvergenz 54
2 Rahmenbedingungen der Medienkonvergenz 54
    2.1 Neue Konkurrenz: News Aggregatoren 55
    2.2 Neue Nutzungssituationen 55
3 Von der Wertigkeit des Contents 56
4 Bedeutung neuer Content-Formate 57
    4.1 (Crossmedia-) Storytelling 57
    4.2 Datenjournalismus 58
5 Fazit 59
Literatur 59

Zusammenfassung

Der Beitrag diskutiert den Wert von journalistischem Content im Zeitalter der Medienkonvergenz. Dabei geht er auf veränderte, vom Journalismus zu berücksichtigende Rahmenbedingungen ein. Einerseits haben sich im Internet neue Konkurrenten entwickelt, die Nachrichten vielfältigen und zumeist kostenlos anbieten. Andererseits zeigen

---

Michael Hallermayer (✉) · M. Menke · S. Kinnebrock
Institut für Medien, Wissen und Kommunikation, Universität Augsburg,
Universitätsstraße 2, 86159 Augsburg, Deutschland
E-Mail: michael.hallermayer@phil.uni-augsburg.de

Manuel Menke
E-Mail: manuel.menke@phil.uni-augsburg.de

Prof. Dr. Susanne Kinnebrock
E-Mail: susanne.kinnebrock@phil.uni-augsburg.de

© Springer Fachmedien Wiesbaden 2015
T. Breyer-Mayländer (Hrsg.), *Vom Zeitungsverlag zum Medienhaus*,
DOI 10.1007/978-3-658-04100-7_5

sich bei den Rezipienten veränderte Rezeptionssituationen. Um Inhalte zu produzieren, die den Rezipienten trotz der veränderten Konkurrenzsituation etwas wert sind, sollte der Journalismus Themen qualitativ hochwertig bearbeiten und in innovativen Erzählformaten vermitteln. Dabei ist es entscheidend, das passende Format auszuwählen, das die jeweilige Geschichte am besten vermitteln kann. Der Beitrag beschreibt konkrete Formate, die narrative und visuelle Vermittlungsstrategien nutzen, wie das (Crossmedia-) Storytelling und den Datenjournalismus.

1 Content – Von der Massenpresse ins Zeitalter der Medienkonvergenz

„Content is King!" wurde als Formel in den Medien und in der Journalismusforschung bislang gerne herangezogen, wenn es darum ging, Wege aus den verschiedenen Zeitungskrisen aufzuzeigen. In diesem Beitrag wollen wir diese These für den Journalismus im derzeitigen Konvergenzzeitalter hinterfragen: Ist Content tatsächlich noch King?

Als sich im 19. Jahrhundert die Massenpresse entwickelte und der Pressemarkt florierte (Wilke 2008, S. 154 ff.), war der Content das zentrale Verkaufsargument. Erst im 20. Jahrhundert wurde der zentrale Pfeiler dieses Finanzierungsmodells – kostenpflichtiger Zugang zu exklusivem Content – durch das zusätzliche Angebot in Hörfunk und v. a. Fernsehen sukzessive aufgeweicht, was die Anfänge der ökonomischen Krise der Presse ab den 1970er Jahren markiert (Kaiser 2011, S. 70). Mit der Entwicklung digitaler Infrastrukturen setzte eine weitere Schwächung des Contents als Verkaufsargument ein, „als in den 80er Jahren (…) globale Informations-Netzwerke entstanden, die den Nachrichtenmedien ihr Vermittlungsmonopol raubten" (Weischenberg 2010, S. 35).

Seit den 1990er Jahren kam es schließlich zu einer explosionsartigen Zunahme kostenfreien Contents im Internet. Grund dafür ist v. a. die einfache und kostengünstige Content-Produktion wie Distribution, was durch die Digitalisierung und Medienkonvergenz möglich wurde. Rezipienten, die unzähligen User-Generated-Content bereitstellen, aber auch Angebote von Online-Großkonzernen wie Google und Microsoft sind zu neuen Konkurrenten des Journalismus herangewachsen. Ben Scott (2005, S. 97) résumiert, dass daraus aus Perspektive der Zeitungshäuser eine bis heute existenzielle Schieflage von Angebot und Nachfrage entstanden ist: „The exact same content that news outlets sell in print publications has been disseminated so widely by so many producers and aggregators that its value has been driven to zero".

2 Rahmenbedingungen der Medienkonvergenz

Unter den beschriebenen Bedingungen ist eine „Umsonst-Mentalität" entstanden und es scheint, als sei journalistischer Content den Rezipienten kein Geld mehr wert. Dem stehen Erfolgsgeschichten wie die der ZEIT entgegen, die dank großen, gründlich recherchierten Hintergrundberichten und Reportagen seit über fünf Jahren steigende Abonnementzahlen verzeichnen kann (IVW 2013). Entsprechend aufbereiteter Content scheint dem Rezipienten also doch etwas wert zu sein – trotz der vielen kostenfreien Konkurrenz im Netz.

2.1 Neue Konkurrenz: News Aggregatoren

Bereits in den frühen Jahren des digitalen Zeitalters sicherten sich Unternehmen wie AOL oder Yahoo ihre Marktposition, indem sie ihre Dienstleistungen auf Portalen anboten, die gleichzeitig aktuelle Nachrichten in Form aufbereiteter Agenturmeldungen veröffentlichten. Seit einiger Zeit gehen manche Anbieter dazu über, sich auch am journalistischen Content der Nachrichtenwebsites zu bedienen. Obwohl diese sog. News Aggregatoren nicht selbst journalistischen Content produzieren, aggregieren und vernetzen sie ihn doch. Scott beschreibt diesen Service als: „collecting links and leads from other news sources, filtering them into topical categories (…), and presenting them on the main pages of the most high-traffic sites on the web" (Scott 2005, S. 94).[1] Vereinzelt lassen sich auch stärker journalistisch motivierte Anbieter finden, die Apps entwickelt haben wie Flipboard, Pulse oder Taptu, mit deren Hilfe sich der Leser „aus frei abrufbaren Online-Nachrichtenangeboten (…) ein individuelles Magazin zusammenstellen kann" (Kramp und Weichert 2012, S. 68).

Die hiesigen Zeitungsverlage sind kaum in der Lage, mit den Angeboten von internationalen Online-Großkonzernen direkt zu konkurrieren. Allerdings stellt sich die Frage, ob das Entwicklungspotenzial von Pressehäusern nicht vielmehr darin liegt, mithilfe von neuen und innovativen Content-Formaten, die mehr bieten als nur schnelle News oder journalismusferne Services, einen Mehrwert für Rezipienten zu generieren. Warum also nicht die eigene Stärke ausspielen – die journalistische Kernkompetenz?

2.2 Neue Nutzungssituationen

Bei der Entwicklung von Content-Formaten sind nicht nur neue Rahmenbedingungen auf der Anbieter-, sondern auch auf der Nutzerseite zu berücksichtigen. Bedingt durch neue Endgeräte und mobiles Internet entstehen veränderte Nutzungssituationen, aus denen wiederum bestimmte Ansprüche an Content-Formate seitens der Leser erwachsen. So wird das Smartphone sowohl unterwegs als auch zu Hause genutzt (Van Eimeren 2013), was

---

[1] In die Öffentlichkeit gelangte das Thema „News Aggregatoren" 2013, als es zum Rechtsstreit zwischen deutschen Verlagen und Google News über das sogenannte Leistungsschutzrecht kam. Die Verleger wollten für ihre entliehene journalistische Leistung entlohnt werden. Journalisten einer offenen Internetphilosophie argumentierten hingegen, dass die Hypertextstruktur und das Verlinken auf Content Ausdruck der Kommunikationsfreiheit im Internet seien, von der auch der Journalismus profitiere (IGEL 2013).

die räumliche und zeitliche Nachrichtennutzung flexibilisiert (Kretzschmar 2009). Hinzu kommt eine Diversifikation von Medienkanälen, die unterschiedlichen Informationsbedürfnissen entsprechend herangezogen werden (Hasebrink und Schmidt 2013). Der Journalismus muss sich darauf einstellen, dass Rezipienten heute nicht nur ein spezifisches Einzelmedium bevorzugen, sondern ein Ensemble an unterschiedlichen Medien nutzen (Mende et al. 2012, S. 11; Hölig und Hasebrink 2013).

Dabei stellt sich für Zeitungshäuser die Frage, welche journalistischen Content-Formate sich am besten eignen, um unter den neuen Rezeptionsbedingungen einen tatsächlichen Mehrwert zu erzeugen. Für komplexe Hintergründe der Außenpolitik ist ein ausführlicher Fließtext passend. Ein Straßenfest lässt sich authentischer in Bildern fassen. Zur Erklärung von Datenmaterial eignen sich interaktive Infografiken. Das Format muss sich folglich danach richten, wie das Thema am verständlichsten vermittelt werden kann, und dabei gleichzeitig die Nutzungssituationen berücksichtigen.

3 Von der Wertigkeit des Contents

Der Wert von journalistischen Inhalten bemisst sich auch daran, wie die Rezipienten diese wahrnehmen. Denn gerade im Internet ist das Angebote vielfältig, die Grenzen zwischen journalistischen und anderen Angeboten verschwimmen. Dennoch scheinen die Nutzer eine klare Vorstellung davon zu haben, was Journalismus ausmacht. Sie differenzieren beim Content zwischen professionell-journalistischen Angeboten und z. B. Social Media Anwendungen, die sie nicht als journalistisch einordnen und denen sie andere Qualitätskriterien zuweisen (Neuberger 2012, S. 45). Neubergers Befunde verdeutlichen, dass Rezipienten Folgendes von gutem Journalismus erwarten: Glaubwürdigkeit, Themenkompetenz, Sachlichkeit, Unabhängigkeit, Hintergrundinformationen und Aktualität. „Insgesamt wichen die Vorstellungen und Erwartungen des Publikums nur wenig von der professionellen und wissenschaftlichen Perspektive auf den Journalismus ab" (Neuberger 2012, S. 52). Auch aus der wissenschaftlichen Perspektive werden Vielfalt, Aktualität, Relevanz, Glaubwürdigkeit, Unabhängigkeit, Recherchekompetenz, Kritik und Zugänglichkeit als gängige Qualitätskriterien diskutiert (vgl. Arnold 2009).

Es ist naheliegend, bei der Entwicklung von neuen Content-Formaten gerade solche Kriterien herauszustellen, die Journalismus von User-Generated-Content, Social Media und News Aggregatoren abgrenzen. Der Versuch, mit diesen anders gearteten Inhalten zu konkurrieren, kann als eine Ursache dafür angesehen werden, dass die zentrale Rolle des Journalismus beim Herstellen von Öffentlichkeit aktuell infrage gestellt wird (Hohlfeld 2010, S. 24 f.). In einer veränderten „offene[n] Medienlandschaft" (Hohlfeld 2010, S. 27), die durch Fragmentierung, Unübersichtlichkeit und unstrukturierte Informationsfülle gekennzeichnet ist, tut sich für den Journalismus allerdings die neue Chance auf, „als Navigator und Moderator neue Vermittlungsleistungen im Internet [zu] erbringen" (Neuberger 2012, S. 53).

4 Bedeutung neuer Content-Formate

Neue Technologien machen Content-Formate möglich, die bisherige Erfahrungen aus dem Printjournalismus aufgreifen und mit dem Potential des Internet sowie neuer Endgeräte verbinden. So werden beim (Crossmedia-) Storytelling verstärkt narrative Strategien genutzt, um Inhalte in Form von Geschichten zu vermitteln, wohingegen der Datenjournalismus visuelle Vermittlungsstrategien zur Komplexitätsreduktion einsetzt. Weitere neue Content-Formate werden derzeit auch im Zusammenhang mit den erweiterten Partizipationsmöglichkeiten entwickelt (siehe dazu Neuberger in diesem Band).

4.1 (Crossmedia-) Storytelling

Storytelling zielt auf das, was Praktiker wie Feist et al. (2010) folgendermaßen zuspitzen: „was in schnellen und konvergenten Zeiten keinesfalls vergessen werden darf, ist die Basis dessen, was unser Geschäft ausmacht: die gute Geschichte" (S. 231). Die qualitativ hochwertige journalistische Aufbereitung der Geschichte stellt sich dementsprechend bei neuen Content-Formaten als das Distinktionsmerkmal gegenüber der vielfältigen Online-Konkurrenz heraus.

Doch nicht jeder Inhalt bietet sich gleich gut für Storytelling an, obwohl grundsätzlich allen journalistischen Texten narrative Elemente zugrunde liegen (Kinnebrock und Bilandzic 2010). Beim Storytelling werden diese Elemente akzentuiert und eine Dramaturgie implementiert. Soweit der erforderliche Platz gegeben und (Recherche- wie Rezeptions-) Zeit vorhanden ist, kann Storytelling auch im Internet erfolgreich umgesetzt werden. Zwar mag man aufgrund der Schnelligkeit von Online-Medien die „Neuentdeckung der Langsamkeit" und die „Hinwendung zum Hintergründigen und Tiefschürfenden", also „slow media", zunächst mit Printmedien assoziieren (Kramp und Weichert 2012, S. 64). Aber zugleich können mit den digitalen Möglichkeiten Geschichten nicht nur multimedial aufbereitet, sondern auch über verschiedene mediale Kanäle hinweg crossmedial erzählt werden, um die Leser entlang der Geschichte von Kanal zu Kanal zu führen (Sturm 2013, S. 36). Mit crossmedialen Formaten kann der Journalismus die neue, im Zuge der Webnutzung verstärkten Gewohnheit des „crossmedia storyreading" bedienen: „News audiences pick and choose stories they want to attend to and believe, and choose from a seemingly endless supply of information to assemble their own stories. Further, they produce and disseminate those stories on blogs, wikis, and personal Web sites" (Bird und Dardenne 2009, S. 212).

Links auf weitere Artikel zum Thema, zu Meinungsäußerungen in Blogs oder auch auf Originaldokumente ermöglichen es weiterhin, verschiedene Aspekte einer Geschichte zu integrieren. „Linkjournalismus", der auf intelligent eingesetzter Hypertextualität beruht, bietet Lesern insofern einen Mehrwert, als sie dank zusätzlicher journalistischer Orientierungsleistungen selbst entscheiden können, über welche Details der Geschichte sie mehr wissen möchten (Doherty 2013).

Als besonderes Leuchtturmmedium für digitales Storytelling sei auf die New York Times verwiesen, die mit multimedial aufwändigen und inhaltlich gründlich recherchierten Geschichten immer wieder für Begeisterung sorgt.[2]

4.2 Datenjournalismus

Formate, die stärker auf visuelle Darstellung setzen, sind auch schon von den traditionellen Medien bekannt. So finden sich in Zeitungen seit langem Infografiken, die Zahlenmaterial visuell aufbereiten (Knieper 1995). Der Datenjournalismus nutzt diese Datenbestände nicht nur im Zuge der Recherche, sondern macht sie zur eigentlichen Geschichte, wobei Visualisierung und interaktive Gestaltung für den Nutzer eine zentrale Rolle spielen: „These innovative contents, consisting of online presentations, interactive maps or visualizations, rely on a wide range of computer techniques used to collect, process, analyze and visualize data sets" (Parasie und Dagiral 2012, S. 854).

Datenjournalismus kann dort seine Stärken ausspielen, wo andere Erzählformen einen Sachverhalt nicht in dieser Klarheit vermitteln können. Matzat (2011) stellt die folgenden möglichen Erzählweisen des Datenjournalismus zusammen: Beim Datastorytelling können die Nutzer selbst in den aufbereiteten Daten navigieren.[3] Datenjournalismus kann aber auch in Verbindung mit partizipativen Elementen realisiert werden, indem die Nutzer bei der Sammlung der Daten miteinbezogen werden. Für (hyper)lokalen Journalismus kann weiterhin das Zusammentragen von Informationen und Meldungen in Datenbanken und deren Visualisierung (z. B. auf einer Karte) nützlich sein, da so sichtbar wird, was in der direkten Umgebung passiert.[4] Und „Newsgames" ermöglichen es schließlich, Daten spielerisch erfahrbar zu machen und so eigene Erfahrungen mit den Daten zu machen.[5] Diese stark visualisierten Formen der Darstellung eignen sich zwar nicht immer, sind aufwändig und kostenintensiv. Gezielt und passend eingesetzt, können sie allerdings Rezipienten bestimmte Inhalte besser vermitteln als andere Darstellungsweisen. Denn Datenjournalismus vermag es, in Datensätzen verborgene Geschichten zu offenbaren sowie diese transparenter und glaubwürdiger zu erzählen (Aitamurto et al. 2011, S. 10).

---

[2] *Snow Fall* beispielsweise ist ein interaktives, multimediales Feature über einen Lawinenabgang bei einem Ski-Event, das 2012 mit dem Pulitzerpreis ausgezeichnet wurde (http://www.nytimes.com/projects/2012/snow-fall/#/?part=tunnel-creek), während *A Game of Shark and Minnow* den Grenzkonflikt zwischen den Philippinen und China im Chinesischen Meer aufarbeitet (http://www.nytimes.com/newsgraphics/2013/10/27/south-china-sea/).

[3] Die Visualisierung der gespeicherten Vorratsdaten eines Politikers machen die Datenvorratsspeicherung konkret erlebbar (http://www.zeit.de/datenschutz/malte-spitz-vorratsdaten).

[4] Auf www.frankfurt-gestalten.de werden lokale Informationen auf einer Karte verortet angezeigt, welche auch von Nutzer beigesteuert werden können.

[5] Bei der New York Times können Nutzer spielerisch den US Bundeshaushalt selbst zusammenzustellen (http://www.nytimes.com/interactive/2010/11/13/weekinreview/deficits-graphic.html).

5 Fazit

Die Frage nach der Bedeutung des Contents stellt sich für den Journalismus im Kontext der zunehmenden Medienkonvergenz immer mehr. Deutlich geworden ist, dass der Wert des Content nicht mehr aus dem Monopol des Zugangs resultiert, wie es früher der Fall war, sondern dass bei der enormen Masse an verfügbarem Content sich journalistische Inhalte allein durch ihre journalistische Qualität absetzen können.

Erreichen kann der Journalismus dies durch solides journalistisches Handwerk, das profunde Recherche mit innovativen Erzählformen und medienspezifisch optimierten Darstellungen verbindet. Es sind die daraus gewonnene Glaubwürdigkeit und Vermittlungsleistung, die den Journalismus von konkurrierenden Angeboten unterscheiden. Er leistet mehr als das pure Zusammenstellen fremder Inhalte, ist unabhängiger als Einzelmeinungen in Blogs und elaborierter als Treffer einer Suchmaschine. Diese Stärken lassen sich zwar schon im schnellen Just-In-Time Journalismus ausspielen, glanzvoll entfalten können sie sich allerdings erst im Slow Journalism, also in einem Journalismus, der sich Zeit nimmt für ausführliche Recherchen und Wert auf Erzählkunst legt. Es liegt am Journalismus selbst, herausragenden Content zu schaffen, der sich von der Masse absetzt – egal, ob er Inhalte konventionell monomedial, multimedial oder gar crossmedial vermittelt. So bleibt Content King.

Literatur

Aitamurto, T., Sirkkunen, E., & Lehtonen, P. (2011). Trends in data journalism. http://virtual.vtt.fi/virtual/nextmedia/Deliverables-2011/D3.2.1.2.B_Hyperlocal_Trends_In%20Data_Journalism.pdf. Zugegriffen: Dez. 2013.

Arnold, K. (2009). *Qualitätsjournalismus: Die Zeitung und ihr Publikum*. Konstanz. UVK.

Bird, E. S., & Dardenne, R. W. (2009). News as myth and storytelling. In K. Wahl-Jorgensen & T. Hanitzsch (Hrsg.), *The handbook of journalism studies* (S. 205–217). New York. Routledge.

Doherty, S. (2013). Hypertext and journalism. Paths for future research. *Digital Journalism, 1–3*(2013).

Feist, H., Karsch, M., & Scheel, J. (2010). Die gute Geschichte. Kernkompetenz in konvergenten Zeiten. In R. Hohlfeld, P. Mul̀ler, A. Richter, & F. Zacher (Hrsg.), *Crossmedia. Wer bleibt auf der Strecke?* (S. 228–232). Berlin. LIT.

Hasebrink, U., & Schmidt, J.-H. (2013). Medienübergreifende Informationsrepertoirs. *Media Perspektiven, 1*(2013), 2–12. (Frankfurt) 124-139 (New York).

Hohlfeld, R. (2010). Publizistische Qualität in neuen Öffentlichkeiten: Crossmedia als Herausforderung für die Verbindung einer Theorie publizistischer Qualität mit einer Theorie publizistischer Innovation. In R. Hohlfeld (Hrsg.), *Crossmedia. Wer bleibt auf der Strecke? Beiträge aus Wissenschaft und Praxis* (S. 20–36). Münster. LIT.

Hölig, S., & Hasebrink, U. (2013). Nachrichtennutzung in konvergierenden Medienumgebungen. *Media Perspektiven, 11*(2013), 522–536 (Frankfurt).

IGEL. (2013). Argumente. http://leistungsschutzrecht.info/argumente. Zugegriffen: Dez. 2013.

Informationsgesellschaft zur Feststellung der Verbreitung von Werbeträgern (IVW). (2013). (fortl. Jahrgänge). Quartalsauflagen „Die Zeit" 3/2009 und 3/2013. http://daten.ivw.eu. Zugegriffen: Jan. 2014.

Kaiser, U. (2011). Zukunft der Zeitung – Zeitung der Zukunft – Oder: 12 Rezepte, die Leser zu verlieren. In M. Schröder (Hrsg.), *Qualität unter Druck. Journalismus im Internet-Zeitalter* (S. 69–78). Baden-Baden. Nomos.

Kinnebrock, S., & Bilandzic, H. (2010). Boulevardisierung der politischen Berichterstattung? Konstanz und Wandel von Nachrichtenfaktoren und Narrativitätsfaktoren in der politischen Berichterstattung. In K. Arnold, C. Classen, S. Kinnebrock, E. Lersch, & H.-U. Wagner (Hrsg.), *Von der Politisierung der Medien zur Medialisierung des Politischen?* (S. 347–362). Leipzig. Leipziger Universitätsverlag

Knieper, T. (1995). *Infographiken. Das visuelle Informationspotential der Tageszeitung*. München. Reinhard Fischer

Kramp, L., & Weichert, S. (2012). *Innovationsreport Journalismus. Ökonomische, medienpolitische und handwerkliche Faktoren im Wandel*. Bonn. Friedrich-Ebert-Stiftung.

Kretzschmar, S. (2009). Media „to go": Die Flexibilisierung von Raum- und Zeitbezügen im Journalismus. In C. Neuberger, C. Nuernbergk, & M. Rischke (Hrsg.), *Journalismus im Internet. Profession – Partizipation – Technisierung* (S. 335–352). Wiesbaden.

Matzat, L. (2011). Datenjournalismus. Dossier Open Data. Bundeszentrale für politische Bildung. http://www.bpb.de/gesellschaft/medien/opendata/64069/datenjournalismus. Zugegriffen: Nov. 2013.

Mende, A., Oehmichen, E., & Schröter, C. (2012). Medienübergreifende Informationsnutzung und Informationsrepertoirs. *Media Perspektiven, 1*(2012), 2–17 (Frankfurt).

Neuberger, C. (2012). Journalismus im Internet aus Nutzersicht. *Media Perspektiven, 1*(2012), 40–55 (Frankfurt).

Parasie, S., & Dagiral, E. (2012). Data-driven journalism and the public good: „Computer-assisted-reporters" and „programmer-journalists". *New Media & Society, 15*(6), 853–871 (Chicago).

Scott, B. (2005). A contemporary history of digital journalism. *Television & New Media, 6*(1), 89–126.

Sturm, S. (2013). *Digitales Storytelling. Eine Einführung in neue Formen des Qualitätsjournalismus*. Wiesbaden. Springer VS.

Van Eimeren, B. (2013). „Always on" – Smartphone, Tablet und Co. als neuer Taktgeber im Netz. *Media Perspektiven, 7–8*(2013), 386–390 (Frankfurt).

Weischenberg, S. (2010). Das Jahrhundert des Journalismus ist vorbei. Rekonstruktionen und Prognosen zur Formation gesellschaftlicher Selbstbeobachtung. In H. Bohrmann & G. Toepser-Ziegert (Hrsg.), *Krise der Printmedien: Eine Krise des Journalismus?* (S. 32–61). Berlin. De Gruyter.

Wilke, J. (2008). *Grundzüge der Medien- und Kommunikationsgeschichte*. Köln. Böhlau UTB.

Michael Hallermayer M.A. Wissenschaftlicher Mitarbeiter im Bereich Kommunikationswissenschaft Schwerpunkt Öffentliche Kommunikation, Universität Augsburg, Institut für Medien, Wissen und Kommunikation.

Manuel Menke M.A. Wissenschaftlicher Mitarbeiter im Bereich Kommunikationswissenschaft Schwerpunkt Öffentliche Kommunikation, Universität Augsburg, Institut für Medien, Wissen und Kommunikation.

Prof. Dr. phil. Susanne Kinnebrock Professorin für Kommunikationswissenschaft mit Schwerpunkt Öffentliche Kommunikation, Universität Augsburg, Institut für Medien, Wissen und Kommunikation.

Lokaljournalismus und Partizipation: Profis zwischen User Generated Content und Bürgerjournalismus

Prof. Dr. Christoph Neuberger

Inhaltsverzeichnis

1	Globalisierung, Virtualisierung, Mobilisierung – Abwendung vom Lokalen in den digitalen Medien?	62
2	Anhaltende Bedeutung des Lokalen und der Lokalzeitung	63
3	Partizipation des Publikums im lokalen Raum	64
4	Publikumsbeteiligung im Lokaljournalismus: Formen, Motive, Wirkungen	65
5	Konkurrenz oder Komplementarität? Selbstständige lokale Internetangebote	68
6	Defizite und Ansatzpunkte: Wie der Lokaljournalismus das Publikum noch besser einbinden kann	68
	Literatur	70

Zusammenfassung

Seit dem Durchbruch des Internets zum relevanten Medium der öffentlichen Kommunikation sind rund zwei Jahrzehnte vergangen. Das Versprechen des Internets, dass sich nun jeder öffentlich zu Wort melden kann, ist vor allem durch Social Media eingelöst worden, also z. B. durch Facebook, Twitter, YouTube, Wikipedia und Blogs. Welche Auswirkungen hat diese erweiterte Partizipation auf den Lokaljournalismus? Entsteht ihm hier eine neue Konkurrenz? Oder können Lokalredaktionen selbst profitieren, wenn sie Social Media zur Publikumsbeteiligung einsetzen? Diese Fragen werden im Journalismus und in der Zeitungsbranche zwar intensiv diskutiert – nahezu ausgeblen-

---

Prof. Dr. Christoph Neuberger (✉)
Institut für Kommunikationswissenschaft und Medienforschung, Ludwig-Maximilians-Universität München, Oettingenstraße 67, 80538 München, Deutschland
E-Mail: neuberger@ifkw.lmu.de

det wird dabei aber die Vielzahl wissenschaftlicher Studien, die darauf eine fundierte Antwort geben können. Bevor hier näher auf den Forschungsstand eingegangen wird, ist allerdings zu fragen, ob am Lokalen und mithin auch am Lokaljournalismus im digitalen Zeitalter überhaupt noch großes Interesse besteht – denn mit dem Internet verbindet man viel eher die gegenteiligen Vorstellungen von globaler und virtueller Kommunikation.

1 Globalisierung, Virtualisierung, Mobilisierung – Abwendung vom Lokalen in den digitalen Medien?

Das Internet und andere digitale Medien bieten viele neue Potenziale für Kommunikation. Sie betreffen auch die Raumdimension, in dem vor allem drei Entwicklungen beobachtet worden sind:

Globalisierung

Das Internet ist ein Medium, in dem prinzipiell jeder ohne allzu großen Aufwand weltumspannend online kommunizieren kann. Damit trägt es zur Raumüberwindung und Raumschrumpfung bei. Es befreit von der „Tyrannei der Geografie" (Anderson 2007, S. 192) und ermöglicht – zumindest technisch gesehen – das Entstehen eines „globalen Dorfes" (McLuhan), in dem Gemeinschaften nicht mehr ortsgebunden sind (Schroer 2006, S. 161–173; Löw et al. 2008, S. 66–78). Allerdings lassen sich Zweifel daran anmelden, dass das Internet erheblich zur globalen Vernetzung und Herstellung einer Weltöffentlichkeit beiträgt. Die Grenzen von Kultur- und Sprachräumen bilden Barrieren, die auch online selten überwunden werden. Und auch im Internet dominiert der Nachrichtenfaktor „Nähe". Abgesehen davon ist das Internet noch längst nicht allen Menschen zugänglich (Hafez 2005, S. 135–157).

Virtualisierung

Mit dem Internet und anderen digitalen Medien verbindet sich die Vorstellung der Verselbstständigung einer künstlichen Welt gegenüber der realen Welt (Löw et al. 2008, S. 78–92). Darin streifen die User ihre alte Identität ab und erschaffen sich eine neue. Virtuelle Städte wie „Second Life" sollen den lokalen Raum nachbilden und verdrängen. Auch diese Raumvision hat bisher keine große Bedeutung erlangt, wie nicht zuletzt der Niedergang von „Second Life" belegt. Der Erfolg sozialer Netzwerke wie Facebook lässt sich – gerade im Gegenteil – dadurch erklären, dass sie die Verbindung zur Außenwelt nicht gekappt haben, sondern mit ihr eng verflochten sind. Sie dienen vor allem dem Aufrechterhalten oder Knüpfen sozialer Beziehungen, die auch auf anderen Kanälen, oftmals auch face-to-face, gepflegt werden (Neuberger 2011, S. 55 f.).

Mobilisierung

Die dritte Entwicklung der letzten Jahre, die einen Raumbezug besitzt, ist die Mobilisierung der Online-Kommunikation. Smartphones und Tablets ermöglichen nicht nur die ortsunabhängige Rezeption und Kommunikation, sondern verbessern auch das Handeln in Präsenzsituationen durch kontextsensitive Informationen, z. B. wenn sie helfen, sich an einem unbekannten Ort zu orientieren (Wilke 2004; Kretzschmar 2009).

Diese Schlaglichter auf den Medienwandel in der Raumdimension zeigen, dass die Digitalisierung nicht zu einer Abwendung vom und Abwertung des Lokalen geführt hat. Mit Hilfe des Internets soll es sogar – entgegen aller Erwartung – zu einer Wiederbelebung der Städte durch einen Urbanismus „von unten" gekommen sein, weil sich die Bürger nun via Facebook und Twitter organisieren können (Rauterberg 2013).

2 Anhaltende Bedeutung des Lokalen und der Lokalzeitung

Auch eine Reihe neuerer Publikumsbefragungen bestätigt die anhaltende Bedeutung des (engeren) lokalen und (etwas weiter gefassten) regionalen Raums in der Medienkommunikation:

Bindung an die Region
Das Interesse an lokalen/regionalen Ereignissen ist größer als das an Ereignissen im Bundesland, aus Deutschland oder dem Ausland, ergab 2006 eine repräsentative Befragung der ARD-Medienforschung (Oehmichen und Schröter 2011, S. 183). Die eigene Region besitzt – auch für junge Menschen – nach wie vor einen hohen Stellenwert. Eine Befragung des WDR in Nordrhein-Westfalen ergab, dass mit dem Begriff „Heimat" weitaus öfter Positives wie „Familie und Freunde" sowie „Geborgenheit" assoziiert wird als Negatives wie „Altmodisches" (Simon et al. 2009, S. 63). Die deutliche Mehrheit lebt gerne in der eigenen Region (93 %) und ist stolz auf sie (75 %; ebd., S. 62 f.). Diese Verbundenheit spiegelt sich auch im Bedarf an lokalen Informationen wider. Die Ortsbindung stärkt das Interesse an lokalen Medieninhalten (Chmielewski 2011, S. 136; Süper 2013).

Zeitung als wichtigstes lokales Medium
Im Medienvergleich ist die Zeitung die mit deutlichem Abstand wichtigste Informationsquelle in der Region, ergab im Jahr 2011 eine repräsentative Bevölkerungsbefragung des Hans-Bredow-Instituts (Hasebrink und Schmidt 2013, S. 5). Zum gleichen Ergebnis kam 2013 die ebenfalls repräsentativ angelegte ARD/ZDF-Online-Studie: Am Vortag der Befragung hatten 28 % der Onliner und 32 % der Offliner etwas aus der Tageszeitung über aktuelle Ereignisse in der Region erfahren. Radio (24 %), Fernsehen (22 %) und Internet (13 %) wurden dafür insgesamt seltener genutzt als die Tageszeitung (29 %; van Eimeren und Frees 2013, S. 365). Zeitungen wurden 2008 von 82 % der Befragten in einer repräsentativen Bevölkerungsumfrage der ZMG als „unverzichtbar" eingeschätzt, um „über das Geschehen im Ort und in der näheren Umgebung auf dem Laufenden zu sein" (BDZV 2012, S. 427). Es folgten das Internet (55 %), der lokale Hörfunk (49 %) und kostenlose Anzeigenblätter (39 %).

Nutzung lokaler Informationen im Internet
Das Publikum informiert sich auch im Internet über die eigene Region: 48 % der befragten User gaben in der ARD/ZDF-Online-Studie 2013 an, aktuelle Regionalnachrichten/-informationen zumindest gelegentlich im Netz abzurufen (van Eimeren und Frees 2013, S. 365). Dies war gegenüber 2004 ein Anstieg um neun Prozentpunkte. Wichtiger als aktuelle Nachrichten sind Serviceinformationen aus der Region (Oehmichen und Schröter 2011, S. 189). Auch im Internet ist die Presse die wichtigste Anlaufstelle, ergab 2011 eine Befragung von Internetnutzern (Neuberger 2014, S. 247): 54 % der User rechneten Presse-Websites zu den meistgenutzten Internetquellen, um sich einen aktuellen Überblick über die eigene Region zu verschaffen. Dahinter folgten Rundfunk-Websites (28 %), Nachrichten-Suchmaschinen (27 %) und Nachrichtenportale (21 %). Social Media hatten – mit Ausnahme von sozialen Netzwerken (16 %) – eine vernachlässigbare Bedeutung (Weblogs: 8 %, Twitter: 6 %, Wikipedia: 5 %, Videoportale: 3 %). Regionalen Tageszeitungen wird im Netz eine höhere regionale Kompetenz zugeschrieben als z. B. Landesrundfunkanstalten, privaten Radioanbietern oder Landkreisen, Städten und Kommunen (Oehmichen und Schröter 2011, S. 190).

Aufs Ganze gesehen bleibt im Print- wie im Onlinebereich die Position der Presse als wichtigste lokaljournalistische Quelle also unangefochten. Allerdings darf der Lokaljournalismus nicht stehen bleiben, sondern muss sich dem Medien- und Gesellschaftswandel anpassen. Dieser Reformbedarf wird in Praxis und Wissenschaft seit einigen Jahren breit diskutiert (Kretzschmar et al. 2009; Pöttker und Vehmeier 2013).

3 Partizipation des Publikums im lokalen Raum

Von Ereignissen im lokalen Raum sind die Menschen stärker betroffen als vom Geschehen, das sich auf nationaler oder internationaler Ebene abspielt. Zugleich können sie mehr Einfluss auf die Abläufe nehmen (Jonscher 1995; Möhring 2013). Dies gilt nicht nur für die Kommunalpolitik (Roth 1997), sondern auch für die anderen Lebensbereiche. Dies erhöht die Bereitschaft der Bürger, sich mit lokalen Themen zu befassen und sich für das Gemeinwesen einzusetzen. Lokale Medien, so belegen empirische Studien (z. B. Stamm et al. 1997; McLeod et al. 1999; Mahrt 2008), fördern die Integration und Partizipation der Bürger. Ein großer Teil der lokalen Kommunikation findet von Angesicht zu Angesicht statt. Allerdings ergänzt und ersetzt die Lokalzeitung seit der Mitte des 19. Jahrhunderts die Orte der mündlichen Kommunikation wie Marktplatz und Wirtshaus (Schönhagen 1995, S. 21 f.). „Denn durch das Anwachsen der Städte, die zunehmende Mobilität der Menschen und die politische Verselbständigung der Gemeinden wurde das lokale Geschehen für den Einzelnen zunehmend unüberschaubar und war nicht mehr durch mündliche Kommunikation alleine zu bewältigen." (ebd., S. 21). Der Zugewinn an Reichweite wurde allerdings durch einen Verlust an Partizipation (= kommunikative Teilhabe) und Interaktion (= Wechsel zwischen Kommunikator- und Rezipientenrolle) erkauft. Bürger blieben weitgehend auf die Rolle des passiven Rezipienten beschränkt. Leserbriefe waren in der

Vor-Internet-Ära die einzig relevante Beteiligungsform an der lokalen Medienöffentlichkeit (Heupel 2007; Mlitz 2008). In den USA sind schon seit den frühen 1990er Jahren im Journalismus größere Anstrengungen zu beobachten gewesen, den Zerfall lokaler Gemeinschaften aufzuhalten und Bürger für eine stärkere Teilhabe zu gewinnen. Dieses Programm des „Public Journalism" wurde zunächst in Tageszeitungen umgesetzt (Forster 2006, S. 107 f., 132–135).

Das Internet weckt nun die Hoffnung, die bekannten Schwächen der Massenmedien zu überwinden: Es ermöglicht die breite Partizipation des Publikums und erleichtert die Interaktion. Dadurch könnte der Lokaljournalismus zu seinen Wurzeln im ausgehenden 18. und 19. Jahrhundert zurückkehren:

> Der frühe Lokaljournalismus hatte erkannt, dass er nur dann existenzfähig war, wenn er *allen* Angehörigen der lokalen (Kommunikations-)Gemeinschaft in gleicher, unparteiischer Weise diente und zu Diensten stand. Er basierte auf einem Verständnis vom Journalisten, das dem […] Idealtypen eines unparteiischen Gesprächsleiters und Vermittlers sehr nahe kommt. Entwickelt hatte sich dieses schlicht aus den Notwendigkeiten der Praxis heraus: Mit geringstem redaktionellen Personal Lokalkommunikation zu manifestieren, das heißt: sie in der Zeitung zu *befördern*, weil dies im mündlichen Gespräch nicht mehr befriedigend und vollständig geleistet werden konnte. (Schönhagen 1995, S. 140 f.; H. i. O.)

Wie ein Internetverzeichnis des BDZV (2014) zeigt, sind nahezu alle deutschen Tageszeitungen in den Social Media engagiert. Auftritte auf Facebook und Twitter sind zum Standard geworden.

4 Publikumsbeteiligung im Lokaljournalismus: Formen, Motive, Wirkungen

Tageszeitungen bemühen sich seit einigen Jahren verstärkt, ihre Leser via Internet einzubinden (Möhring 2013, S. 69–71. für Beispiele z. B. Langer 2012). Grundsätzlich lassen sich vier Arten der Beteiligung des Publikums am (Lokal-)Journalismus unterscheiden:

- Nutzer können das Thema eines redaktionellen Beitrags nach dessen Veröffentlichung weiterdiskutieren, z. B. durch das Verfassen eines Leserbriefs oder die Kommentierung eines Online-Artikels. Dies ist also die herkömmliche, auf Anschlusskommunikation beschränkte Form der Publikumsbeteiligung.
- Nutzer können aber auch bereits in die redaktionelle Produktion eingebunden werden, indem sie sich z. B. an der Recherche beteiligen („Leserreporter") oder eigene Beiträge verfassen (Engesser 2013, S. 85–91). Dies können z. B. Fotosammlungen und Geschichtsprojekte sein (Langer 2009). Diese Mitarbeit der Leser hat in den Lokalzeitungen eine lange, oft übersehene Tradition (Schönhagen 1995, S. 32 f.).

- Eine dritte Möglichkeit besteht darin, dass Leser sich nicht zu einem Thema der Berichterstattung äußern, sondern als Medienkritiker die Qualität von Artikeln und die Leistung der Redaktion beurteilen (z. B. Knabe et al. 2014, S. 163).
- Schließlich können Nutzer das Gelesene über soziale Netzwerke wie Facebook und Twitter anderen potenziellen Lesern in ihrem Freundeskreis und darüber hinaus weiterempfehlen (Wladarsch 2014).

Welche Beteiligungsmöglichkeiten räumen Lokalredaktionen ihrem Publikum ein? Welche Erwartungen verknüpfen sie damit? Und wie erfolgreich sind sie damit? Für Deutschland liegen mehrere Befragungen aus den letzten Jahren zur Publikumsbeteiligung im Journalismus vor. Welche Antworten liefern sie?

Partizipationsformen
Sehl (2013) hat in den Jahren 2008/2009 die Print- und Online-Partizipationsmöglichkeiten der publizistischen Einheiten, also der Tageszeitungen mit Vollredaktion untersucht, und zwar sowohl durch eine Inhaltsanalyse von Websites ($n=129$) als auch durch eine Befragung der Chefredakteure ($n=75$). Betrachtet man die ständigen Mitmachformen (die also nicht nur punktuell zu einem Thema angeboten werden) (ebd., S. 194 f.), so waren Leserbriefe/-mails (57%) die häufigste Form. Leserpost traf bereits mehrheitlich als E-Mail in den Redaktionen ein (ebd., S. 204). Oft waren auf Zeitungs-Websites auch Kommentarfunktionen unter Artikeln (46%) und Leserforen (43%) anzutreffen. Häufig bekamen die Leser also die Gelegenheit, sich zu redaktionellen Beiträgen nachträglich zu äußern. In rund einem Fünftel der Fälle waren Communitys (19%) und Weblogs (18%) verfügbar. Hier steuern Leser auch eigene (Diskussions-)Beiträge bei. Multimediales konnten sie als Fotos (26%), seltener als Videos (6%) einreichen. Wenig Aufwand für den Leser erfordert die Teilnahme an Abstimmungen und Umfragen (47%). Selten erwünscht war die öffentliche Bewertung von Artikeln (7%). Der Kritik ihrer Leser stellen sich die Redaktionen offenbar nur ungern. Durch die weitgehende „Beschränkung auf Feedbackformate" (ebd., S. 205) wurden Potenziale des Internets verschenkt. Schon eine frühere Befragung der Internet-Redaktionsleiter von Tageszeitungen ergab im Jahr 2007, dass Nutzern deutlich öfter gestattet ist, redaktionelle Beiträge nach ihrer Veröffentlichung zu kommentieren als eigene Beiträge zu publizieren oder redaktionelle Aufgaben zu übernehmen (Neuberger et al. 2009, S. 282).

Motive der Partizipation
In der Studie von Sehl (2013, S. 197 f.) wurden die Chefredakteure auch nach ihren Motiven für die Partizipation gefragt. Wichtigstes Motiv war die Stärkung der Leser-Blatt-Bindung (94%). Andere Marketingziele waren die Erschließung neuer Zielgruppen für die Online- (79%) und Printzeitung (69%) sowie die Imageverbesserung (54%). Redaktionen waren außerdem an Rückmeldungen zu ihrer Berichterstattung interessiert (82%). Andere Motive betrafen die Verbesserung der Qualität: eine erweiterte Meinungs- (64%)

und Themenvielfalt (51%), eine vertiefte Lokalberichterstattung (54%) und eine höhere Aktualität (46%). Das Einsparen von Kosten (8%) stand ganz am Ende der Liste der zwölf Motive.

Auswirkungen der Partizipation
Haben sich diese Erwartungen erfüllt? 65% der befragten Chefredakteure sagten in der Studie von Sehl (2013, S. 204), dass sie neue Nutzer für das Internetangebot gewonnen hätten. Dass sie auch neue Printabonnenten darüber werben konnten, ließ sich dagegen bei 79% der Zeitungen noch nicht nachweisen. Rund zwei Fünftel sahen einen Imagegewinn für ihre Zeitung (39%). Durch die Lesermitarbeit ließen sich zumeist die Kosten nicht reduzieren (72%). In rund der Hälfte der Fälle (55%) wurde aber auch kein zusätzliches Personal für die Betreuung des Leserdialogs eingesetzt. Die Nutzerbeteiligung wirkte sich in zwei Drittel der Fälle günstig auf die Meinungsvielfalt (66%) aus, weniger oft auf die Themenvielfalt (43%). Eine vertiefende Inhaltsanalyse der Lokalteile von drei Regionalzeitungen bestätigte den Befund, dass „Leser seltener die Informationsvielfalt im Hinblick auf Themen oder Handlungsträger bereicherten. Sie trugen jedoch zur Meinungsvielfalt bei. Leser diskutieren Themen oftmals aus einer subjektiven Perspektive heraus, häufig auch mit persönlicher Betroffenheit, und ergänzten ihre Erfahrungen." (ebd., S. 281). Weiterhin sahen die Chefredakteure durch die Leserbeteiligung einen Gewinn an Aktualität (42%) und eine Verbesserung der lokalen Berichterstattung (36%). Auch hier ähneln die Befunde jenen der Vorgängerbefragung (Neuberger et al. 2009, S. 286): Nach Einschätzung der Internetredaktionsleiter von Tageszeitungen ($n=55-62$) trug die Nutzerbeteiligung vor allem dazu bei, die Meinungsvielfalt zu erhöhen (3-stufige Skala, „in hohem Maße": 40%). Anders als in der Befragung von Sehl gewann die Berichterstattung dagegen kaum an Aktualität durch Nutzerbeiträge (3%). Mit ihnen ließ sich aber die Reichweite steigern: In rund einem Fünftel der Fälle (22%) wurde diese Annahme als „in hohem Maße" zutreffend bezeichnet. Die Vermutung, dass „User Generated Content" den Redaktionen die Arbeit erleichtert und ihnen hilft, Geld zu sparen, ließ sich nicht bestätigen: Eine Entlastung bei der Recherche oder eine Kostenreduktion durch Nutzerfotos war nicht zu spüren, eher stieg der Personalaufwand (27%) (zu den Auswirkungen auch Knabe et al. 2014, S. 160–165).

Zusammengefasst
Bisher räumen die Redaktionen ihrem Publikum selten die Möglichkeit ein, über die Anschlusskommunikation hinaus als Mitproduzenten und Medienkritiker aufzutreten. Hier werden Potenziale nicht ausgeschöpft. Redaktionen wollen Leser binden oder hinzugewinnen. Weniger wichtig ist ihnen ein möglicher Qualitätsgewinn. Am ehesten ist ein Zugewinn an Meinungsvielfalt zu verbuchen. Im Hinblick auf die Aktualität widersprechen sich die Befunde. Weder erwarten die Redaktionen eine Kostenreduzierung noch wird eine solche tatsächlich erzielt.

5 Konkurrenz oder Komplementarität? Selbstständige lokale Internetangebote

Bisher hat sich der Blick auf jene Formen der Publikumsbeteiligung gerichtet, die in den professionellen Journalismus eingebunden sind und von den Redaktionen gesteuert werden können. Im Internet bilden sich aber auch außerhalb des professionellen Journalismus neue Angebote. Gerade das lokale Internet erlebte in den letzten Jahren eine Blüte. An vielen Orten entstanden Blogs und andere reine Online-Angebote, die den Anspruch erheben, journalistische Leistungen zu erbringen. Oft sind sie auf der hyperlokalen, d. h. sublokalen Ebene angesiedelt. Sie berichten also kleinräumiger als Lokalzeitungen. Dabei handelt es sich zum Teil um professionell und kommerziell ausgerichtete Websites, zum Teil aber auch um „Bürgerjournalismus", d. h. um Angebote, für die Amateure schreiben (z. B. Schaffer 2007; Engesser 2013, S. 95–100, 268–276; O'Daniel 2013). Die genaue Abgrenzung fällt hier allerdings oft schwer. Dies gilt auch für myheimat.de, die derzeit größte Plattform für lokalen Bürgerjournalismus in Deutschland, in der sich partizipative und professionelle Elemente mischen (Knabe et al. 2014). Die vorliegenden Studien lassen einen recht eindeutigen Schluss zu: Social Media (Neuberger 2014, S. 244–247), bzw. der „Bürgerjournalismus" (Engesser 2013, S. 344; Neuberger 2013; Knabe et al. 2014, S. 163) werden den professionellen Journalismus nicht verdrängen – sie haben auch nicht seine gegenwärtige Krise verursacht. Wichtiger als Konkurrenz- sind Komplementärbeziehungen zwischen Journalismus und Social Media: Den Redaktionen dienen sie u. a. als Recherchequelle und Resonanzraum (Neuberger et al. 2009, 2011). Ausnahmen bestätigen aber die Regel: In einigen Städten und Gemeinden sind journalistische Blogs entstanden, die als unabhängige Stimmen die lokale Öffentlichkeit beleben und aufmischen. Dazu gehören der Blog „Bürgerblick" in Passau, „Regensburg Digital", der „Heddesheimblog" und die „Ruhrbarone". In den USA füllen sie auch Lücken im Tageszeitungsangebot (z. B. Fancher 2011).

6 Defizite und Ansatzpunkte: Wie der Lokaljournalismus das Publikum noch besser einbinden kann

Das Scheitern vieler ambitionierter und auch zeitweise erfolgreicher (lokal-) journalistischer Beteiligungsprojekte (wie „Der Westen" der WAZ oder „Opinio" der „Rheinischen Post") zeigt, dass ein systematisches Lernen in den Redaktionen noch nicht verbreitet ist. Neben fehlender Erfahrung und der Angst, die Kontrolle über die eigene Website zu verlieren, spielt auch der Zeitmangel in den Redaktionen eine Rolle. Aus Sicht der Nutzer sind Websites von Presse und Rundfunk nicht die bevorzugte Anlaufstelle, wenn sie im Netz diskutieren wollen. Sie werden in erster Linie als Agenda-Setter wahrgenommen, die wie in den alten Medien den Nachrichtenüberblick liefern (Neuberger 2014, S. 246 f.).

Ergebnisse empirischer Studien klären nicht nur über die Defizite der Publikumsbeteiligung auf, sondern liefern auch Ansatzpunkte für eine Verbesserung. Heupel (2007) kam zum Ergebnis, dass in den Redaktionen oft lieblos mit Leserbriefen umgegangen wird, denn eine „gebührende Reflexion oder systematische und leistungsfähige Verwertung des eingehenden Materials erfolgt bis heute in der Regel nicht. Die Leserbriefe werden hauptsächlich dafür genutzt, die jeweilige Seite der Zeitung zu füllen und den Lesern damit Interesse und Kritikfähigkeit zu beweisen, bzw. zumindest vorzutäuschen." Dieses Desinteresse setzt sich im Internet fort: Jakobs (2014) stellte in einer Inhaltsanalyse von 1390 Kommentaren zu 72 Artikeln auf den Websites von sechs großen deutschen Printmedien (bild.de, faz.net, focus.de, spiegel.de, süddeutsche.de, welt.de) aus den Monaten Mai/Juni 2010 fest, dass kein einziger Kommentar von einem Journalisten stammte. Im Internet wird die Moderation oder eine Reaktion des Autors also für überflüssig gehalten – selbst bei angesehenen Blättern.

Was sind Ursachen für diese Vernachlässigung des Publikums? Die tatsächliche Publikumsbeteiligung ist oft weit entfernt vom hohen Anspruch, den die deliberative Demokratietheorie stellt. Oft sind erhebliche Abstriche von Diskursidealen wie rationale Argumentation, wechselseitige Bezugnahme, respektvoller Umgang und öffentliche Relevanz der Themen zu machen (z. B. Jakobs 2014, S. 202 f.). Dies kann auf Seiten der Journalisten zu einer zynischen Haltung gegenüber Leserbeiträgen und einer Verteidigung einer „Top-down"-Form des Journalismus führen, wie Wahl-Jorgensen (2007, S. 135–151) bei Tageszeitungen in den USA feststellte. Allerdings erhebt sich die Frage, ob Journalisten damit den richtigen Maßstab anlegen: Emotionale und persönliche Schilderungen aus der Betroffenensicht entsprechen zwar nicht den Habermas'schen Idealen, doch sie stoßen eher auf ein breites Publikumsinteresse und führen eher zu einer Solidarisierung (ebd., S. 160). Hier muss sich das journalistische Rollenverständnis der Realität annähern: Publikumsbeiträge sollten auch dann akzeptiert und gefördert werden, wenn sie nicht professionelles Niveau erreichen. Redaktionen sollten dem Publikum die Teilhabe erleichtern, es motivieren und anleiten. Dies kann durch eine aktive Moderation und passende Gestaltung von Foren gelingen. Ein Beispiel: In der Studie von Jakobs (2014, S. 202 f.) wurde im Forum von spiegel.de nicht nur am meisten diskutiert, sondern dort bezogen sich auch die Beiträge am häufigsten aufeinander. Die Autorin vermutet, dass dies einerseits an der Diskussionskultur auf spiegel.de liegt, andererseits aber auch daran, dass dort nicht nur direkt unter dem Artikel kommentiert werden kann, sondern auch ein separates Forum eingerichtet wurde, auf das thematisch passende Artikel verlinken. Dort können Themen kontinuierlich und artikelunabhängig diskutiert werden. Redaktionen sollten mehr experimentieren, um Regeln, Moderation, Themen und Gestaltung der Publikumsbeteiligung weiter zu verbessern – Forschungsergebnisse können dafür hilfreiche Hinweise geben.

Literatur

Anderson, C. (2007). *The long tail. Der lange Schwanz. Nischenprodukte statt Massenmarkt. Das Geschäft der Zukunft.* München. Hanser.
BDZV. (Hrsg.). (2012). *Zeitungen 2012/13.* Berlin. ZV.
BDZV. (2014). Social Media Aktivitäten der Deutschen Zeitungen. http://www.bdzv.de/zeitungen-online/social-media/. Zugegriffen: 13. Feb. 2014.
Chmielewski, D. (2011). *Lokale Leser. Lokale Nutzer. Informationsinteressen und Ortsbindung im Vergleich. Eine crossmediale Fallstudie.* Köln. von Hahlem.
van Eimeren, B., & Frees, B. (2013). Rasanter Anstieg des Internetkonsums – Onliner fast drei Stunden täglich im Netz. Ergebnisse der ARD/ZDF-Onlinestudie 2013. *Media Perspektiven, 7–8*(2013), 358–372.
Engesser, S. (2013). *Die Qualität des Partizipativen Journalismus im Web. Bausteine für ein integratives theoretisches Konzept und eine explanative empirische Analyse.* Wiesbaden. Springer VS
Fancher, M. R. (2011). Seattle: A new media case study. In PEJ: The State of the News Media 2011. http://stateofthemedia.org/2011/mobile-survey/seattle-a-new-media-case-study/. Zugegriffen: 13. Feb. 2014.
Forster, K. (2006). *Journalismus im Spannungsfeld zwischen Freiheit und Verantwortung. Das Konzept des ‚Public Journalism' und seine empirische Relevanz.* Köln. von Hahlem.
Hafez, K. (2005). *Mythos Globalisierung. Warum die Medien nicht grenzenlos sind.* Wiesbaden. Springer VS.
Hasebrink, U., & Schmidt, J.-H. (2013). Medienübergreifende Medienrepertoires. Zur Rolle der Mediengattungen und einzelner Angebote für Information und Meinungsbildung. *Media Perspektiven, 1*(2013), 2–12.
Heupel, J. (2007). *Der Leserbrief in der deutschen Presse.* München. Reinhard Fischer.
Jakobs, I. (2014). Diskutieren für mehr Demokratie? Zum deliberativen Potenzial von Leserkommentaren zu journalistischen Texten im Internet. In W. Loosen & M. Dohle (Hrsg.), *Journalismus und (sein) Publikum. Schnittstellen zwischen Journalismusforschung und Rezeptions- und Wirkungsforschung* (S. 191–210). Heidelberg. Springer VS.
Jonscher, N. (1995). *Lokale Publizistik. Theorie und Praxis der örtlichen Berichterstattung. Ein Lehrbuch.* Opladen. Westdeutscher Verlag.
Knabe, F., Möhring, W., & Schneider, B. (2014). Konkurrenz, Korrektorat oder Ideenpool? Die Beziehung von Lokaljournalisten zu partizipativen lokalen Plattformen am Beispiel von myheimat.de. In W. Loosen & M. Dohle (Hrsg.), *Journalismus und (sein) Publikum. Schnittstellen zwischen Journalismusforschung und Rezeptions- und Wirkungsforschung* (S. 153–170). Wiesbaden. Springer VS.
Kretzschmar, S. (2009). Journalismus to go. Flexibilisierung von Raum- und Zeitbezügen durch Internet und Mobilkommunikation. In C. Neuberger, C. Nuernbergk, & M. Rischke (Hrsg.), *Journalismus im Internet: Profession – Partizipation – Technisierung* (S. 335–352). Wiesbaden. Springer VS.
Kretzschmar, S., Möhring, W., &Timmermann, L. (2009). *Lokaljournalismus.* Wiesbaden. Springer VS.
Langer, U. (2009). Ganz nah am Nutzer. *medium magazin, 12*(2009), 26–28.
Langer, U. (2012). Heimat im Fokus – Fünf hyperlokale Erfolgsmodelle. In BDZV (Hrsg.), *Zeitungen 2012/13* (S. 210–215). Berlin. ZV.
Löw, M., Steets, S., & Stoetzer, S. (2008). *Einführung in die Stadt- und Raumsoziologie* (2. Aufl.). Opladen. Budrich.
Mahrt, M. (2008). Conversations about local media and their role in community integration. *Communications, 33*(2), 233–246.

McLeod, J. M., Scheufele, D. A., & Moy, P. (1999). Community, communication, and participation: The role of mass media and interpersonal discussion in local political participation. *Political Communication, 16*(3), 315–336.

Mlitz, A. (2008). *Dialogorientierter Journalismus. Leserbriefe in der deutschen Tagespresse.* Konstanz. UVK.

Möhring, W. (2013). Profession mit Zukunft? Zum Entwicklungsstand des Lokaljournalismus. In H. Pöttker & A. Vehmeier (Hrsg.), *Das verkannte Ressort. Probleme und Perspektiven des Lokaljournalismus* (S. 63–75). Wiesbaden. Springer VS.

Neuberger, C. (2011). Soziale Netzwerke im Internet. Kommunikationswissenschaftliche Einordnung und Forschungsüberblick. In C. Neuberger & V. Gehrau (Hrsg.), *StudiVZ. Diffusion, Nutzung und Wirkung eines sozialen Netzwerks im Internet* (S. 33–96). Wiesbaden. Springer VS.

Neuberger, C. (2012). Journalismus im Internet aus Nutzersicht. Ergebnisse einer Onlinebefragung. *Media Perspektiven, 1*(2012), 40–55.

Neuberger, C. (2013). Competition or complementarity? Journalism, social network sites, and news search engines. In: H.-W. Nienstedt, S. Russ-Mohl & B. Wilczek (Hrsg.). *Journalism and Media Convergence,* (S. 119–129) Berlin, Boston.

Neuberger, C. (2014). Die Identität und Qualität des Journalismus im Internet aus der Sicht des Publikums. Ergebnisse einer Online-Befragung. In: W. Loosen & M. Dohle (Hrsg.), *Journalismus und (sein) Publikum. Schnittstellen zwischen Journalismusforschung und Rezeptions- und Wirkungsforschung,* (S. 229–252) Wiesbaden.

Neuberger, C., Nuernbergk, C., & Rischke, M. (2009). Profession, Partizipation, Technik. Anbieterbefragung II: Internetjournalismus im Beziehungsgeflecht. In C. Neuberger, C. Nuernbergk, & M. Rischke (Hrsg.), *Journalismus im Internet: Profession – Partizipation – Technisierung* (S. 269–293). Wiesbaden.

Neuberger, C., vom Hofe, H. J., & Nuernbergk, C. (2011). Twitter und Journalismus. Der Einfluss des „Social Web" auf die Nachrichten. 3., überarbeitete Auflage. Landesanstalt für Medien Nordrhein-Westfalen (LfM) (= LfM-Dokumentation, 38). Düsseldorf.

O'Daniel, B. (2013). Die Unabhängigen. Hyperlokale Online-Angebote. *Tendenz, 2*(2013), 17–18.

Oehmichen, E., & Schröter, C. (2011). Internet zwischen Globalität und Regionalität. Die Bedeutung der Region für das Internet. *Media Perspektiven, 4*(2011), 182–194 (Frankfurt).

Pöttker, H., & Vehmeier, A. (Hrsg.). (2013). *Das verkannte Ressort. Probleme und Perspektiven des Lokaljournalismus.* Wiesbaden. Springer VS.

Rauterberg, H. (2013). *Wir sind die Stadt! Urbanes Leben in der Digitalmoderne.* Berlin. Suhrkamp.

Roth, R. (1997). Die Kommune als Ort der Bürgerbeteiligung. In A. Klein & R. Schmalz-Bruns (Hrsg.), *Politische Beteiligung und Bürgerengagement in Deutschland. Möglichkeiten und Grenzen* (S. 404–443). Baden-Baden. Nomos.

Schaffer, J. (2007). Citizen media: Fad or the future of news? The rise and prospects of hyperlocal journalism. J-Lab – The Institute for Interactive Journalism, Philip Merrill College of Journalism, University of Maryland, Washington, D. C. http://www.j-lab.org/_uploads/downloads/citizen_media-1.pdf. Zugegriffen: 13. Feb. 2014.

Schönhagen, P. (1995). *Die Mitarbeit der Leser. Ein erfolgreiches Zeitungskonzept des 19. Jahrhunderts.* München. Reinhard Fischer.

Schroer, M. (2006). *Räume, Orte, Grenzen. Auf dem Weg zu einer Soziologie des Raums.* Frankfurt a. M. Suhrkamp.

Sehl, A. (2013*). Partizipativer Journalismus in Tageszeitungen. Eine empirische Analyse zur publizistischen Vielfalt im Lokalen.* Baden-Baden.

Simon, E., Kloppenburg, G., & Schütz, M. (2009). Regionale Interessen und Heimatverständnis. Ergebnisse einer qualitativen und quantitativen Studie in Nordrhein-Westfalen. *Media Perspektiven, 2*(2009), 60–67.

Stamm, K. R., Emig, A. G., & Hesse, M. B. (1997). The contribution of local media to community involvement. *Journalism & Mass Communication Quarterly, 74*(1), 97–107.

Süper, D. (2013). Meine Heimat. Meine Zeitung. Zur Ortsbindung von Lokalzeitungslesern und Nutzern lokaler Nachrichtenseiten. In H. Pöttker & A. Vehmeier (Hrsg.), *Das verkannte Ressort. Probleme und Perspektiven des Lokaljournalismus* (S. 103–114). Wiesbaden. Springer VS

Wahl-Jorgensen, K. (2007*). Journalists and the public: Newsroom culture, letters to the editor, and democracy*. New Jersey.

Wilke, J. (2004). Vom stationären zum mobilen Rezipienten. Entfesselung der Kommunikation von Raum und Zeit – Symptom fortschreitender Medialisierung. *Jahrbuch für Kommunikationsgeschichte, 6,* 1–55.

Wladarsch, J. (2014). Journalistische Inhalte in sozialen Onlinenetzwerken: Was Nutzer rezipieren und weiterkommunizieren. In W. Loosen & M. Dohle (Hrsg.), *Journalismus und (sein) Publikum. Schnittstellen zwischen Journalismusforschung und Rezeptions- und Wirkungsforschung* (S. 113–130). Wiesbaden. Springer VS.

Prof. Dr. Christoph N1euberger Ludwig-Maximilians-Universität München, Leitung Institut für Kommunikationswissenschaft und Medienforschung, Oettingenstraße 67, 80538 München, Raum: 003.

Geschäftsmodelle lokal, mobil, sozial: LBS, Couponing und mehr

Prof. Dr. Thomas Breyer-Mayländer

Inhaltsverzeichnis

1	Das Internet wird mobil	75
2	Location Based Services und Location Based Marketing	76
	2.1 Das Internet wird sozial: Social Media	78
	2.2 Ubiquitous Media führt zu Ubiquitous Marketing	80
Literatur		80

Zusammenfassung

Verlage, die ihr Kernverbreitungsgebiet in lokalen oder regionalen Märkten haben, sind bereits seit Jahrzehnten in diesen Märkten im Werbe- und Nutzermarkt verankert. Beim Aufbau digitaler Geschäftsfelder können die bestehenden Kundenbeziehungen und Erfahrungen dazu benutzt werden, neue Dienste aufzubauen, die die Entwicklung zu mobilen Anwendungen, mit sozialem und lokalem Bezug für Anwendungen (z. B. Apps) mit echtem Informations- oder Gebrauchsmehrwert nutzen.

Die Klientel der Zeitungsverlage mit lokalem oder regionalem Verbreitungsgebiet konzentriert sich in ihrer Weiterentwicklung als Medienhaus auf die Chancen und Entwicklungsperspektiven der lokalen und regionalen Kommunikations- und Informationsmärkte. Wie in Kap. 1.2 deutlich wurde, ist es bei vielen Zeitungsverlagen, die sich in lokale und

---

Prof. Dr. Thomas Breyer-Mayländer (✉)
Hochschule Offenburg, Badstr. 24, 77652 Offenburg, Deutschland
E-Mail: breyer-maylaender@hs-offenburg.de

© Springer Fachmedien Wiesbaden 2015
T. Breyer-Mayländer (Hrsg.), *Vom Zeitungsverlag zum Medienhaus*,
DOI 10.1007/978-3-658-04100-7_7

Abb. 1 Regionalität von Produkten. (Breyer-Mayländer 2011b, S. 57)

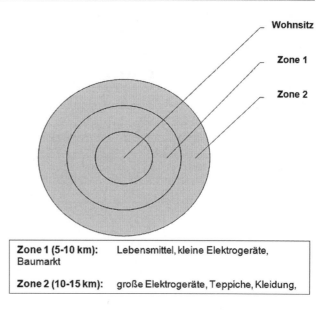

regionale Medienkonzerne transformiert haben, eine der unternehmerischen Kernmissionen, Informations- und Medienpartner in ihrem geografischen Marktgebiet zu sein. Dies erschwert viele neue Geschäftsfelder im Bereich digitaler Medien, bei denen die geografische, bzw. regionale Verankerung weniger wichtig ist und stattdessen der Skalierbarkeit der Geschäftsmodelle eine besondere Bedeutung zukommt.

Für die Verlage ist es daher entscheidend, die Chancen der digitalen Medien zu nutzen, die eine Verbindung zum Kerngeschäft des Medienhauses zulassen. Dabei lohnt sich ein Blick auf die grundsätzliche Marktstruktur lokaler Märkte, denn diese Märkte sind extrem sensibel, was Entfernungen angeht. Gliedert man typische Konsumvorgänge in die drei Kategorien „Freizeit", „Einkauf", „Leben" und prüft, in welcher Entfernung vom Wohnort sich diese Geschäfte durchschnittlich bewegen, so erhält man einen guten Einstieg in die Überlegungen, wie sich die lokalen Märkte im Bereich der Endverbraucher strukturieren (Breyer-Mayländer 2011a). Schulen, Lebensmittel und Fitnessstudios sind in einem Radius von 5 km um den Wohn- und Arbeitsbereich angesiedelt (vgl. Abb. 1). Dabei konnte in einer Studie der Hochschule Offenburg in Zusammenarbeit mit dem Einzelhandelsverband Südbaden gezeigt werden, dass für die Verbraucher unserer Region die Nähe zur Wohnung und Arbeitsstätte das wichtigste Kriterium vor allem im Lebensmittel-Einzelhandel (LEH) darstellt (Breyer-Mayländer 2011b, S. 57 ff.).

„Lokal, mobil, sozial"

Lokal, mobil und sozial sind die großen Trends für das Lokalgeschäft (Breyer-Mayländer 2011a), die sich anhand der Internetentwicklung aufzeigen lassen, die sich jedoch auch als Rahmenbedingung für den Transformationsprozess gerade der lokalen und regionalen Zeitungslandschaft werten lassen.

1 Das Internet wird mobil

Die Internetnutzung ist mobiler geworden. Vor allem die besonders schwer durch konventionelle Kampagnen erfassbare Zielgruppe der 25- bis 34-Jährigen ist beim mobilen Internet aktiv. Dabei differenzieren die mobilen Nutzer immer weniger zwischen mobilem und sonstigem Internet (vgl. ARD/ZDF-Online-Studie 2013, Eimeren und Frees 2012). Damit wandelt sich die Internetnutzung, vom Surfen am Arbeitsplatz in der Frühphase des Internet, über den privaten Nutzer, der stationär zu Hause vor dem PC sitzt, mit Zwischenstationen wie dem mobilen Netbook-Nutzer zu einer Situation in der „ubiquitous communication", d. h. die allgegenwärtige Kommunikation via Internet oder internetbasierten Diensten den Nutzungsalltag prägt (vgl. Breyer-Mayländer 2012).

Dies verändert einige lokale Märkte sehr radikal. Ende 2010 war – nach einer Studie des Kundenmanagementdienstleisters AVS Bayreuth und der Hochschule Offenburg – nur eine knappe Mehrheit von 54 % der Entscheider in Zeitungsverlagen davon überzeugt, dass in zehn Jahren Zeitungsprodukte via Tablet-PCs (zum Beispiel iPad) stärker genutzt werden als gedruckte Zeitungen. Mit 98 % Zustimmung waren sich aber alle Führungskräfte der Verlage einig, dass mobile Apps für die Ansprache jüngerer Zielgruppen angeboten werden müssen.

Dabei muss zunächst nochmals bei den „portable devices" etwas stärker als üblich differenziert werden, um die Nutzungssituation zu charakterisieren. Das iPad wurde mit seiner Etablierung gerne als „Tablet-PC" beschrieben. Legt diese Bezeichnung einen computerähnlichen Gebrauch nahe, so zeigen Studien über den Gebrauch der Geräte, dass dies nicht immer ein zutreffendes Nutzungsszenario ist und ein eher freizeitorientierter Gebrauch dominiert. Dennoch ist es auch nicht sinnvoll diese Tablet-Geräte nahtlos in den Bereich der mobilen Endgeräte einzureihen, da Smartphones als ständiger persönlicher Begleiter mit dem Nutzer sehr viel enger verbunden sind und damit auch sehr viel mobiler im Gebrauch als die „Casual Devices", bei denen oftmals die Nutzung im heimischen Umfeld stattfindet.

Eine Studie der Hochschule Offenburg aus dem Sommer 2013, bei der mit Unterstützung der AVS GmbH Data Management & Customer Care, Bayreuth, im Rahmen einer Online-Befragung Nutzer von drei lokalen Zeitungswebsites in Deutschland befragt wurden (Breyer-Mayländer und Löffel 2013), ergab, dass die für Zeitungsverlage besonders interessante Zielgruppe der digital orientierten zeitungsaffinen Menschen besonders gut durch unterschiedliche mobile Internet- bzw. App-Angebote erreicht werden kann.

Die Geräteausstattung lokal orientierter Digitalzielgruppen, die im Rahmen dieser Erhebung ermittelt werden konnte, ist beeindruckend. Die Geräteausstattung der Onliner mit einem Handy (Mobiltelefon bzw. Smartphone) lag bei 96,4 % und ist damit auf demselben Niveau wie die tägliche Internetnutzung durch die Zielgruppe. Bei über 95 % sind die Geräte jünger als 5 Jahre, bei 65 % sogar jünger als zwei Jahre und damit für multimediale

Tab. 1 Regelmäßige Gerätenutzung zum Abrufen von Online-Nachrichten (vgl. Daten von Reuters, nach: Hölig und Hasebrink 2013, S. 530)

	Gesamt	18-24 J.	25-34 J.	35-44 J.	45-54 J.	ab 55 J.
Computer	77	78	70	70	82	81
Smartphone	24	41	36	29	19	14
Tablet	11	13	19	13	11	7
Ein Gerät	62	54	56	61	63	67
Zwei Geräte	20	30	26	20	20	16
Drei Geräte	5	7	7	5	6	3
>= vier Geräte	1	2	1	2	0	1

Daten aus: Reuters Institute Digital News Survey 2013

Anwendungen, Apps etc. nutzbar. Über 90 % der Onliner haben ihr mobiles Endgerät ständig dabei, sind daher auf diesem Kanal auch im Sinne einer mobilen Nutzung ansprechbar. Die Fähigkeit relevante lokale, bzw. regionale Medien zu nutzen, ist an die Art der Endgeräte gebunden. Hier ruhten einst die Hoffnungen auf den Tablets, die sich jedoch als weit weniger mobil in ihrer Nutzung entpuppten. Stattdessen richtet sich das Augenmerk mehr und mehr auf die Smartphones (vgl. Breyer-Mayländer und Löffel 2013, S. 11).

Die mobilen Endgeräte sind bei digitalen zeitungsaffinen Usern zu 82 % Smartphones, wobei iPhones (37 %) und Samsung (24 %) die dominierenden Marken sind. Damit liegen die zeitungsaffinen Online-User über dem Durchschnitt der deutschen Online-Nutzer, für die andere Studien einen Wert von 72 % ermittelt haben (Deloitte 2013). Aus der Studie von ComScore ergibt sich, dass über 51 % der Deutschen ein Smartphone haben. Tendenz stark steigend: im Dezember 2012 waren 77 % der gekauften Mobilfunkgeräte Smartphones (vgl. dazu VDZ 2013, VPRt/TNS Infratest 2013).

Noch überwiegen beim Abruf von Onlinenachrichten stationäre Endgeräte, aber vor allem bei den jüngeren mobilen Zielgruppen haben Smartphones in Deutschland an Bedeutung gewonnen, was die obigen Daten bestätigt (Tab. 1).

2 Location Based Services und Location Based Marketing

Das mobile Web lebt als Geschäftsfeld von der Kombination mit dem lokalen Markt. Die sogenannten Location Based Services (LBS) umfassen alle Angebote, bei denen der Ort, an dem sich der Nutzer befindet, eine besondere Rolle spielt. Wenn ein Smartphone-User mit seinem Blackberry oder iPhone in der Innenstadt unterwegs ist, kann er sich so beispielsweise über Ausgehtipps und das Kinoprogramm vor Ort informieren. Es gibt eine Reihe von Location Based-Services, so dass sich eine differenzierte Betrachtung für eine weitergehende strategische Analyse lohnt (vgl. Abb. 2).

Für die Zeitungsbranche ist der Stellenwert von Informationen und Produkten mit redaktionellem Kern eine der entscheidenden Fragen für die Zukunftsfähigkeit (vgl. ZMG 2011, ZMG 2013). Denn nur dann, wenn die Kernkompetenz (z. B. lokale Politik) auch

Abb. 2 Überblick über Varianten von LBS. (Breyer-Mayländer 2012, S. 88; Abwandlung der Modellierung der Deutschen Telekom AG; vgl. Schwaiger (2008): Mobile Services @t-Labs; Fachtagung von BDZV und ZV zum Thema „Mobile Dienste", 8. Mai 2008, Berlin)

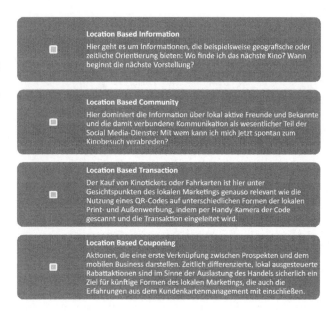

vom Nutzer nachgefragt wird, kann man auf Basis digitaler und mobiler Produkte über Geschäftsmodelle nachdenken (Breyer-Mayländer und Löffel 2013, S. 18).

Die Befragung zeigt, dass lokale Inhalte zwar relevant sind, jedoch viele Angehörige der digitalen lokalen Informationselite diesem Bereich keinen allzu hohen Stellenwert beimessen.

Geht man bei den Apps zu Service-/Informationsangeboten weiter ins Detail, ergibt sich folgendes Bild, was das Interesse an lokalen Services prägt (Breyer-Mayländer und Löffel 2013, S. 19).

Die Frage nach der Zukunft des Mobile Commerce, die in der Darstellung unter „Location Based Transaction" firmiert, ist für die zeitungsaffinen lokalen User keineswegs einfach zu beantworten. Letztlich stellt sich die Frage aus Sicht der lokalen Medienhäuser als zweistufige Frage. Zuerst muss geklärt werden, welche Zukunftsperspektiven dieses Geschäftsfeld generell haben wird, dann geht es um die Frage, wer denn im lokalen und regionalen Markt davon profitieren wird (Breyer-Mayländer und Löffel 2013, S. 17).

Bei der Frage nach Einsatzgebieten von Smartphones schneidet neben allen anderen Themen wie Social Media und Chat der Bereich des Shoppens deutlich unterdurchschnittlich ab. Dies darf jedoch nicht darüber hinwegtäuschen, dass dann, wenn man die Zielgruppe explizit nach dem mobilen Einkaufsverhalten fragt, doch deutlich wird, dass Smartphones auch zum Einkaufen genutzt werden (vgl. Schwertfeger und Uphues 2013). Die deutliche Mehrheit der zeitungsaffinen Smartphone-User (84,5 %) haben ihr Smartphone schon dazu benutzt Informationen über Produkte einzuholen. Der spontane Einfall unterwegs und der Preisvergleich (je 62 %) sind vor dem „ungezielten Stöbern zum Zeitvertreib" (47 %) die häufigsten Szenarien hierfür (Breyer-Mayländer und Löffel 2013, S. 17).

2.1 Das Internet wird sozial: Social Media

Bei Social Media-Plattformen wie etwa Facebook oder Xing können Vorteile des User-Generated-Content mit dem sozialen Zugehörigkeitsbedürfnis der Nutzer verbunden werden. Die Verankerung von Botschaften im eigenen persönlichen virtuellen oder realen Netzwerk schafft Relevanz (Was interessiert meine Freunde und Bekannten?), Glaubwürdigkeit (Für welche Themen stehen diese mit ihrem Namen ein?) und Aktivierung (Wozu werde ich aufgefordert?) und entspricht damit den klassischen Qualitätsdimensionen des lokalen Mediamix. Die Verlage haben Social Media sehr stark als Marketinginstrument und als weiteren „Kanal zum Kunden" genutzt. Darüber hinaus gibt es jedoch einige Services, die den lokalen Bezug noch weiter stärken können.

Check-in-Services
sind Angebote, bei denen die Nutzer ihrer Social Community mitteilen können, wo sie sich gerade befinden. Die Information, dass man gerade in einem großen Freizeitpark angekommen ist, kann dann besonders relevant sein, wenn man sich dort mit den ebenfalls (zufällig) anwesenden Freunden und Bekannten treffen möchte. Diese Möglichkeit der Kombination von Social Media-Attributen und realem Erleben machen sich einige Fluggesellschaften bereits zu Nutze, indem die Passagiere nach gemeinsamen Vorlieben auf Basis der Facebookprofile in der Maschine gruppiert werden. Ob künftig damit tatsächlich Restauranttische kombiniert werden oder die Platzvergabe im Stadttheater erfolgt, sei dahingestellt. Für die Zeitungsverlage hat diese Entwicklung den Nachteil, dass lokale Märkte dadurch beeinflusst werden können, den Verlagen jedoch kein besonderer lokaler Vorsprung zur Etablierung in diesem Segment zur Verfügung steht. Die Social-Networks, die die höchste Kundendichte besitzen, können (als skalierbares Geschäftsmodell) diese Services unabhängig von regionaler Kenntnis nutzen und vermarkten.

LBS Couponing
beschreibt die Rabattaktionen, bei denen eine Gemeinschaft von Rabattsuchenden gemeinsam eine Mindestnachfrage erzeugen muss, damit ein Deal zustande kommt. Was im Internet anonym abläuft, lässt sich in der Kombination mit Check-in-Services mobil in der realen Welt verankern. Über das Smartphone werden beispielsweise nicht nur die Gaststätten in unmittelbarer Nähe angegeben, bei denen jetzt die Happy-hour angeboten wird; über die Check-in-Services kann ich auch alle Freunde und Bekannte einladen, die sich gegenwärtig in der Nähe aufhalten und damit den Gemeinschaftsrabatt im Sinne der Gutscheine, wie sie etwa „Groupon" im Internet anbietet, maximieren (Breyer-Mayländer 2011c). Hier wurde mit Einführung zahlreicher Systeme von Großanbietern im lokalen und regionalen Markt häufig „verbrannte Erde" auf allen Seiten (Endkunde und Rabatt-Partner in Handel und Gastronomie) hinterlassen. Lokale Zielgruppen haben beim Thema „Rabatte" daher auch keine ausgeprägte Schnäppchenjäger-Haltung, sondern sind hier eher zurückhaltend (Breyer-Mayländer und Löffel 2013, S. 20).

Augmented Reality
beschreibt die Verbindung zwischen realer und virtueller Welt in einer Form, bei der die virtuelle Welt – beispielsweise vermittelt über das Smartphone – die Wahrnehmung der realen Welt ergänzt. In der Praxis findet sich das beispielsweise beim Stellenmarkt „Jobstairs", der in einzelnen Städten bereits die Möglichkeit bietet, beim Gang durch die Innenstadt bei attraktiven Bürogebäuden gleich nachzuschauen, welche Jobs denn in diesen Firmen gerade neu zu besetzen sind. Die Kontextinformationen werden hier jedoch nicht über die Umrisserkennung der Gebäude, sondern über den Orientierungssensor des Smartphones in Verbindung mit der erkennbaren Richtung entschlüsselt. Aufwändiger sind echte Erkennungsmechanismen, bei denen beispielsweise die Gesichtserkennung eines Social Media Netzwerks wie Facebook oder einer Datenbank wie Google via Smartphone die Identifikation von Passanten gestattet. Im lokalen Markt haben regionale Medienhäuser diese Technologie bislang auf den Bereich der Immobilienanzeigen beschränkt. Im Wettbewerb zu den skalierbaren Geschäftsmodellen der großen Player Google, Facebook, Amazon und Co. (Gesichtserkennung via Datenbank bei Nutzung von Google-Glass etc.) werden die lokalen und regionalen Medienhäuser hier auch eine Nischenstrategie suchen müssen.

(QR-) Codes als Bindeglied
Für viele kommerzielle Aktionen in lokalen Märkten müssen derzeit noch aufgedruckte Codes als Bindeglied zwischen virtueller und realer Welt herhalten. Immer mehr Printwerbemittel von der Anzeige bis zum Plakat sind dabei mit Codes versehen und ermöglichen Zusatzinformationen oder gar Transaktionen. Die LEH-Kette „Tesco" hat im südkoreanischen Markt bereits virtuelle Supermärkte getestet, bei denen die Waren lediglich auf Plakaten mit Codes versehen angeboten werden und der Konsument über die QR-Code-Erkennung des Smartphones einkaufen kann. So lassen sich die langen Pendlerzeiten der Südkoreaner zum Einkaufen an der Haltestelle vor dem jeweiligen Plakat nutzen und die Lebensmittel werden nach Hause geliefert. Für „Tesco" ein Test um zu prüfen, ob es möglich ist, auch mit dem weniger dichten Filialnetz vom zweiten auf den ersten Platz im Markt vorzustoßen.

Aber nicht nur Kampagnen im Riesenmaßstab nutzen die neuen Technologien. Ein Jeans-Label hat 2011 eine erfolgreiche Instore-Kampagne durchgeführt, die alle genannten Merkmale neuer Kommunikation im lokalen Geschäft verband. Auf simplen schwarz-weißen-A4-Zetteln wurden QR-Codes aufgedruckt, die auf Facebookseiten verwiesen, die die jeweils zu bewerbenden Jeans und die Sonderrabattaktion beschrieben. Die Kunden konnten im Laden durch einfaches Scannen der Codes diese Aktion ihren Freunden und Bekannten bei Facebook empfehlen. Sobald diese ihre Sympathie durch die Vergabe des „Like"-Symbols kundgaben, erhöhte sich automatisch der für den Kunden im Laden erzielbare Rabatt. Das bedeutet, dass für die Rabattaktion keine Mediakosten entstanden und stattdessen das Netzwerk der eigenen Kundschaft für die Mund-zu-Mund-Propaganda benutzt wurde.

Die große Zurückhaltung der lokalen Zeitungsuser im Rahmen der 2013 durchgeführten Online-Befragung auf deutschen Zeitungsportalen zeigt jedoch, dass der Hype um QR-Codes abflaut und nun neue Technologien wie NFC (Near Field Communication) etc. ins Blickfeld der Verbraucher und der Entwickler rücken. Für die lokalen und regionalen Medienhäuser ist es entscheidend, die neuen Technologien und deren Veränderungspotenzial rechtzeitig im Blickfeld zu haben.

2.2 Ubiquitous Media führt zu Ubiquitous Marketing

Die knappen Beispiele zeigen bereits, welche Möglichkeiten sich für die Kommunikation im lokalen Markt ergeben und welche Entwicklungen Einfluss auf den Markt der lokalen und regionalen Zeitungsverlage nehmen. Wer sich im Kern als lokaler/regionaler Anbieter von Information, Unterhaltung und Möglichkeiten der Marktkommunikation versteht, hat eine neue Vielfalt der Marktangebote. Für die lokale Kommunikation steht mittlerweile eine ganze Reihe von konkurrierenden und ergänzenden Kommunikationswegen zur Verfügung (vgl. Abbildung s. u.). Für die lokalen und regionalen Medienhäuser geht es nun darum zu entscheiden, welche der Kanäle man mit dem eigenen Unternehmen anbieten möchte.

Literatur

ARD/ZDF-Online-Studie. (2013). Daten der Welle 2013. September 2013. Frankfurt a. M.

Breyer-Mayländer, T. (2011a). Mehr als nur ein "Communication Shift": Neue Formen des Mediamix im lokalen Markt. *Marketing Review Universität St. Gallen, 5*(2011), 22–26 (Wiesbaden).

Breyer-Mayländer, T. (2011b). *Erfolg für Stadtmarketing und Werbegemeinschaften.* Offenburg: Hochschulverlag Offenburg.

Breyer-Mayländer, T. (2011c). Coupon, Groupon, Dealplattformen…- Das Geschäft mit den Schnäppchen. In BDZV (Hrsg.), *Zeitungen 2011/12* (S. 205–217) Berlin. ZV.

Breyer-Mayländer, T. (2012). Ubiqituous Marketing: Neue technische Möglichkeiten im lokalen Geschäft. In Hochschule Offenburg (Hrsg.), *Beiträge aus Forschung und Technik* (S. 87–90). Offenburg.

Breyer-Mayländer, T., & Löffel, M., (Hochschule Offenburg) (2013). Mobile Lebenswelten 2013: Online-Befragung der Hochschule Offenburg. Oktober 2013. Offenburg.

Deloitte (Hrsg.). (2013). *Technology, media & telecommunications predictions.* Frankfurt a. M. Deloitte-Consulting

Eimeren, B., & Frees, B. (2012). 76 prozent der Deutschen online – neue Nutzungssituation durch mobile Endgeräte. *Media Perspektiven, 8*(2012), 362–379 (Frankfurt a. M.).

Hölig, S., & Hasebrink, U. (2013). Nachrichtennutzung in konvergierenden Medienumgebungen. *Media Perspektiven, 11*(2013), 522–536 (Frankfurt a. M.).

Schwaiger, R. (2008). Mobile Services @t-Labs; Fachtagung von BDZV und ZV zum Thema „Mobile Dienste", 8. Mai 2008, (Berlin).

Schwertfeger, M., & Uphues, M. (2013). Kundensegmentierung im Einzelhandel am Beispiel real. *transfer,* 2(2013), 30–35 (Hamburg).

VDZ (Hrsg.). (2013). Strategy facts quarterly. 1. Juni 2013. 8. Ausgabe. Berlin.

VPRT/TNS Infratest. (2013). Verbreitung von Tablets und Smartphones in Deutschland lebende Bevölkerung. Chart. www.vprt.de (Berlin). Zugegriffen: 26. September 2014
ZMG (Hrsg.). (2011). Verlagsabfrage zu Online- und Mobile-Media-Angeboten der deutschen Zeitungen. Frankfurt a. M.
ZMG (Hrsg.). (2013). 7 Millionen Menschen lesen mobil Zeitung. 30. August 2013. Frankfurt a. M.

Prof. Dr. Thomas Breyer-Mayländer Professor für Medienmanagement, Prorektor Marketing und Organisationsentwicklung, Hochschule Offenburg, Badstr. 24, 77652 Offenburg.

Paid Content-Modelle in der Übersicht

Holger Kansky

Inhaltsverzeichnis

1 Einführung 84
2 Ziele und Nutzen von Bezahlschranken 85
3 Bezahlmodelle 86
   3.1 Free 87
   3.2 Harte Bezahlschranke 88
   3.3 Freemium Model 89
   3.4 Metered Model 90
   3.5 Spenden-Modell 91
4 Auswahl des richtigen Bezahlmodells 92
5 Verlagsübergreifende Abonnement-Modelle 93
6 Einzelaspekte 94
   6.1 Umgang mit Suchmaschinen, Social Media 94
   6.2 Entscheidung über die Kostenpflichtigkeit 94
   6.3 Dellen in der Reichweite 95
   6.4 Bezahlmethoden 95
   6.5 Bundling 97
   6.6 Pricing 97
7 Erfolgsbeurteilung 98
8 Fazit 99
Literatur 100

Holger Kansky (✉)
Bundesverband Deutscher Zeitungsverleger (BDZV),
Markgrafenstraße 15, 10969 Berlin, Deutschland
E-Mail: kansky@bdzv.de

© Springer Fachmedien Wiesbaden 2015
T. Breyer-Mayländer (Hrsg.), *Vom Zeitungsverlag zum Medienhaus*,
DOI 10.1007/978-3-658-04100-7_8

Zusammenfassung

Im Spannungsfeld zwischen Werbe- und Vertriebserlöse – Zeitungen testen neue Wege zur Finanzierung ihrer Online-Angebote
Paid Content ist weltweit ein Wachstumsmarkt. Allein in Deutschland hatten Mitte 2014 ein Viertel aller Tageszeitungen kostenpflichtige journalistische Online-Angebote im Markt. Es wird viel getestet und experimentiert, um die richtige Mischung aus bezahlpflichtigen und freien Inhalten, optimale Preispunkte oder Produktbündel herauszufinden. Zwar sind die Erlöse zu Beginn noch überschaubar, doch als Teil eines Bundle-Angebotes hilft Paid Content die Print- und Gesamtauflage zu stützen. Es wird zudem ein neues Verständnis gefördert: Journalistische Online-Inhalte haben einen Wert.

1 Einführung

Metered, Freemium, harte Paywall oder Spende – weltweit lassen immer mehr Verlage im Netz die Bezahlschranken herunter. Allein in den USA verlangen inzwischen 450 von 1380 Zeitungen Geld für Digitalinhalte (Pew Research Center 2013). Paid Content hat auch hierzulande eine große Dynamik entfaltet. Der Bundesverband Deutscher Zeitungsverleger listet knapp 80 Bezahlangebote von insgesamt 329 Tageszeitungen auf (BDZV 2014b). Gegenüber dem Vorjahr bedeuten die Zahlen einen Zuwachs von 75 %. Viele weitere Verlage arbeiten bereits an Bezahlschranken, die zusätzliche Erlöse erzielen und die Verkaufschancen von Print- und Mobilprodukten verbessern sollen. Für Ende 2014 rechnet der BDZV mit über 100 Zeitungen, die ihre Websites gegen Entgelt anbieten.

Die Idee, für Inhalte im Internet Geld zu verlangen, ist nicht neu. In den vergangenen zehn Jahren gab es bereits zahlreiche Versuche von Verlagen, vor allem die eigenen Archive zu vermarkten. Verlage gingen davon aus, dass die potenziellen Erlöse über neue Abonnenten größer sind als die Erlöse über eine hohe Reichweite. Die meisten Zeitungen kehrten jedoch zum Gratis-Journalismus zurück, sobald der Online-Werbemarkt nach konjunkturellen Schwächephasen wieder Fahrt aufnahm. Warum Zeitungsverlage nun erneut und diesmal auf breiter Front Bezahlangebote einführen, hängt damit zusammen, dass sich die Rahmenbedingungen in den vergangenen Jahren massiv verändert haben:

- Inzwischen gibt es eine gelebte und akzeptierte Bezahlkultur im Netz. Für Nutzer ist es selbstverständlich geworden, im Web für Games, Musik, Apps oder Videos zu bezahlen. Die aktuelle Ausgabe der Allensbacher Computer- und Technik-Analyse (ACTA) belegt, dass immer größere Teile der Bevölkerung bereit sind, für Internet-Angebote zu bezahlen (Schröder 2013). Das gilt auch zunehmend für journalistische Inhalte: Eine repräsentative Umfrage im Auftrag des Hightech-Verbands Bitkom (2014) belegt, dass ein Viertel aller Internetnutzer in Deutschland schon heute Geld für digitale journalistische Inhalte ausgibt.

- Online-Werbung eignet sich immer weniger als alleinige Stütze des Journalismus. Zeitungsverlage verdienen im Internet bisher zu wenig Geld, um eine Refinanzierung sicherzustellen. Nach einer Studie der Unternehmensberatung PwC lag der Umsatzanteil der Verlage aus dem digitalen Geschäft 2012 bei nur fünf Prozent (o. V. 2013). Ein Grund hierfür ist das Überangebot an Werbeträgern im Netz, wodurch ein großer Wettbewerb in den Werbemärkten herrscht. Die rückläufigen Anzeigen- und Vertriebserlöse im Stammgeschäft verstärken zusätzlich den Druck auf die digitalen Erlöse. Zeitungsverlage sind deshalb bestrebt, eine bessere Ausgewogenheit ihrer Erlösquellen zu erreichen.
- E-Paper und Apps von Zeitungsverlagen haben gezeigt, dass Paid Content funktionieren kann. Allein die E-Paper-Auflage stieg im vierten Quartal 2013 gegenüber dem Vorjahr auf mehr als eine halbe Million verkaufter Exemplare – ein Zuwachs von über 60 %. Darüber hinaus setzen die Zeitungen große Hoffnungen auf das Mobilgeschäft. Nach Angaben des BDZV haben die deutschen Zeitungen mittlerweile mehr als 500 Apps für Smartphones und Tablet-PCs im Angebot, davon sind knapp zwei Drittel kostenpflichtig (BDZV 2013b)
- Die Bezahlmodelle von heute sind intelligenter und flexibler als vor zehn Jahren, denn sie bewältigen einen schwierigen Balanceakt: Bezahlschranken sollen nicht zu einem signifikanten Rückgang der Reichweiten und damit einem Einbrechen der Werbeeinnahmen führen. Die digitalen Vertriebs- und Werbeerlöse werden deshalb ständig gegeneinander abgewogen und die Bezahlmodelle gegebenenfalls angepasst.

Im Folgenden werden die bei Zeitungsverlagen im Einsatz befindlichen Bezahl-Strategien aufgezeigt. Welche Bezahlmodelle gibt es? Welche Abrechnungsmodelle werden eingesetzt? Wie funktioniert das Pricing und Bundling? Die verschiedenen Ansätze werden an konkreten Verlagsbeispielen aufgezeigt.

2 Ziele und Nutzen von Bezahlschranken

Mit der Einführung einer Bezahlschranke verfolgen Verlage unterschiedliche Ziele. Im ersten Schritt geht es darum, bei den Nutzern ein Bewusstsein für den Wert von professionell recherchierten Inhalten zu schaffen. Deshalb dürfen Inhalte, die etwa in der App kostenpflichtig sind, nicht gleichzeitig kostenlos im Web angeboten werden.

- Bezahlangebote im Netz stützen das Printprodukt, da die freie Alternative eingeschränkt wird. In der Folge gehen Printauflagen tendenziell weniger stark zurück. Zudem wird das Printabo aufgewertet, wenn der Online-Zugang in das Abo integriert wird oder zu einem geringen Aufpreis im Bundle verkauft wird (Borstelmann und Min 2012, S. 25).
- Die bisher anonymen Online-Leser werden über die Registrierung auf der Website identifizierbar. Die Daten können für Vermarktungszwecke und zur Abonnentengewinnung genutzt werden.

- Weil Paid Content-Inhalte von den Lesern aktiv nachgefragt, bezahlt und intensiver genutzt werden, leisten sie auch als Werbeträger mehr. Matt Skibinski vom New Yorker Dienstleister Press+ erläuterte beim Kongress „Zeitung Digital", dass es den Zeitungen in den USA gelungen sei, die Tausender-Kontakt-Preise im kostenpflichtigen Premiumbereich der Website um bis zu 39 % zu steigern. Die Aufmerksamkeit der Abonnenten für die exklusiven Inhalte und die dort stehenden Anzeigen sei deutlich höher. Rückenwind für eine höherpreisige Vermarktung kommt auch durch die neue IVW-Meldestatistik „Paid Content" (IVW 2014). Werbekunden und Agenturen erhalten seit Anfang 2014 erstmals valide Verkaufszahlen von bezahlten, werbevermarkteten Apps und Online-Angeboten.
- Die Nutzer von Bezahlinhalten identifizieren sich als Konsumenten, die eine besonders hohe Wertschätzung für die Inhalte eines Verlags ausdrücken. Sie gehen daher eine sehr viel engere Beziehung mit dem Anbieter ein. Sie drücken direkt aus, welche Inhalte aus ihrer Sicht besonders wertvoll sind. Bezahlinhalte sind daher ökonomisch ein wichtiges Korrektiv gegenüber einer allein werbemarktvermittelten Ressourcenallokation im Journalismus (Riefler und Meyer-Lucht 2010, S. 36).
- Paid Content wertet die Arbeit der Redakteure auf und fördert einen neuen Qualitätswettbewerb (Lang und Saal 2013). Verlage aus Europa, USA und Asien berichten, dass durch die Einführung einer Bezahlschranke ein Ruck durch die Redaktion gegangen sei, noch höhere journalistische Qualität und aus Nutzersicht relevantere Inhalte zu produzieren (Waller 2012, S. 180). Jeder Redakteur will plötzlich exklusive Inhalte liefern und mit seinen Artikeln hinter die Bezahlschranke kommen.

Bei der Umsetzung einer Paid Content-Strategie haben sich zwei Vorgehensweisen herausgebildet, die von Verlagen verfolgt werden:

1. Das defensive Modell dient maßgeblich dem Schutz des bestehenden Printgeschäfts. Substanzielle Erlöse werden durch Paid Content nicht erwartet. Paywalls sollen die gedruckte Zeitung attraktiver machen und deren Auflage stützen. Print-Leser sollen durch ihr Abo die Zeitungswebsite nicht länger „mitfinanzieren".
2. Beim offensiven Modell geht es um die Erzielung signifikanter digitaler Vertriebserlöse. Das Vorgehen ist von der Hoffnung getragen, das bestehende Geschäftsmodell erfolgreich von der analogen in die digitale Welt zu übertragen (Abb. 1).

3 Bezahlmodelle

Verlage müssen zwischen den beiden Extremen entscheiden, ob sie alle ihre Inhalte kostenpflichtig anbieten wollen oder einen total freien Zugang gewähren. Dazwischen liegen die sogenannten Freemium-Ansätze: freier Zugang kombiniert mit Bezahlzonen. Grundsätzlich gilt: Je weicher die Schranke, desto geringer die Auswirkungen auf die Reichweite. Für den Bekanntheitsgrad einer Marke und für die Werbevermarktung ist es sinnvoll,

Paid Content-Modelle in der Übersicht

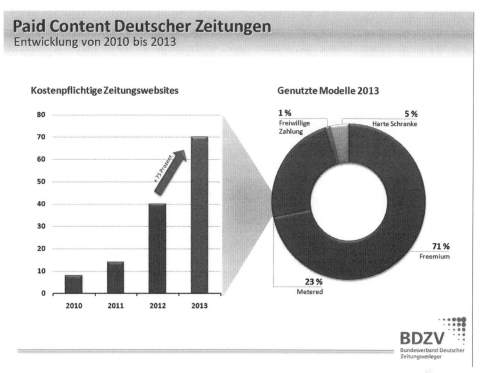

Abb. 1 Paid Content deutscher Zeitungen. (Quelle: BDZV)

für Besucher kostenlos zu bleiben. Betriebswirtschaftlich geht es darum, den Trade-Off zwischen neuen Pay-Erlösen und entgangenen Werbeerlösen zu managen. Außerdem müssen die Bezahlmodelle redaktionell und vom Preisgefüge in ein Gesamtkonzept aus Print und Online gegossen werden.

Die Verlagshäuser setzen auf unterschiedliche Modelle, die im Folgenden beschrieben werden. In der Praxis zeigt sich, dass Zeitungsangebote sich nicht immer eindeutig einem Modell zuordnen lassen. Es gibt viele Mischformen.

3.1 Free

In diesem Modell wird auf kostenpflichtige Inhalte verzichtet. Die Nutzung ist generell frei, wodurch Reichweite aufgebaut werden soll, die über Werbung monetarisiert wird. Die werbetreibende Wirtschaft finanziert somit die kostenlose Nutzung der Inhalte. Dieses Modell eignet sich besonders für Verlage, die hohe Online-Werbeeinnahmen haben.

Entgegen dem weltweiten Trend, Online-Inhalte kostenpflichtig anzubieten, setzen die Zeitschriftenmarken „Focus", „Stern" oder „Spiegel" nach wie vor auf das Free-Modell im Netz. „Spiegel Online" kann sich – nach eigenen Angaben – alleine über Werbeeinnahmen finanzieren. Allerdings gilt der Marktführer auch als Kannibale für den gedruckten

Spiegel, der kontinuierlich an Auflage verliert. Der Dauerstreit um die digitale Bezahlstrategie zwischen den beiden Chefredakteuren Mathias Müller von Blumencron und Georg Mascolo endete schließlich mit der Absetzung der Doppelspitze (Pohlmann 2013). Im September 2013 übernahm Wolfgang Büchner das Ruder und teilte mit, dass auch er zukünftig am kostenlosen Zugang festhalten wolle. Büchner begründete dies mit der starken Konkurrenz der öffentlich-rechtlichen Rundfunksender im Internet (o. V. 2014).

Rücksicht auf einen Printtitel braucht die nur im Netz erscheinende „Huffington Post" nicht zu nehmen. Das US-Unternehmen startete im Oktober 2013 in Zusammenarbeit mit der Tomorrow Focus AG einen deutschen Ableger ohne Paywall. Jan Bayer, Vizepräsident des BDZV und Vorstand Welt-Gruppe und Technik Axel Springer sieht darin „einen Angriff auf alle Versuche von Verlagen, Bezahlmodelle für digitale publizistische Angebote zu entwickeln" (BDZV 2013c).

3.2 Harte Bezahlschranke

Die harte Paywall ist die rigideste Form. Der Abonnent darf das gesamte Angebot nutzen, alle anderen dürfen gar nichts nutzen. Zumeist sind nur die Homepage und einzelne Übersichtsseiten mit Teasern zu den Artikeln für jedermann frei einsehbar. Der Verlag geht davon aus, dass dem Nutzer die Qualität der Inhalte bekannt ist. Das Modell eignet sich besonders für Verlage, deren Digitalstrategie defensiv und auf den Erhalt der Print-Abos ausgerichtet ist. Online-Portale, die ihre Inhalte hinter eine „harte Paywall" stellen, verzichten zum größten Teil auf das Marketingpotenzial von Google- und Social Media-Traffic und die Kraft von kostenlosen „Leseproben", die in der Offline-Welt üblich sind. Nur wenige Zeitungen in Deutschland setzen auf eine harte Bezahlschranke, darunter die „Ibbenbürener Volkszeitung", die „Böblinger Kreiszeitung" und die „Nürtinger Zeitung".

Die Londoner „Times" ist das populärste Beispiel für dieses Modell. Nach der Einführung im Juni 2010 verlor die Website gut zwei Drittel ihrer Leser. Eine Nielsen-Studie ergab damals, dass auch diejenigen Leser, die sich ein Online-Abonnement hätten leisten können, durch die Registrierungspflicht abgehalten wurden. Der Marktanteil der „Times" an allen britischen Online-Zeitungen sei damals von 15 auf unter ein Prozent gefallen (Schwan 2010).

Deutlich bessere Erfahrungen hat die norwegische Regionalzeitung „Faedrelandsvennen" („Vaterlandsfreund") gemacht. Die zum Schibsted-Konzern gehörende Regionalzeitung stellte 2012 sämtliche digitalen Produkte hinter eine Bezahlschranke und bietet seither alle Inhalte, inklusive der gedruckten Zeitung, zu einem Einheitspreis an. Der Effekt: Die Auflage des Blatts, die in den letzten Jahren jährlich um 3,5 % gefallen war und nun bei rund 37.000 Exemplaren liegt, ist seither um drei Prozent gestiegen – die Auflageneinnahmen um acht Prozent. Man gewinne jüngere Abonnenten hinzu. Die Zahl der Internetnutzer ist zwar auch hier gefallen, dafür wird das Angebot intensiver genutzt. Für die Anzeigenkunden ist das Publikum hinter der Bezahlschranke offenbar interessanter als die absolute Zahl der User. Die Online-Einnahmen konnten gesteigert werden (Wolff 2013).

Die „Ibbenbürener Volkszeitung", startete im Juli 2013 eine harte Paywall für alle digitalen Angebote. Damit wurden sämtliche Digitalangebote des Verlages wie E-Paper, Live-App für Tablet-PCs, der Webauftritt und das Archiv nur noch für Abonnenten der Printausgabe zugänglich. Drei Euro kostet das Abonnement flächendeckend mehr. Ein reines Digitalabonnement wird nicht angeboten. Die „Ibbenbürener Volkszeitung" erscheint in einer Auflage von rund 20.000 Abonnenten im nördlichen Münsterland. „Unsere Region mit ihren 100.000 Menschen ist doch viel zu klein, um mit Werbung nennenswerte Einnahmen zu erzielen", sagte der Geschäftsführer Klaus Rieping gegenüber dem Medium Magazin (Bouhs 2013, S. 40). Seit Einführung der Paywall sank die gedruckte Auflage lediglich um ein Prozent, was unter dem Branchenschnitt von 3,5 % liegt.

3.3 Freemium Model

Der Begriff „Freemium" ist ein Kompositum aus den Begriffen „free" und „premium". Bei diesem Modell wird eine Bezahlschranke eingesetzt, die nur solche Inhalte bezahlpflichtig macht, die aus Sicht des Zeitungshauses so exklusiv beziehungsweise nutzwertig sind, dass Nutzer bereit sind, für diese zu bezahlen; beispielsweise weil sie keine andere Möglichkeit haben, kostenlos an diesen aus ihrer Sicht relevanten Content zu kommen. Beiträge, welche auch von anderen Anbietern kostenlos angeboten werden, sind kostenfrei. Die Idee hinter diesem Modell ist, dass der Nutzer auf der Website dauerhaft mit den Basisinformationen versorgt wird. Durch die Nutzung dieser Inhalte soll er Lust auf die hochwertigen Inhalte bekommen.

Das wohl bekannteste verlegerische Digitalangebot mit Freemium-Modell ist das „Wall Street Journal", das schon 1996 bezahlpflichtig wurde. „Hinter" der Bezahlschranke werden Spezialinformationen zum Wirtschafts- und Finanzmarkt angeboten, die zum Teil beruflich genutzt und abgerechnet werden können. Je nach Traffic-Bedarf variiert WSJ.com die Menge der frei zugänglichen Inhalte, um beispielsweise Werbekampagnen mit einer garantierten Anzahl an Page Impression ausliefern zu können. Der Erfolg von WSJ begründet sich vor allem mit den geschätzten Inhalten, für die die Zielgruppe (Finanz- und Geschäftsleute) bereit sind zu zahlen. Vorteilhaft für WSJ.com war zudem, dass die Website zu Beginn schon kostenpflichtig war, so dass die Nutzer sich erst gar nicht an kostenlose Inhalte gewöhnen konnten (Borstelmann und Min 2012, S. 15).

Das Freemium-Modell ist insbesondere unter Regionalzeitungen weit verbreitet. 71 % der Paid Content-Angebote in Deutschland verfolgen diese Strategie. Erstmalig wurde das Modell 2004 von der „Sächsischen Zeitung" umgesetzt (Kurp 2012). 2009 folgten das „Hamburger Abendblatt" und die „Berliner Morgenpost".

Die Mediengruppe Madsack aus Hannover hat seit März 2012 insgesamt zwölf Nachrichtenportale ihrer Regionalzeitungen auf ein Freemium-Modell umgestellt, darunter die

„Hannoversche Allgemeine Zeitung", die „Leipziger Volkszeitung" und die „Lübecker Nachrichten". Die Frage, was hinter die Paywall kommt, wird jeden Tag neu beantwortet und sieht für jede Zeitung anders aus. „So kann man innerhalb der Häuser die beste Vorgehensweise erkennen und weitergeben", erläutert Martina Lenk, Geschäftsführerin Madsack online. Paid Content auf den Zeitungsportalen ist bei Madsack vor allem ein taktisches Manöver, um den Nachrichtenvertrieb auf Tablets und Smartphones kostenpflichtig gestalten zu können. Man habe bereits 70 Apps für die Zeitungsverlage der Mediengruppe produziert. Nachrichteninhalte, die es in Apps gegen Bezahlung gibt, sollen deshalb nicht gleichzeitig kostenlos im Netz erscheinen (Freitag 2013, S. 146 f.).

Als erste überregionale Zeitung startete die Bild-Zeitung im Juni 2013 mit einem Freemium-Ansatz. Der Vorstoß war ein durchaus mutiger Schritt, denn die Mehrzahl der überregionalen Zeitungsportale ist entgegen den eigenen Ankündigungen weiterhin „offen". Zu Beginn waren bei „Bild.de" etwa 80 % der Inhalte weiterhin frei zugänglich (Pönitz 2013). Sukzessive soll die Anzahl der kostenpflichtigen Artikel erhöht werden, um so Kunden zum Abschluss eines Abos zu bewegen. Exklusivberichte, Interviews, Fotos und weite Teile der Sportberichterstattung befinden sich hinter der Schranke. Bild.de-Chef Manfred Hart sagte, dass er ein Verhältnis von 50 zu 50 absehbar für realistisch halte (Fromme 2013). Zur Wahl stehen drei monatlich kündbare Abomodelle. Im größten Paket erhalten die Nutzer zusätzlich ein Gutscheinheft, um die gedruckte Bild am Kiosk zu beziehen. Im Gegenzug liegt jeder Bild-Zeitung ein Tagespass für Bezahlinhalte auf bild.de bei. Ein Treiber soll die Fußball-Bundesliga sein, für deren Videorechte Axel Springer 24 Mio. € bezahlt hat. Etwa jeder dritte digitale Abonnent hat das Bundesliga-Angebot für knapp drei Euro dazugebucht.

3.4 Metered Model

Unter einem „Metered Model" werden flexible Bezahlschranken verstanden, die dem Nutzer eine bestimmte Anzahl eigentlich kostenpflichtiger Inhalte kostenlos zugänglich machen. Der Nutzer kann sich so ein Bild von der Qualität der Inhalte genau bei den Themen machen, die ihn interessieren. Nach Ausschöpfung des Kontingents wird zumeist zur kostenfreien Registrierung aufgerufen, die ein zusätzliches Freikontingent beinhaltet. Erst wenn der Nutzer auch die Anzahl dieser erlaubten Abrufe überschreitet, wird er zum Abonnement aufgefordert. Wie viele Artikel ein Nutzer bereits gelesen hat, wird über einen so genannten Cookie gemessen. Dem Modell liegt der Gedanke zugrunde, dass alle Inhalte der Website grundsätzlich für den Nutzer relevant sind, und dass er mehr davon haben möchte, wenn er sie erst einmal kennengelernt hat und regelmäßig nutzt. Der Vorteil: Gelegenheitsnutzer bekommen von der Bezahlmauer gar nichts mit. Grundsätzlich bleibt jeder Artikel des Angebots frei zugänglich und der Verlag kann weiterhin an den Werbeerlösen partizipieren. Das Metered Model ist der Versuch, eine Bezahlschranke nur für die treuen Intensivnutzer eines Angebots spürbar zu machen. Bei ihnen hat man die größte Hoffnung, sie zu zahlenden Kunden zu machen.

In den USA ist das Metered Model vorherrschend. Über 400 Verlage vertrauen der Bezahl-Software des US-Dienstleisters Press+ (Hazard Owen 2012). Unter deren Kunden hat sich ein Standard von zehn kostenlosen Artikeln eingependelt. Die stetige Verringerung der frei verfügbaren Inhalte habe bei den Kunden nicht zu einem Rückgang des Online-Traffics geführt (Bühnen 2013). In Deutschland setzen aktuell 23 % der Zeitungstitel auf das Metered Model. Im Durchschnitt sind 17 Artikel im Monat frei zugänglich. Die Spreizung reicht von acht freien Artikeln beim „Oberbayerischen Volksblatt" bis zu 30 freien Artikeln bei der „Saarbrücker Zeitung". Als einzige überregionale Zeitung setzt „Die Welt" seit Dezember 2012 auf ein Metered Model.

Die „Financial Times" aus London führte das Metered Model bereits 2007 ein. Wer sich auf der Homepage registriert, kann acht Artikel pro Monat kostenlos lesen. Wer mehr will, muss zahlen. Die „New York Times" ist nach wie vor eines der am meisten beachteten Beispiele mit Metered Model (vgl. Kilman 2012). Zum Start im März 2011 erlaubte die Website 20 kostenlose Seitenzugriffe. Aktuell sind nur noch zehn freie Klicks möglich. Auf mobilen Endgeräten sind nur drei freie Artikel pro Tag erlaubt. Die Zahl der digitalen Abonnements stieg von 281.000 Abonnenten (Pluta 2011) im Juni 2011 auf 760.000 Ende 2013 (Gillner 2014). Dass die digitale Auflage der „New York Times" immer weiter steigt, ist kein Zufall. In der Regel ist das Potenzial von zahlungswilligen Digitalabonnenten ein bis zwei Jahre nach Einführung einer Paywall ausgereizt. Die „New York Times" kämpft gegen eine solche Stagnation an, indem sie ständig Marketingaktionen, Experimente oder Änderungen am Produkt vornimmt (Borstelmann und Min 2013, S. 20).

Eine pfiffige Metered-Variante hat sich die Ekspress Grupp aus Estland ausgedacht. 2011 startete der Verlag eine zeitabhängige Paywall für den Zugang zu den Online-Inhalten. Leser haben die Möglichkeit, das Angebot fünf Minuten am Tag frei zu nutzen. Wer mehr bzw. länger lesen will, muss ein Abo abschließen (Ekspress Grupp 2011; Wilkinson 2013, S. 63).

3.5 Spenden-Modell

Bei der freiwilligen Bezahlung entscheidet der Nutzer selbst, ob und in welcher Höhe er für die Inhalte bezahlen möchte. Den Spendenaufruf kann der Leser ablehnen und ohne Begrenzung weiterlesen. Neben der finanziellen Unterstützung geht es auch darum, den Leser daran zu erinnern, dass er den Content wertschätzt.

Seit April 2011 setzt „taz.de" als einzige Tageszeitung auf ein freiwilliges Bezahlmodell. Im Juni 2013 erlöste die „taz" mit diesem Modell 10.216,89 €. Den größten Anteil machen „taz-zahl-ich-Abos" aus (6.660,89 €). Weitere 2.830,68 € gingen über Spontanzahlungen ein, dazu kamen 725,32 € über den Social Payment-Dienst Flattr. Damit sich

Kriterien	Free	Harte Paywall	Metered Model	Freemium	Spenden-Modell
Content-Erlöse	Verzicht auf eine zusätzliche planbare (Abonnement) Erlösquelle.	zusätzliche planbare (Abonnement) Erlösquelle.	zusätzliche planbare (Abonnement) Erlösquelle.	zusätzliche planbare (Abonnement) Erlösquelle.	Zusätzliche, aber weniger planbare Erlösquelle
Anzeigenerlöse	Kein Risiko für Werbeerlöse	Reduzierung der Reichweite und Verlust von Werbeerlösen	Reichweiten- und Werbeverluste in Abhängigkeit der Einstellung des Modells; eher gering	Verlust von Reichweite und Werbeerlösen möglich	Kein Risiko für Werbeerlöse
Kundenbeziehung	Kunden sind unbekannt; es lassen sich keine Kundenbeziehungen aufbauen	Kunden sind bekannt, Kundenbeziehung kann aufgebaut werden	Kunden sind teilweise bekannt, Kundenbeziehung kann aufgebaut werden	Kunden sind teilweise bekannt, Kundenbeziehung kann aufgebaut werden	Kunden sind teilweise bekannt
Social-Media	Sehr hohes Social Media Potenzial	Kein Social Media Potenzial	Eingeschränktes Social Media Potenzial	Eingeschränktes Social Media Potenzial	Sehr hohes Social Media Potenzial
Kosten	Kein Aufwand für Kundenservice (Kundensupport, Rücklastschriften)	Aufwand für Kundenservice (Kundensupport, Transaktionskosten, Rücklastschriften, Datenschutz)	Aufwand für Kundenservice (Kundensupport, Transaktionskosten, Rücklastschriften, Datenschutz)	Aufwand für Kundenservice (Kundensupport, Transaktionskosten, Rücklastschriften, Datenschutz)	eingeschränkter Aufwand für Kundenservice (Kundensupport, Rücklastschriften, Datenschutz)
Signalwirkung für die Wertigkeit von Journalismus	keine	Sehr hohe	Eher gering	mittel	Eher gering

Abb. 2 Vor- und Nachteile von Bezahlmodellen

taz.de finanziell lohne, müssten die freiwilligen Zahlungen um den Faktor 3 bis 4 höher liegen, schreibt Redakteur Sebastian Heiser (Lüllmann 2013) (Abb. 2).

4 Auswahl des richtigen Bezahlmodells

Eine pauschale Antwort, welches der Modelle das erfolgreichste ist, kann nicht gegeben werden. Die Entscheidung für das eine oder andere Modell hängt von den zu erreichenden Zielen, den vorhandenen Inhalten sowie der Wettbewerbssituation des einzelnen Verlages ab.

Nach den Auswirkungen auf die Reichweite zu urteilen, trägt die harte Paywall das größte Risiko: Sämtliche Inhalte verschwinden hinter der Bezahlmauer und damit aus den Suchmaschinen sowie sozialen Medien. Im Gegensatz dazu hat man beim Metered Model und noch stärker beim Freemium-Modell die Möglichkeit, den Anteil der Bezahlinhalte im Zeitablauf zu variieren. So startete die „Badische Zeitung" ihr Metered Model mit einer vergleichsweise hohen Freigrenze von 25 Artikeln, die sie sukzessive auf 15 Artikel pro Monat absenkte. Beim Freemium-Modell ist der Verlag noch flexibler, zumindest dann, wenn die Redaktion festlegen kann, welche einzelnen Artikel frei zugänglich sind und welche nicht.

Die Entscheidung für ein Modell hängt auch davon ab, über welche Art von Inhalten Verlage verfügen. Sind alle Inhalte gleich wertvoll, spricht das eher für die Metered Variante. Wenn es dagegen unterschiedliche Wertigkeiten gibt, geht die Entscheidung eher zu Gunsten eines Freemium-Modells.

Im Metered Model können soziale Medien für das Marketing der bezahlpflichtigen Angebote uneingeschränkt genutzt werden. Das ist ein Nachteil des Freemium-Modells, denn im Normalfall liegen die „exklusiven" Inhalte konzeptbedingt hinter der Bezahlschranke und werden somit von Suchmaschinen nicht gefunden. Die Redaktion muss zudem täglich bei jedem Artikel festlegen, welcher hinter der Paywall steht und welcher nicht.

Das Metered Model ist tendenziell die beste Option für marktführende oder reichweitenstarke Portale, die eine hohe Anzahl an Unique Usern und loyalen Nutzern haben. Voraussetzung ist, dass der gesamte Inhalte-Pool begehrenswert ist. Der Nutzer darf auf ihn nicht verzichten können. Der Verlag muss deshalb ein dauerhaft ausreichend breites Inhalteangebot anbieten, das Nutzer zum regelmäßigen Besuch animiert, sodass die Website eine hohe Verweildauer aufweist.

Das Freemium Modell funktioniert, wenn es zumindest einige spezifische Inhalte gibt, die so interessant und relevant sind und sich sonst nirgendwo finden lassen. „Insbesondere für Regional- und Lokalzeitungen ist dieses Modell aufgrund der Struktur der Online-Nutzerschaft und ihrer Positionierung als Spezialist für regionale Nachrichten und Informationen, die naheliegendste Variante" (Waller 2012, S. 178). Grundsätzlich scheint der Erfolg eines Freemium-Angebots stark von dem Anteil an aus Nutzersicht exklusiven Content im Vergleich zum nicht-exklusiven abzuhängen.

5 Verlagsübergreifende Abonnement-Modelle

Verlagsübergreifende Abonnement-Modelle erlauben die Nutzung kostenpflichtiger Angebote unterschiedlicher Anbieter mit einem einzigen Zugang. Populär geworden ist das Modell durch den Erfolg des schwedischen Streaming-Musikdienstes Spotify. Für 9,99 € im Monat können Nutzer auf über 20 Mio. Musik-Titel der großen Platten-Labels zugreifen.

Der Nutzer muss sich nur einmal registrieren und bezahlen und hat danach den bequemen Zugriff auf alle Medienangebote der teilnehmenden Anbieter.

Im Verlagsbereich führte das slowakische Start-up „Piano Media" erstmalig 2011 ein landesweites Bezahlmodell ein. Wer einmal bei „Piano" bezahlt, hat für die Dauer des Abonnements Zutritt zu den kostenpflichtigen Inhalten aller beteiligten Zeitungen. Piano führte, ähnlich wie bei Kabel-TV-Paketen, ein einfaches System mit einer Pauschalgebühr (3,90 € pro Monat) und einem einzigen Zugang für mehrere Publikationen ein. Das Abo kann bei jedem der teilnehmenden Verlage abgeschlossen werden, und anschließend kann sich der Kunde auf sämtlichen Websites bewegen, ohne sich jedes Mal neu einloggen zu müssen. In der Slowakei beteiligen sich elf Medienunternehmen; in Slowenien (seit Januar 2012) sind es neun. Im September 2012 errichteten in Polen über 40 Medien eine gemeinsame Paywall. Die Einnahmen werden anteilig an die Zeitungen ausgeschüttet, wobei 30 % an „Piano Media" gehen und 40 % an das Medienhaus, das den Leser gewonnen hat. Die restlichen 30 % werden unter allen teilnehmenden Medien aufgeteilt – je nachdem, wie viel Zeit ein Leser auf ihrer Website verbracht hat. Die Verlage profitieren zudem von der Auswertung der erfolgreichsten Modelle. Seit Einführung der Bezahlschranken habe es nach Angabe von CEO Tomas Bella keinen Rückgang beim Website-Traffic gegeben (Reißmann 2012).

Bisher konnte sich die Idee einer gemeinsamen Single-Sign-In-Lösung deutscher Zeitungsverlage nicht durchsetzen.

6 Einzelaspekte

6.1 Umgang mit Suchmaschinen, Social Media

Alles, was hinter der harten Paywall liegt, ist für Suchmaschinen generell nicht einsehbar und damit auch nicht auffindbar. Verlinkungen etwa via Facebook, Twitter oder Google Plus sind zwar theoretisch möglich, nutzen aber nichts, da Nicht-Abonnenten nicht zu diesen Inhalten gelangen.

Wenn Nutzer beim Freemium-Modell über Google oder Facebook auf die Zeitungswebsite kommen, laufen die Nutzer entweder mit dem ersten Klick „gegen die Wand" oder können kostenlos alles oder zumindest einige Zeilen des angesteuerten Artikels lesen. Beim Metered Model ist das gesamte Angebot für Suchmaschinen sichtbar und kann etwa über Social Media wie Facebook oder Twitter verlinkt werden. Ein Problem gibt es erst, wenn der User mehrfach über Google zugreift und die Anzahl freier Artikel aufgebraucht ist. Für diesen Fall bietet Google die Variante „First Click Free" an. Wer über Google auf einen Premium-Artikel stößt oder sein Freikontingent ausgeschöpft hat, kann diesen Artikel trotzdem umsonst lesen (Google 2014). Die Bezahlschranke wird hier außer Kraft gesetzt, weil die Nutzer, die nur zufällig auf etwa „welt.de" oder „abendblatt.de" landen, selten Interesse an einem Abo haben, aber zumindest einen Klick auf der Seite produzieren. Im Gegensatz dazu hat die Mediengruppe Madsack die Zugriffe über Social Media limitiert. 20 Verweise via Facebook, Twitter und Co. sind frei.

6.2 Entscheidung über die Kostenpflichtigkeit

Während im Freemium-Modell der Anbieter selber festlegen muss, welche Inhalte als besonders hochwertig hinter der Bezahlschranke liegen sollen, gibt das Metered Model diese Antwort sozusagen selbst: Nach der Registrierung und Bezahlung erhält der Stammnutzer Zugang zu einem Pool von Inhalten statt zu einzelnen Artikeln. Der Anbieter muss lediglich mit Rücksicht auf mögliche Reichweitenverluste die Höchstgrenze von freien Seitenabrufen pro Monat festlegen.

Beim Freemium-Modell wird die Entscheidung, welche Artikel kostenpflichtig erscheinen, entweder „automatisch" über die Ressortzuteilung (zum Beispiel dpa-Artikel) oder über die Quelle (zum Beispiel Printredaktion) getroffen. Es kann auch auf Ebene einzelner Artikel erfolgen. Das bestimmen Redakteure in der Regel im Content-Management-System, indem sie den Artikel entsprechend klassifizieren. Kriterium hierfür ist die Exklusivität und der Mindestumfang des Artikels. In einigen Redaktionen wird täglich in der Konferenz entschieden, welche Texte zusätzlich freigegeben werden, um die Qualität des kostenpflichtigen Teils unter Beweis zu stellen und einen Nutzungsanreiz zu bieten.

Überwiegend bleiben einmal kostenpflichtig gestellte Inhalte dies auch permanent. In der Praxis haben sich auch zeitabhängige Ausprägungen etabliert. Entweder werden aktuelle Inhalte bepreist oder der Archivzugriff (Archiv-Wall). So sind bei der Mediengruppe Madsack alle Artikel automatisch nach 48 h kostenfrei lesbar, bei der „Lausitzer Rundschau" (Cottbus) nach drei Tagen. Bei der „Main-Post" (Würzburg) sind die Beiträge zunächst frei zugänglich, werden aber nach 48 h kostenpflichtig.

Besondere Ereignisse werden zum Anlass genommen, die Website für alle Nutzer tageweise komplett zu öffnen. Während des Ausnahmezustands durch Hurrikan „Sandy" im Oktober 2012 wurde das Online-Angebot der „New York Times" und des „Wall Street Journal" allen Nutzern kostenlos zur Verfügung gestellt (Moos 2012). Wegen des Orkans „Xaver" setzte „Die Welt" ihr Bezahlmodell im Dezember 2013 aus. Die Chefredaktion begründet diesen Schritt mit dem besonderen Informationsbedürfnis der Menschen in den betroffenen Regionen (welt.de 2013).

6.3 Dellen in der Reichweite

Bei härteren Bezahlmauern berichten Verlage von einer anfänglichen Delle in den Zugriffen. Die Rückgänge der Nutzerzahlen liegen in der Regel zwischen zehn bis 15 % (Waller 2012, S. 179) und flachen nach einiger Zeit wieder ab. Zunächst können die Nutzer nicht glauben, dass sie plötzlich für etwas bezahlen sollen, was sie davor gratis nutzen konnten. Dann weigern sie sich zu bezahlen, womit ihnen aber der Zugang zu hochwertigem Content verwehrt bleibt. Wenn sie das realisieren, akzeptieren sie schließlich das Bezahlsystem. Beim „Hamburger Abendblatt" wird berichtet, dass der Umweg über die Suchmaschine ein halbes Jahr intensiv genutzt wurde. Danach waren die Nutzer offensichtlich die damit verbundenen Umstände leid und kamen zahlend zurück.

Aber selbst ein leichter Rückgang im Traffic macht für die meisten News-Websites keinen wesentlichen Unterschied bei den Werbeerlösen. Ein Zeitungsportal kann es sich in der Regel leisten, auf einen Teil seines Traffics zu verzichten, denn das vermarktbare Inventar wird praktisch nie zu 100 % verkauft.

6.4 Bezahlmethoden

Neben den Inhalten eines Angebots beeinflussen auch die angebotenen Bezahlmöglichkeiten den Erfolg von Bezahlmodellen. Eine schnelle, unkomplizierte und sichere Zahlungsmethode gilt als Schlüssel zur Nutzerakzeptanz. Die meisten Verlage bieten mindestens zwei Abrechnungsmodelle an, um unterschiedlichen Nutzungsgewohnheiten Rechnung

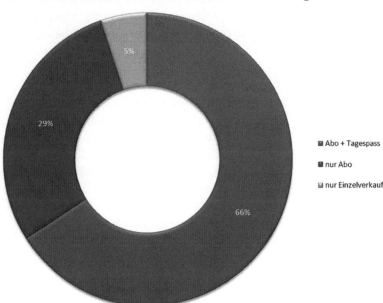

Abb. 3 Paid-Content-Geschäftsmodelle deutscher Zeitungen. (Quelle: BDZV)

zu tragen und die Hemmschwelle der potenziellen Nutzer zu reduzieren. Das Abonnement ist in Deutschland bei Printmedien fest etabliert und auch im Internet die mit Abstand am weitesten verbreitete Bezahlmethode für redaktionelle Inhalte. Wie eine BDZV-Untersuchung (2013a) zeigt, setzen zwei Drittel der Verlage auf ein Online-Abo, das im Durchschnitt acht Euro pro Monat kostet.

Zahlreiche Verlage berichten, dass die Kunden sich tendenziell für langfristige Bindungen entscheiden, um Preisvorteile zu nutzen. Martina Lenk, Geschäftsführerin Madsack Online, berichtete, sie habe sich anfangs nicht vorstellen können, dass viele Leser tatsächlich das Zwei-Jahres-Online-Abo der Madsack-Gruppe abschließen würden (Medientage 2013).

Weit verbreitet ist auch der Tagespass, den über 60 % der deutschen Zeitungen mit Paid Content anbieten. Er kostet im Schnitt 1,10 €.

Verlagsberater Gregor Waller rät dazu, neben Abo und Tagespass zusätzlich auch Einzelartikel als Abrechnungsart anzubieten. „Viele Leser werden digital kein Abo abschließen – nicht zuletzt weil sie die letzten zwölf Jahre bei iTunes gelernt haben, dass es digital auch anders geht" (von Rauchhaupt 2013). Das Problem mit den Minibeträgen bestand in der Vergangenheit darin, dass die Transaktionskosten höher als der Ertrag waren. Inzwischen gibt es jedoch Lösungen wie bei einem Prepaid-Vertrag, bei denen der Kunde vorab einen Betrag auf ein Konto einzahlt. Trotzdem bieten bislang nur fünf Prozent der Verlage sogenannte Micropayments an. Die Preise für den Einzelverkauf bewegen sich zwischen drei und 30 Euro-Cent. Das „Schwäbische Tagblatt" aus Tübingen hat sich dagegen ausschließlich auf den Einzelverkauf von Artikeln konzentriert. Analysen des Verlags hätten gezeigt, dass Nutzer sehr gezielt nur für das bezahlen wollen, was sie konkret interessiert, nicht auch noch für sonstige Inhalte (Malerius 2013) (Abb. 3).

6.5 Bundling

Je mehr Bezahlkanäle Zeitungsverlage ihren Nutzern anbieten, umso besser lassen sich diese in einem Digital, Marken- oder Medienabo bündeln. Der Nutzer zahlt dabei nur einmal und kann das Medienangebot der Zeitung auf unterschiedlichen Plattformen nutzen.

Tageszeitungen in den USA, die die Print-Sonntagszeitung mit Digital zu einem günstigen Preis bündeln, erhöhen damit ihre Sonntags-Printauflage und kehren zum Teil sogar Auflagenrückgänge wieder um. Ein Beispiel hierfür ist die „New York Times", bei der die Print-Sonntagsausgabe zusammen mit dem kompletten digitalen Bundle weniger als das kleinste digitale Paket alleine kostet (Borstelmann und Min 2012, S. 10, 28). Die „Badische Zeitung" (Freiburg) hat sich von dieser Print-Online-Kombination inspirieren lassen. Wer ein Online-Abo der Freiburger Zeitung bestellt, bekommt die gedruckte Samstagsausgabe kostenlos nach Hause geliefert, wenn die Lieferadresse im Einzugsgebiet liegt. Knapp 70 % der Online-Abonnenten nutzen dieses Angebot. Die Vorteile liegen auf der Hand: Die beiden Produkte sind komplementär nutzbar: Samstags und sonntags haben die Leser die notwendige Zeit für die vertiefende Lektüre, während sie den Rest der Woche die Nachrichten eher über digitale Plattformen abrufen. Üblicherweise ist auch das Anzeigenaufkommen am Wochenende höher, sodass eine größere Sonntags-Auflage größere Umsätze generiert.

6.6 Pricing

In vielen Verlagen ist die Unsicherheit groß, wie hoch der Preis für Paid Content sein darf. Ein Preis deutlich unter dem Print-Preis wird dazu führen, dass der Verlag den Medienwechsel Print zu Online befördert. Mittelfristig würden niedrige Online-Preise zu Erlösproblemen beim Verlag führen, da der Anteil der Anzeigenerlöse in der digitalen Welt viel niedriger ist. Deswegen steige in den USA der durchschnittliche Preis für Digital-Abos kontinuierlich, wie Matt Skibinski bei dem Kongress „Zeitung Digital" 2013 erläuterte: Während die Digital-Abos Anfang 2011 durchschnittlich erst gut sieben Dollar kosteten, seien es mittlerweile 9,26 $.

Das Markenabo wird häufig zum gleichen Preis wie das reine Printabo angeboten. Die Verlage belohnen damit ihre treuen Leser, indem sie ihnen eine zusätzliche Auswahl und mehr Qualität ohne zusätzliche Kosten bieten. Im Gegenzug profitieren die Zeitungen von der Vergrößerung der Reichweiten und der Haltbarkeit des Kunden. Wenn die Kundenbindung hoch genug ist, sind die treuen Kunden auch bereit, für das Bundle zusätzlich zu bezahlen. Dies hätte auch Signalwirkung für die Wertschätzung des digitalen Produktes und bereitet auf eine Zukunft vor, in der gedruckte durch digitale Produkte ersetzt werden können. Nur, wenn für das digitale Produkt auch extra bezahlt wird, kann es als Auflagenbestandteil bei der IVW gemeldet und ausgewiesen werden.

Zum Start erscheint es sinnvoll mit einem sehr günstigen Einstandspreis (99 Cent) möglichst viele Kunden zu generieren. Obwohl der niedrige Preis fast symbolisch ist, gewöhnt der Nutzer sich daran, für den Content zu bezahlen. Zum einen ist es für das Produkt wichtig, möglichst viele Käufer zu finden. Diese Käufer sind „First Mover", daher ist die virale Verbreitung eine wichtige Komponente, vor allem im eng abgesteckten regionalen Umfeld. Zum anderen kann das Abo automatisch zum höheren Preis verlängert werden, wenn der Nutzer nicht vorher kündigt. In den USA hat sich das 99-Cent-Probeabo bei Tageszeitungen bewährt und Umwandlungsquoten von bis zu 90 % bewirkt (Lang und Saal 2013). „Die Welt" folgte ebenfalls dem Beispiel. Laut Chefredakteur Jan-Eric Peters hätten sich mehr als drei Viertel der Nutzer für die Fortführung des monatlich kündbaren Abos entschieden (Gehringer 2014, S. 4).

Vorteilhaft für Verlage ist es, die Intensiv-Nutzer des Zeitungsportals für die Startphase mithilfe eines Werbepartners kostenlos lesen zu lassen. Denn in der kritischen Startphase von Paid Content ist es besonders wichtig, seine treuesten Leser nicht zu verlieren. Zudem werden Adressen generiert, an die der Verlag später höherwertige Produkte verkaufen kann. Bei welt.de profitierten 50,000 Nutzer von einer Kooperation mit dem Autobauer Bentley: Diejenigen Nutzer, die im Monat vor Bezahlstart am häufigsten die Internetseite von welt.de besucht hatten, wurden eingeladen das neue Bezahlangebot sechs Monate lang kostenlos zu testen (Peters 2013). Voraussetzung hierfür war die Anmeldung auf der Website. In der kritischen Startphase von Paid Content ist es besonders wichtig, seine treuesten Leser nicht zu verlieren. Zudem werden Adressen generiert, an die der Verlag später höherwertige Produkte verkaufen kann.

7 Erfolgsbeurteilung

Eine Erfolgsbeurteilung der Paid Content-Modelle ist derzeit schwierig. Über Kosten, Umsatz und Gewinn halten sich die Verlage bislang bedeckt. Der Medienkonzern Axel Springer teilte zumindest mit, dass „Bild plus" im Dezember 2013 mehr als 152.000 digitale Abonnenten gewonnen habe. Die Abo-Preise liegen, je nach Umfang, zwischen fünf und 18 €. Das günstigste Paket ist auch das am meisten verkaufte. Wie viel Geld Bild damit einnimmt, und ob sich das Ganze bereits rechnet, teilte der Verlag nicht mit.

Relevant für eine Einschätzung ist vor allem die Umwandlungsquote: Wie viel Prozent der Web-Nutzer (Unique User) verwandeln sich in digitale Abonnenten? Die Berater von Kirchner+Robrecht gehen im ersten Jahr nach Einführung einer Bezahlschranke von einer Konvertierungsrate von weniger als 0,5 % der Unique User aus (Freitag 2013, S. 140).

Die „New York Times" hat innerhalb von 22 Monaten nach Start ihres Bezahlmodells 1,4 % ihrer Unique User in digitale Abonnenten konvertiert (Kirchner+Robrecht 2013, S. 11). Bild.de kommt auf knapp 14 Mio. Unique User (AGOF 2014), was einer Umwandlungsquote von 1,1 % entspricht (Krotky 2013, S. 20). Nach sechs Monaten kam die „Welt" auf eine Umwandlungsquote von 0,6 % (bei 47.000 digitalen Abonnenten).

Um beurteilen zu können, wie relevant sich Paid Content entwickelt, darf auch der Vergleich mit Print nicht gescheut werden. Eine Studie der Alliance for Audited Media kommt zu dem Ergebnis, dass die Digital-Abos bei US-Zeitungen im vergangenen Jahr 19 % der Auflage (Vorjahr 14 %) ausmachten (Schwegler 2013). Bei der Weltmarke „New York Times" liegt die digitale Auflage schon klar über 50 % der Printauflage (700,000 Digital-Abos bei 1,2 Mio. Print-Abos). Bei der Londoner „Times" verweist man auf 140,000 Digital-Abonnenten bei insgesamt 5,5 Mio. Lesern. Die 47,000 Digital-Abonnenten der „Welt" entsprechen bereits 20 % ihrer verkauften Auflage. Bild.de hat 152,000 digitale Abonnenten bei einer verkauften Print-Auflage von 2,6 Mio. (wird mit der „B. Z." gemeinsam ausgewiesen).

Diese Kennzahlen können erste Anhaltspunkte für eine Erfolgseinschätzung geben. In vielen Fällen ist es aber noch zu früh, den Erfolg einzelner Paid-Content-Versuche zu beurteilen. Auch wäre es zu kurz gegriffen, den Erfolg allein an Umsatz oder Anzahl der kostenpflichtigen Online-Zugänge zu messen. Paid Content hat vor allem eine strategische Bedeutung.

8 Fazit

Die ersten Schritte in digitalen Bezahlwelten haben gezeigt: Die Kunden sind bereit, für relevante und exklusive Inhalte ins Portemonnaie zu greifen. Die neuen Ansätze der Verlage mit Bezahlinhalten im Netz, mit Apps und E-Paper neue Erlösquellen zu erschließen, machen Mut (BDZV 2014a). Die Entwicklung von Bundle-Angeboten, Digital-Abos und smarten Bezahlmöglichkeiten im Netz sind vielversprechend.

Für erfolgreiche Bezahlmodelle gibt es jedoch keine Patentlösungen. Jeder Verlag hat andere Bedingungen und muss seine eigene Vorgehensweise finden. In den USA zeigt sich dies sehr deutlich: Einerseits gilt die „New York Times" als erfolgreiches Beispiel für Paid Content, andererseits fahren vereinzelt Regionalzeitungen an der Ostküste ihre Bezahlangebote wieder vollständig zurück (Jakubetz 2013). Verlage müssen zunächst ihre strategischen Ziele festlegen und sich im Klaren darüber sein, wie das Produkt positioniert werden soll, auch in Beziehung zur gedruckten Zeitung.

Paid Content kann funktionieren, wenn Verlage sich so positionieren, dass der Kunde entweder nicht auf die Idee kommt, anderswo nach einem Inhalt zu suchen (Vertrauen), er den Inhalt nirgendwo anders findet (Exklusivität), hohe Wechselbarrieren bestehen oder dass er als Kunde bei einem bestimmten Angebot bleiben will und dafür zu zahlen bereit ist (Lock-In-Effekte). Je mehr Marktpartner auf Paid Content setzen, desto größer sind die Erfolgsaussichten.

Die Aufgabe der lokalen und vor allem überregionalen Zeitungswebsites wird es zukünftig sein, sich noch besser auszudifferenzieren. Der Nutzer muss erkennen, für welchen Content ein digitales Medienangebot steht und welchen Mehrwert es ihm bietet. Dazu müssen Zeitungsmarken ihre unterschiedlichen Profile stärker voneinander abgrenzen.

Nutzer zahlen aber nicht allein für Inhalte. Es geht auch um Design, eine professionelle Aufbereitung, Funktionalität und Convenience. Auch ein schnelles Login und einfache Zahlprozesse gehören zu den Erfolgsfaktoren.

Wer Journalismus verkaufen will, muss auch die entsprechende Menge und Qualität von aus Nutzersicht relevantem Journalismus regelmäßig produzieren. Tatsächlich scheint die Menge ein wesentlicher Faktor beim Verkauf von digitalen Abos zu sein. In einer Studie zur „Intensität der lokalen Berichterstattung" stellte „Press+" fest, dass die Zahl der wochentäglich neu veröffentlichten Stories im direkten Verhältnis zu den Verkaufszahlen zu stehen scheint. Je höher die Aktualisierungsfrequenz, umso höher die Verkaufszahlen (Borstelmann und Min 2012, S. 26).

Eine der wichtigsten Erfolgsfaktoren für Paid Content ist die Wandlung gelegentlicher und regelmäßiger Nutzer eines Online-Angebotes zu „Fans" der Seite und damit zu potenziellen Paid Content-Kunden. „Zeitungsverlage sollten wissen, Kunden, die ihre Websites weniger als 20 Mal pro Monat besuchen, werden wahrscheinlich kein Digitalabo abschließen", sagte Verlagsberater Gregor Waller bei der Konferenz „Digital Media Europe" in London. Nur das Stammpublikum wird bereit sein, zu bezahlen (Riefler und Meyer-Lucht 2010).

Wofür die Nutzer zu zahlen bereit sind, lässt sich nicht vorhersagen. Hier muss jeder Verlag das eigene Angebot ständig überprüfen und weiter experimentieren. Nur, wer Lernkurven als Chance begreift, um den Markt besser zu verstehen, wird auch mit Paid Content erfolgreich sein.

Schließlich darf es nicht passieren, dass Zeitungen durch eine Paywall als führende Informationsquelle und Marke für die Menschen in ihrer Region irrelevant werden. Die Zeitungswebsite sollte auch für „Nicht-Zahler" attraktiv bleiben, um für bezahlte Inhalte interessieren zu können. Ansonsten riskieren Verlage ihre publizistische Rolle und die komplette Möglichkeit der Refinanzierung – sowohl im Leser- wie im Anzeigenmarkt.

Literatur

AGOF (Arbeitsgemeinschaft Online-Forschung). (2013). internetfacts 2013-11. http://www.agof.de/angebotsranking/ Frankfurt (2014). Zugegriffen: 12. Feb. 2014 (Frankfurt a. M.).

BDZV (Hrsg.). (2013a). BDZV-Studie Paid Content: Online-Abo kostet durchschnittlich acht Euro http://www.bdzv.de/aktuell/pressemitteilungen/artikel/detail/bdzv_studie_paid_content_online_abo_kostet_durchschnittlich_acht_euro/. Zugegriffen: 12. Feb. 2014 (Berlin).

BDZV. (Hrsg.). (2013b). Die Menschen vertrauen der Marke Zeitung. http://www.bdzv.de/aktuell/pressemitteilungen/artikel/detail/die_menschen_vertrauen_der_marke_zeitung/ Zugegriffen: 12. Feb. 2014 (Berlin).

BDZV. (Hrsg.). (2013c). Zeitungsverleger kritisieren deutsche „Huffington Post" als Gratiszeitung. http://www.bdzv.de/aktuell/pressemitteilungen/artikel/detail/zeitungsverleger_kritisieren_deutsche_huffington_post_als_gratiszeitung/. Zugegriffen: 12. Feb. 2014 (Berlin).

BDZV (Hrsg.). (2014a). Auflagen: Knapp 500,000 verkaufte E-Paper. http://www.bdzv.de/markttrends-und-daten/vertriebsmarkt/artikel/detail/auflagen_knapp_500000_verkaufte_e_paper/. Zugegriffen: 12. Feb. 2014 (Berllin).

BDZV. (Hrsg.). (2014b). Paid Content Angebote deutscher Zeitungen. http://www.bdzv.de/zeitungen-online/paidcontent/. Zugegriffen: 12. Feb. 2014 (Berlin).
Bitkom. (2014). Jeder Vierte zahlt für redaktionelle Inhalte im Internet. http://www.bitkom.org/78378_78373.aspx. Zugegriffen: 12. Feb. 2014 (Berlin).
Borstelmann, B., & Min, R. (2012). New media-trends & insights USA. 126. Ausgabe emediaSF. San Francisco.
Borstelmann, B., & Min, R. (2013). New media-trends & insights USA. 132. Ausgabe emediaSF. San Francisco.
Bouhs, D. (2013). Zahlen, bitte! NOZ-Chef Ralf Geisenhanslüke über regionale Paywall-Trends. *medium magazin, 12* (Frankfurt a. M.).
Bühnen, B. (2013). Kein gemeinsames System in Sicht. *kressreport, 6* (Hamburg).
Ekspress Grupp. (2011). Consolidated Interim Report For the Third Quarter and 9 months of 2011. http://www.egrupp.ee/news/consolidated-interim-report-for-the-third-quarter. Zugegriffen: 12. Feb. 2014 (Tallinn).
Freitag, J. (2013). Qualität gibt's nicht zum Nulltarif – Paid-Content-Strategien im Vergleich. In: BDZV (Hrsg.) Zeitungen 2013/2014. S. 140–153 Berlin. ZV.
Fromme, C. (29. Mai 2013). Wertewandel. *Süddeutsche Zeitung* (München).
Gehringer, T. (2014). Wachsendes Mauerblümchen – Die Paywall-Landschaft der Verlage nimmt Konturen an. *epd medien, 6,* 3–5 (München).
Gillner, S. (2014). Quartalszahlen fürs Digitalgeschäft der NYT New York Times gewinnt Online-Abos hinzu. Internet World Business. http://www.internetworld.de/Nachrichten/Medien/Medien-Portale/Quartalszahlen-fuers-Digitalgeschaeft-der-NYT-New-York-Times-gewinnt-Online-Abos-hinzu-84104.html. Zugegriffen: 12. Feb. 2014 (München).
Google. (2014). First Click Free. https://support.google.com/webmasters/answer/74536?hl=de Zugegriffen: 12. Feb. 2014.
Hazard Owen, L. (2012). Press+: Publishers are offering less free content online. http://paidcontent.org/2012/09/24/press-publishers-are-offering-less-free-content-online. Zugegriffen: 12. Feb. 2014.
IVW. (2014). Paid Content: IVW definiert Kennzahlen für neues Meldeverfahren. http://www.ivw.de/index.php?menuid=52&reporeid=350 (2014). Zugegriffen: 12. Feb. 2014.
Jakubetz, C. (2014). Paywalls: US-Zeitungen reißen ein, deutsche Blätter bauen auf. ABZV Universalcode. http://universal-code.de/2013/10/02/paywalls-us-zeitungen-reissen-ein-deutsche-blaetter-bauen-auf/ (2013). Zugegriffen: 12. Feb. 2014.
Kilman, L. (2012). Michael Golden von der New York Times: „Metered Model" hilft auch Print. wan-ifra (world association of newspapers and news publishers). http://www.wan-ifra.org/de/press-releases/2012/04/26/michael-golden-von-der-new-york-times-metered-model-hilft-auch-print (2012). Zugegriffen: 12. Feb. 2014.
Kirchner+Robrecht. (2013). *Das Paid-Content-Workbook: Leseprobe.* Berlin.
Krotky, P. (2013). Paid Content. Zur Einführung von Bezahlinhalten bei Online-Nachrichtendiensten. Krotky.at. http://krotky.at/wp-content/uploads/2013/12/Peter-Krotky-Paid-Content-Dezember-2013.pdf?inframe=yes&iframe=true Wien (2013). Zugegriffen: 12. Feb. 2014
Kurp, M. (2012). Wenn Zeitung digitale Wege geht. „M" – Menschen – Machen – Medien. http://mmm.verdi.de/titel/05-2012/wenn-zeitung-digitale-wege-geht. Zugegriffen: 12. Feb. 2014
Lang, K., & Saal, M. (2013). User sollen Leiser werden. *Horizont, 22,* 4. (Frankfurt a. M.).
Lüllmann, A. (2013). taz-zahl-ich: Einnahmen im Juni. http://blogs.taz.de/hausblog/2013/07/12/taz-zahl-ich-einnahmen-im-juni/Taz. Zugegriffen: 12. Feb. 2014. Berlin.
Malerius, F. (2013). Schwäbisches Tageblatt: 15 Cent pro Artikel. dnv online (der neue Vertrieb). http://www.dnv-online.net/medien/detail.php?rubric=Medien&nr=77495 (2013). Zugegriffen: 12. Feb. 2014 (Hamburg).

Medientage München. (2013). Der Markt muss sich ausdifferenzieren – im Content wie auch in den Geschäftsmodellen. Medientage. http://www.medientage.de/2013_11_3.php München (2013). Zugegriffen: 12. Feb. 2014 (München).

Moos, J. (2012). New York Times suspends paywall for Hurricane Sandy. Poynter.org. http://www.poynter.org/latest-news/mediawire/193261/new-york-times-to-suspend-paywall-for-hurricane-sandy/. Zugegriffen: 12. Feb. 2014 (St. Petersburg, USA).

o. V. (2013). Studie zum Medienkonsum: Mobiles Internet überholt den PC. Wirtschaftswoche. http://www.wiwo.de/economy-business-und-finance-studie-zum-medienkonsum-mobiles-internet-ueberholt-den-pc/8304470.html. Zugegriffen: 12. Feb. 2014 (Düsseldorf).

o. V. (2014). Büchner will Online-Zugang kostenfrei halten. Abendblatt.de. http://www.abendblatt.de/kultur-live/article124402667/Buechner-will-Online-Zugang-kostenfrei-halten.html. Zugegriffen: 12. Feb. 2014 (Hamburg).

Peters, J.-E. (2013). Die neuen Abo-Modelle der "Welt". Welt.de http://www.welt.de/wirtschaft/webwelt/article111936712/Die-neuen-Abo-Modelle-der-Welt.html. Zugegriffen: 12. Feb. 2014 (Berlin).

Pew Research Center's Project for Excellence in Journalism. (2013). The State of the news media. http://stateofthemedia.org/2013/overview-5/. Zugegriffen: 12. Feb. 2014 (Washington D.C.)

Pluta, W. (2011). New York Times. Tageszeitung gewinnt zehntausende zahlende Onlineabonnenten. Golem.de. http://www.golem.de/1110/87226.html. Zugegriffen: 12. Feb. 2014 (Berlin).

Pönitz, G. (2013). Bild Bezahlschranke fällt am 11. Mai. *text intern*. 22 (Uetersen).

Pohlmann, S. (2013). „Spiegel" sucht neuen Chefredakteur. Wenn zwei sich streiten…müssen beide gehen. Tagesspiegel.de. http://www.tagesspiegel.de/medien/spiegel-sucht-neuen-chefredakteur-wenn-zwei-sich-streiten-muessen-beide-gehen-/8030518.html. Zugegriffen: 12. Feb. 2014. Berlin.

von Rauchhaupt, J. (2013). Paid Content und Werbung. Adzine. http://www.adzine.de/de/site/artikel/8734/online-publishing/2013/06/paid-content-und-werbung. Zugegriffen: 12. Feb. 2014. (Hamburg).

Reißmann, O. (2012). Polnische Nachrichtensites: Fünf Euro im Monat für Nachrichten. Spiegel Online http://www.spiegel.de/netzwelt/web/paywall-in-polen-fuenf-euro-im-monat-fuer-nachrichten-a-853744.html. Zugegriffen: 12. Feb. 2014 (Hamburg).

Riefler, K., & Meyer-Lucht, R. (2010). *Paid Content – Welche Bezahlmodelle funktionieren?* Berlin: Bundesverband Deutscher Zeitungsverleger

Schröder, J. (2013). Paid-Content-Zahlungsbereitschaft steigt. http://meedia.de/2013/10/29/paid-content-zahlungsbereitschaft-steigt/. Zugegriffen: 12. Feb. 2014 (Hamburg).

Schwan, B. (2010). Times testet Paid-Content im Netz. Die große User-Flucht. taz. http://www.taz.de/!55926/. Zugegriffen: 12. Feb. 2014 (Berlin).

Schwegler, P. (2013). Digitale Abos beflügeln US-Zeitungen. W&V. http://www.wuv.de/medien/digitale_abos_befluegeln_us_zeitungen. Zugegriffen: 12. Feb. 2014 (München).

Waller, G. (2012). Loyale Nutzer – Die wichtigste Währung im Netz. In: BDZV (Hrsg.), *Zeitungen 2012/13*. (S. 167–182) (Berlin). ZV.

Welt.de. (2013). Hamburg droht schwere Sturmflut – Warnstufe erhöht. http://www.welt.de/vermischtes/article122565960/Hamburg-droht-schwere-Sturmflut-Warnstufe-erhoeht.html. Zugegriffen: 12. Feb. 2014. Berlin.

Wilkinson, E. (2013). *News media outlook 2014: Navigating the minefield.* INMA. Dallas: inma.

Wolff, R. (2013). Paywall-Erfolg in Norwegen: Fast nichts mehr gratis im Netz. Taz.de. http://www.taz.de/!121690/. Zugegriffen: 12. Feb. 2014 (Berlin).

Holger Kansky M.A., MBA Referent Multimedia, Bundesverband Deutscher Zeitungsverleger (BDZV), Markgrafenstraße 15, 10969 Berlin.

Zeitungsverlage als Fullservice-Dienstleister im Werbemarkt: Medienhäuser auf dem Weg zu einer regional orientierten Kommunikationsagentur

Prof. Dr. Steffen Hillebrecht

Inhaltsverzeichnis

1 Die Rahmenbedingungen 103
2 Veränderungen in der Printwirtschaft 104
3 Die Konkurrenzlage 106
4 Entwicklungsperspektiven für ein regionales Zeitungshaus 107
Literatur 109

Zusammenfassung

Die Verschiebung der Werbeetats führt zu deutlichen Umsatzeinbußen im Werbegeschäft der regionalen Zeitungsverlage. Umfassende Kommunikationsangebote in allen Medienkanälen bieten eine Ausweichmöglichkeit und führen dazu, dass sich regionale Verlage zu regionalen Kommunikationsagenturen entwickeln werden.

1 Die Rahmenbedingungen

Sinkende Anzeigenerlöse und sinkende Auflagen – die Anzeigen-Auflagen-Spirale dreht sich seit über zehn Jahren bei den meisten regionalen Tageszeitungen kontinuierlich nach unten. Die im BDZV zusammen geschlossenen Zeitungen realisierten einen Rückgang von 5,2 Mrd. € Werbeumsatz in 2002 auf 3,4 Mrd. € in 2012 (vgl. Pasquay 2014). Gerade

---

Prof. Dr. Steffen Hillebrecht (✉)
Hochschule für Angewandte Wissenschaften Würzburg-Schweinfurt,
Münzstraße 12, 97076 Würzburg, Deutschland
E-Mail: steffen.hillebrecht@fhws.de

der Einzelhandel, lange Zeit eine sichere Bank der regionalen Zeitungshäuser, schichtet vermehrt seine Werbeetats um, vorrangig in Richtung Fernsehen (vgl. Janke 2014a, S. 38), aber auch in eigenständig direkt verteilte Prospekte. Eine gemeinsame Studie der Schickler-Unternehmensberatung und der Fachzeitschrift „Horizont" aus dem Juni 2013 prognostiziert demzufolge massive Verluste auf regionalen Werbemärkten, die vor allem zu Lasten regionaler Zeitungshäuser gehen werden (vgl. Schickler 2013). Dies reiht sich in eine generell andere Mediennutzung ein, die von Printmedien weg und zu elektronischen, insbesondere online- und Mobilmedien hinführt (vgl. ARD 2013, S. 43 ff.).

Neben einem deutlichen Rückgang bei den Werbeeinnahmen wird dies allem Anschein nach zu einer weiteren Konzentration bei den Verlagen (was für die vorliegende Fragestellung aber sekundär ist) sowie zu einer Reduktion im Print-Angebot insgesamt führen. Es fällt auf, dass der Drang zur Konzentration höher wird, einerseits durch die zurückgehende Nachfrage nach regionalen Zeitungstiteln und andererseits durch die hohen Kosten durch eine flächendeckende Belieferung. In der Region Franken kann man dies an der Zusammenarbeit zweier Zeitungshäuser sehr deutlich sehen. Der „Mainpost"-Verlag aus Würzburg, seit Jahresanfang 2012 im Besitz der Augsburger Holland-Gruppe, kooperiert in inhaltlichen Bereichen verstärkt mit dem in Bamberg beheimateten „Fränkischen Tag". Sei es bei der Kooperation im Bereich von Lokalredaktionen (z. B. in Kitzingen), sei es im Bezug von wesentlichen Inhalten für den Politikteil, den die Bamberger Redaktion aus Würzburg bezieht.

Die veränderten Nutzungsbedingungen und die strukturellen Umbrüche in der Verlagslandschaft werfen aus Sicht der Werbeplaner Fragen zur Notwendigkeit von Print-Werbung und sinnvollen Innovationen für die Werbewirtschaft auf (vgl. z. B. Noetting und Schramm 2014, S. 38 f.). Ohne diese Veränderungen wird der Anteil der regionalen Zeitungen an den Werbespendings auch weiterhin deutlich sinken (vgl. Karle 2013b, S. 55 f.). Von daher ist es nahe liegend, die strategischen Optionen für das regionale Anzeigenmarketing zu prüfen.

2 Veränderungen in der Printwirtschaft

Wie bereits erwähnt, verschieben sich die Anteile der Printmedien an den Werbespendings seit Jahren nachhaltig und relativ schnell, zugunsten von Online- und zunehmend auch Mobile-Media-Werbeformen. So verzeichnen nach einer Übersicht des Verbandes „Online-Vermarkterkreis" Online-Medien in 2012 einen Anteil von ca. 21,8 % an allen Werbeausgaben, gegenüber 19,6 % in 2011. Printmedien müssen in nur einem Jahr einen Rückgang von auf 32,7 % (2011) auf 30,4 % in 2012 hinnehmen (vgl. ovk 2013). Diese Entwicklung wird sich sicher in den nächsten Jahren nicht stoppen lassen, zumal die Mediennutzungsgewohnheiten insgesamt in Richtung digitale Medien zeigen. Eher stellt sich die Frage, inwieweit regionale Verlage durch neue Angebotsformen von dieser Entwicklung profitieren können. Und hierzu können gerade Zeitschriftenverlage wertvolle Impulse liefern.

Zeitschriftenverlage haben die Herausforderung der sich verschiebenden Mediennutzung und der damit wandernden Werbebudgets anders angenommen als Zeitungsverlage. Klassische Zeitschriftenverlage verschieben ihre Geschäftsaktivitäten flächendeckend in Richtung digitaler Geschäftsfelder (vgl. Lang 2014a, S. 16). Wer sich z. B. mit der Burda-Verlagsgruppe beschäftigt, sieht, dass diese 2012, bei einem Gesamtumsatz von ca. 2,5 Mrd. €, bereits mehr Erlöse in digitalen Geschäftsfeldern erzielt als im klassischen Print-Werbemarkt: 1,16 Mrd. € im digitalen Geschäftsfeld zu 645,65 Mio. € Umsatz im Printproduktgeschäft (vgl. Hubert Burda Media 2013) sprechen eine deutliche Sprache. Dafür sind nicht allein Handelsplattformen und Marktplätze wie Elitepartners, HolidayChecks oder das Business-Netzwerk xing verantwortlich, sondern auch eine sehr intelligente Kombination aus Marken-Zeitschriften und korrespondierenden digitalen Geschäftsfeldern. Rund um die Frauenzeitschrift „Lisa" wurde ein Freundeskreis geschaffen, der für Produktneuheiten aufgeschlossen ist, sich entsprechend über die Produkte informieren lässt und darüber dann auch digitale Anwenderberichte erstellt. Wenn z. B. ein Baustoffhersteller einen Innenverputz speziell für Heimwerkerinnen bewerben möchte, umfasst die Werbeleistung nicht nur klassische Printanzeigen oder Direktmarketing-Aktionen. Im Zentrum steht das Angebot an den Lisa-Freundeskreis, dass z. B. 150 Frauen das Produkt kostenfrei ausprobieren können, wenn sie dafür einen audiovisuellen Erfahrungsbericht von 1,30 bis 2 min. Länge abgeben. Auch wenn nur 80 % tatsächlich den erbetenen Erfahrungsbericht abgeben, so können durch Weiterempfehlung bzw. Liken auf den diversen sozialen Netzwerken Reichweiten im fünfstelligen Bereich generiert werden, mit einer hohen Kontakt- und Umsetzerqualität: Derartige Erfahrungsberichte werden kaum zum persönlichen Divertimento, aber meist als Anregung für eigene Tätigkeiten genutzt. Der glaubwürdige Werbewert ist folglich enorm.

Bei regionalen Zeitungsverlagen sieht man derartige Ansätze bisher nicht im vergleichbaren Umfang. Diese versuchen mit Anzeigenblättern („Info" der „Schwäbischen Zeitung"), Sonderpublikationen (Kulturzeitschrift „Tiepolo" der Mainpost, Freizeitmagazine „akzent" und „Seezunge" der „Schwäbischen Zeitung") aller Art und themenaffinen Informationsträgern (z. B. der B4B Mainfranken Crossmedia Werbeträger oder dem Handbuch „Architekten, Ingenieure & Handwerker" im Würzburger Mainpost-Verlag) gegenzuhalten. Ergänzt wird dies durch digitale Angebote wie z. B. eine Online-Ausgabe der „Mainpost" und „mainding" (im Falle der Mainpost), volksfreund.de („Trierischer Volksfreund") oder schwaebische.de und suedfinder.de (im Beispiel „Schwäbische Zeitung") sowie Regionalfunk („regio-tv", Radio7), die sich im Jahresablauf einer millionenfachen Nachfrage erfreuen, und Logistik-Dienstleistungen („Süd-Mail", Mainpost-Logistik).

Allerdings können diese Angebote, den oben referierten Zahlen nach zu schließen, kaum die Verluste im Kerngeschäft Tageszeitung aufhalten. So geht die Verlagsgruppe DuMont Schauberg („Kölner Express", „Kölner Stadt-Anzeiger", „Mitteldeutsche Zeitung", „Berliner Zeitung" etc.) davon aus, dass in der nächsten Zeit ein Umsatzminus von 10 % zu erwarten steht und demzufolge auch 10 % der Mitarbeiter freigesetzt werden müssen (vgl. Beucker und Krüger 2014, S. 60 ff.). Und sie steht damit nicht allein, auch wenn andere Verlage den Personalabbau diskreter abwickeln. Von daher stellt sich die Überlegung, welche Handlungsfelder sinnvoll für regionale Tageszeitungen sind.

3 Die Konkurrenzlage

Die nachhaltige Verschiebung vieler Werbeinhalte hin zu online-Werbeformen bringt völlig neue Werbeformen und Werbeanbieter auf den Plan. Neben den klassischen Pop-ups auf den Online-Seiten der klassischen Medienhäuser sieht man selbstverständlich „gesponserte Informationen" auf den ersten Rängen der bekannten Suchmaschinen ebenso wie Werbeeinblendungen bei den sozialen Netzwerken. Wer vorher bei Versandhäusern wie Klingel, Otto oder Zalando nach Schuhen gesucht hat oder bei einem großen Online-Buchhändler sich zu Fachbüchern im Bereich Personaldienstleistung orientieren wollte und anschließend in Facebook die neuesten Meldungen seiner Freunde checkt, sieht sich in einem kleinen Fenster plötzlich erneut mit den Produktvorschlägen aus dem Schuh- oder Buchhandel konfrontiert. Diese Werbeangebote sind oft von großen Anbietern mit Alleinstellung gesteuert, allen voran Google.

Und dies zeigt bildhaft die schwierige Konkurrenzlage der regionalen Tageszeitungen auf: Konnte man vor vierzig Jahren noch in den Wochenblättern die stärkste regionale Werbekonkurrenz erkennen (auf die viele Verlage mit der Gründung eigener Anzeigenblätter reagierten), und machte man noch vor dreißig Jahren in den privaten Lokal- bzw. Regionalradios den größten Konkurrenten aus (wobei am Ende auch hier oftmals die regionalen Zeitungshäuser dann Mitgesellschafter wurden), so wird man heute kaum noch den einen oder besonders relevanten Konkurrenten definieren können. Es sind nicht mehr viele Wettbewerber auf regionaler Ebene, sondern immer öfter wenige, scheinbar übermächtige Anbieter auf nationaler oder gar internationaler Ebene, die Werbebudgets abziehen und mithilfe ihrer umfassenden Datenmengen dem Werbekunden weitaus präzisere Werbeplatzierungen anzubieten vermögen. Die Werbespendings verschieben sich also nachhaltig und durchaus logisch nachvollziehbar zu Gunsten digitaler Werbemedien, und hier vor allem zugunsten einiger weniger, großer Mitspieler. Facebook, Google & Co. stellen damit eine übermächtige Konkurrenz dar, denen die regionalen Zeitungshäuser auf sich allein gestellt zunächst einmal nicht viel entgegen halten können, trotz ihrer verschiedenen Kooperationen wie OMS (einem zentralen Buchungsportal für verschiedene Tageszeitungen), „kalaydo.de" (einem Zusammenschluss u. a. der „Rheinischen Post", dem Kölner DuMont-Schauberg-Haus, und weiterer Gesellschafter) oder „Jobware.de".

Insgesamt nutzen aber regionale Zeitungshäuser die vorhandenen Kundendaten noch nicht optimal. Dies gilt insbesondere für die Daten, die durch die Nutzung ihrer Online-Angebote anfallen (vgl. Lang 2013, S. 14). Und gleichzeitig besitzen sie mit ihrer physischen Präsenz vor Ort sowie dem Bündel an Medienangeboten Wettbewerbsvorteile, die sie allem Anschein nach noch nicht optimal ausschöpfen. Neben der Bildung von Vermarktungsgemeinschaften wie das „Medienhaus Deutschland", einer Kooperation von acht Verlagsgruppen (siehe auch Lang 2014b, S. 13), sollten bestimmte Aktivitäten auf lokaler Ebene hier geprüft werden.

4 Entwicklungsperspektiven für ein regionales Zeitungshaus

„All Business is local" – dieser Gemeinplatz gewinnt auch in diesem Zusammenhang seine eigene Berechtigung. Innovative Werbeformen, die online gestützt sind, reflektieren auf die IP-Nummer des jeweiligen Rechners bzw. mobilen Endgerätes und organisieren regionalisierte Werbung – wer eine Buchhandlung in Würzburg in einer der gängigen Suchmaschinen recherchiert, wird andere Vorschläge bekommen, als jemand, der dies in Braunschweig unternimmt. Auch mobile Werbung scheint inzwischen aufgrund der hohen Verbreitung von Smartphones für viele Werbekunden und gleichermaßen für Endkunden eine wichtige Kontaktplattform für lokalisierte Werbung zu werden, zumal Apple mit iBeacon hierzu eine robuste Technologie bereit stellt (vgl. Janke 2014, S. 29).

Das Nachrichtenangebot wird durch Feedreader wie Flipboard stärker personalisiert (vgl. Weber 2014, S. 32) – es erscheint durchaus wahrscheinlich, dass der Medienkonsument die regionale Tageszeitung durch eine entsprechende mobile Anwendung ersetzt, die ihm lokale Nachrichten von einem regionalen Zeitungsverlag in Kombination mit dem Politikteil der „Süddeutschen Zeitung" und dem Feuilleton der „FAZ" bereit stellt – viele Inhaltsteile der regionalen Tageszeitung werden damit obsolet und damit auch die Aufmerksamkeit für die eigenen Werbeangebote.

Und gleichzeitig wird das Geschäft kleinteiliger. So müssen Zeitungshäuser mit Apps, mit umfassenden Angeboten wie Lettershop und abonnierbaren Kundenzeitschriften (siehe o. V. 2013ohl) verstärkt Kunden auf ihre Dienstleistungsangebote lenken. Statt relativ einfach realisierter Werbeanzeigen mit großflächigen Werbeanzeigen (die berühmten „Schweinbauchanzeigen" der Einzelhändler stehen hier stellvertretend) und Beilagen, die einen hohen Deckungsbeitrag in sich bargen, werden nunmehr kleinteilige Werbeinformationen in verschiedenen Medien bzw. Dienstleistungen gebucht. Der Werbekunde bucht nunmehr eine relativ kleine 100mm-2-Spalten-Anzeige in Verbindung mit einem Werbe-Mailing aus dem hauseigenen Lettershop oder online-Werbung. Vielleicht greift man auch noch auf die Call-Center-Angebote des Verlags oder die Erstellung eines Webcasts zurück, der dann auf der eigenen Website online gestellt wird. Damit ist trotz aller EDV-gestützten Verarbeitung ein relativ höherer Bearbeitungsaufwand (Gestaltung, Korrekturen u. ä.) verbunden.

Hinzu kommt: Die Grenzen sind hier allerdings enger gezogen als bei den bundesweit agierenden Medienunternehmen. Zwar kann man mit Vermarktungsgemeinschaften, wie z. B. dem OMS Online-Marketing-Service GmbH oder dem „Medienhaus Deutschland" (siehe auch Karle 2013a, S. 53), bundesweit agierenden Werbekunden, „ein Gesicht" anbieten. Einer weitergehenden Kooperation dürfte vermutlich derzeit noch das Kartellrecht entgegenstehen, und oft genug auch individuell entwickelte Lösungen.

Damit sind regionale Verlage letztendlich auf ihr Verbreitungsgebiet zurück geworfen, da sie die Bereitstellung von regional orientierten Angebotsbündeln auf verschiedenen Kontaktplattformen bedienen müssen. Konkret ist dies möglich durch:

- Übermittlung von gedruckten Informationen (in der Zeitung, Anzeigenblatt, Prospekten) über hauseigene Verteilnetze
- AV-Medien-Angebote, wie z. B. Werbe- und Imagefilme, zum Einstellen auf der eigenen Website ebenso wie zur Einbindung auf der Website des Verlags
- Gestaltung entsprechender Online- und Print-Produkte
- Call Center-Dienstleistungen

Viele Medienhäuser bieten deshalb bereits Communities of Interest an, um deren Themen herum Medien- und Werbeangebote organisiert werden (vgl. Fösken 2013a, S. 68 ff.). Diese im Moment bei den großen, bundesweit agierenden Verlagshäusern erkennbare Entwicklung bietet für regionale Zeitungshäuser interessante Ansätze, da sie sich letztendlich als eine „Community of local interest" verstehen können. Wie eine zukunftsorientierte Gestaltung aussehen kann, sieht man bei der „Osnabrücker Zeitung". Aufgrund von ausführlichen Milieustudien erkennt man die Themeninteressen der Leser sehr genau und bietet entsprechend der regionalen Verteilung bestimmter Milieus in Unterausgaben teilweise andere Inhalte an – entsprechend positiv ist die Auflagenentwicklung (vgl. Karle 2014, S. 42 f.). Diese Erkenntnisse über die Leserschaft lassen sich in spezifisch gestaltete Werbemaßnahmen umsetzen, womit die werbetreibende Wirtschaft nicht nur bei den Online-Giganten Google, Facebook & Co präzise Kundenansprache erhält, sondern auch beim lokalen Zeitungsverlag.

Die Konsequenz lässt sich anhand von zwei Anwendungsbeispielen illustrieren
Fallbeispiel 1
Zeitungsverlage generieren auf Online-Seiten (und die damit verbundene Werbung) Traffic, wie dies durch Partybilder etc. inzwischen Alltagsgeschäft ist, bei dem über die Zielgruppen der Events auch Rückschlüsse auf die Zielgruppen der Nutzer des Online-Angebotes möglich sind.

Fallbeispiel 2
Das Angebot einer „Kommunikations-Problemlösung" – wenn Marketing die Lösung von Problemen ist, ist Anzeigen-Marketing die Lösung von Problemen in der Kundenkommunikation.
    Zum zweiten Fallbeispiel kann auf einen aktuellen Fall verwiesen werden. Im Zeichen des Kommunalwahlkampfs in Bayern bieten die Verlage vielfach an:

- Anzeigen
- Gestaltung und Druck von Verteilmaterial aller Art
- Briefversand, mit hauseigenem Lettershop

- Mailversand nach vorgegebener oder zugelieferter E-Mail-Adressdatenbank
- Imagefilm
- Berichterstattung im regionalen Radioprogramm

Die entsprechenden Wahlgruppierungen und Kandidaten wenden hierfür oft fünfstellige, in Einzelfällen sogar sechsstellige Summen auf. Wer zunehmende Abhängigkeit von solchen Werbekunden befürchtet, dem kann aus eigener Anschauung versichert werden, dass gerade solche Werbekunden von den Redaktionsmitgliedern besonders kritisch verfolgt werden. Die Unabhängigkeit der Berichterstattung scheint also nicht gefährdet zu sein.

Analog setzen Handelsunternehmen inzwischen auf vollständige Kommunikationskonzepte, bei denen z. B. die „Mittelbayerische Medienfabrik" der Mittelbayerischen Zeitung in Regensburg für ALDI Süd in der Vorweihnachtszeit eine Backaktion plant und durchführt (vgl. Fösken 2013b, S. 86 ff.), mit den Elementen:

- Einkauf der Waren allein in den Filialen des Händlers
- Durchführung der Aktion
- Nachbereitung, z. B. in Form eines „MZ-Backbuchs"

Auch hier ergibt sich allem Anschein nach ein einträglicher Erfolg.

Regionales Online-Marketing ist dabei Chance und Herausforderung zugleich. Chance, weil sich hier erhebliche Umsatzpotentiale bieten. Herausforderung, weil sich regionale Zeitungsverlage in Konkurrenz mit vielen anderen Wettbewerbern befinden, z. B. mit Agenturen und spezialisierten Dienstleistern. Der Endpunkt dieser Entwicklung wird vermutlich das Leitbild „regionale Kommunikationsagentur" sein – überspitzt formuliert das Zeitungshaus als Marketingagentur mit angeschlossener Informationsabteilung. Ob man diese Entwicklung befürwortet oder eher ablehnen wird, steht auf einem anderen Blatt. Es dürfte letztendlich die Frage nach dem Überleben der regionalen Zeitungshäuser sein, die dahinter steht.

Literatur

ARD Werbung Sales & Services GmbH. (2013). Media-Perspektiven Basisdaten 2013. Frankfurt a. M.

Beucker, P., & Krüger, A. (2014). Die 12. Generation. *journalist, 1*(2014), 60–66 (Remagen-Rolandseck).

Fösken, S. (2013a). Story Advertising für die Werbeindustrie. *Absatzwirtschaft, 56*(9), 68–71 (Düsseldorf).

Fösken, S. (2013b). Regionale Werbung blüht jetzt richtig auf. *Absatzwirtschaft, 56,* 86–89 (Sonderausgabe Marken 2013, Düsseldorf).

Hillebrecht, S. (2009). *Marketing für Presseverlage* (2. Aufl.). Münster: LIT.

Hubert Burda Media. (2013). Geschäftszahlen 2012. www.hubert-burda-media.de/unternehmen/geschäftszahlen/. Zugegriffen: 23. Feb. 2014.

Janke, K. (6. Februar 2014a). Alle lieben Fernsehen. *Horizont, 6,* 38 (Frankfurt a. M.).

Janke, K. (20. Februar 2014b). Gruß vom Händler nebenan. *Horizont, 8,* 29 (Frankfurt a. M.).
Karle, R. (2013a). Die Alliierten sind einsatzbereit. *Absatzwirtschaft, 3*(2013), 52–53 (Düsseldorf).
Karle, R. (2013b). Der Mix macht's. *Absatzwirtschaft, 7–8*(2013), 54–57 (Düsseldorf).
Karle, R. (2014). Flüchtige Gewissheiten. *Absatzwirtschaft, 1–2*(2014), 42–45 (Düsseldorf).
Lang, K. (12. Dezember 2013). Von Google lernen. *Horizont, 50,* 14 (Frankfurt a. M.).
Lang, K. (30. Januar 2014a). Entwertung von Print. *Horizont, 5*,16 (Frankfurt a. M.).
Lang, K. (13. Februar 2014b). Mit langem Atem. *Horizont, 7,* 13 (Frankfurt a. M.).
Nötting, T., & Schramm, B. (17. Februar 2014). „Bereinigung notwendig". *werben & verkaufen, 8,* 38–39 (München).
o. V. (2013ohl). Vom Lettershop zum Crossmedia-Dienstleister. *dnv der neue vertrieb, 65*(18), 44–46 (Hamburg).
o. V. (2013ovk). Über ein Fünftel des Bruttowerbekuches entfällt auf Online-Werbung. www.ovk.de/ofk/ovk-de/online-werbung/daten-fakten/werbeinvestitionen-nach- medium.html. Zugegriffen: 21. Feb. 2014.
Pasquay, A. (2013). Zur wirtschaftlichen Lage der Zeitungen in Deutschland 2013. www.bdzv.de/markttrends-und-daten/wirtschaftliche-lage/artikel/detail/zur_wirtschaftlichen_lage_der_zeitungen_in_deutschland_2013/. 20. Feb. 2014 (Berlin).
Schickler. (Hrsg.). (2013). Regionale Werbemärkte – Quo vadis? Als Studie im Juni 2013 veröffentlicht. www.schickler.de/expertise/studien/2013-06-13-Regionale-Werbemaerkte-Unternehmensberatung.html. Hamburg.
Weber, S. (20. Februar 2014). Wie für mich gemacht. *Horizont, 8,* 32 (Frankfurt a. M.).

Prof. Dr. Steffen Hillebrecht Dipl.-Kfm. Stud. Ass. Professor für Medienmanagement, insbesondere Projektmanagement, Hochschule Würzburg-Schweinfurt, Fakultät Wirtschaftswissenschaften.

Rechtliche Dimension des Journalismus: Redaktionelle Verantwortung und User Generated Content

Prof. Dr. Stefan Ernst

Inhaltsverzeichnis

1	Der Einsatz von User Generated Content	112
2	Klassische Verantwortlichkeit von Medienunternehmen für Fremdinhalte	112
3	Mögliche (urheber)rechtliche Probleme	113
	3.1 Das Einbinden von Fremdinhalten (insbesondere fremde Fotos)	113
	3.2 Textplagiate	114
	3.3 Abbildung fremder Werke	114
	3.4 Verbotene Inhalte	114
4	Mögliche Persönlichkeitsrechtsverletzungen u. ä.	115
	4.1 Vorsätzliche Beeinträchtigungen fremder Rechte	115
	4.2 Verfälschte und verfälschende Bilder	115
	4.3 Mangelhafte Recherche	116
	4.4 Hyperlinks im User Generated Content	116
	4.5 Finanzielle und psychologische Folgen für die Betroffenen	116
5	Reichweite der Verantwortlichkeit und Schutz durch Nutzungsbedingungen?	117
	5.1 Täter oder Verbreiter?	117
	5.2 Nutzungsbedingungen gegen Haftung?	118
	5.3 Einräumung von Zweitverwertungsrechten?	118
	5.4 Auskunftsansprüche von Betroffenen und Behörden?	118
6	Fazit	119
	Literatur	119

Prof. Dr. Stefan Ernst (✉)
Kanzlei für Wirtschafts- und Medienrecht, Friedrichstr. 47, 79098 Freiburg i. Br., Deutschland
E-Mail: info@kanzlei-ernst.de

© Springer Fachmedien Wiesbaden 2015
T. Breyer-Mayländer (Hrsg.), *Vom Zeitungsverlag zum Medienhaus*,
DOI 10.1007/978-3-658-04100-7_10

> **Zusammenfassung**
>
> Journalismus wandelt sich durch die Einbeziehung von User Generated Content. Dies hat nicht nur publizistische Folgen, sondern führt auch zu Problemen im Bereich der medienrechtlichen Verantwortung für die so publizierten Inhalte. Vor allem urheber- und persönlichkeitsrechtlichen Fragen sind für neue digitale Produkte zu prüfen. Insgesamt zeigt sich auch aus rechtlicher Sicht, dass eine Kombination unter Einbeziehung klassischer journalistischer Strukturen hilfreich ist, während rein von anonymen Nutzern gestaltete Produkte erhebliche Risiken bergen.

1 Der Einsatz von User Generated Content

Die Verwendung von nutzergenerierten Inhalten auf den Webseiten (auch) von Unternehmen der Medienbranche ist mittlerweile weit verbreitet. Während sich in den herkömmlichen Medien die Beiträge der Konsumenten in der Regel auf abgedruckte Leserbriefe beschränkten, lässt der Online-Bereich mangels Platzbeschränkung weit mehr und vielfältigere Beteiligungsmöglichkeiten zu. Neben der den Leserbriefen ähnlichen Möglichkeit zur Kommentierung von vorhandenen Beiträgen umfasst der Begriff User Generated Content grundsätzlich alle Inhalte (Texte, Fotos etc.), die nicht vom Websitebetreiber selbst stammen, sondern die von Seiten des Nutzerkreises beigesteuert werden. Die aktive Beteiligung der Nutzer führt dabei zu einer stärkeren Leserbindung. Gleichzeitig nimmt der Umfang (und wohl auch die Attraktivität) des eigenen Angebots zu. Da diese Beiträge normalerweise kostenfrei beigebracht werden, ist der Betrieb von Portalen, deren Inhalte (nahezu) vollständig nutzergeneriert sind, in einigen Bereichen zu einem eigenen Geschäftsmodell geworden (z. B. Blogs und Diskussionsforen, Bewertungsportale, Video- und Fotoplattformen, Online-Lexika). Auch sind erste Versuche zu beobachten, Online-Zeitungsformate aufzusetzen, die ihre Inhalte vollständig ohne Autorenhonorare generieren wollen. Die Zahl der Plattformen, die einen finanziellen Anreiz für User Generated Content bieten, ist vergleichsweise gering, ebenso wie die hier fließenden Beträge. Soweit sich die Beiträge der Nutzer auf Einzelhandlungen ohne eigenen Inhalt beschränken (Tell-a-friend, Like etc.), wird dies ungeachtet der damit verbundenen rechtlichen Fragen vorliegend nicht behandelt, da solche Sachverhalte nicht mehr als User Generated Content zu bezeichnen sind.

2 Klassische Verantwortlichkeit von Medienunternehmen für Fremdinhalte

Die rechtlichen Fragen, insbesondere in Bezug auf die Haftung für publizierte Inhalte, sind vielfältig. Es steht außer Frage, dass ein Medienunternehmen stets verantwortlich ist für eigene Inhalte sowie für solche, die es sich zu eigen macht. Eine Haftung steht dabei sowohl für eventuelle Urheberrechtsverletzungen (insbesondere bei Fotos und Textplagiaten) im Raume als auch insbesondere für Persönlichkeitsrechtsverletzungen, etwa durch inhaltlich falsche Tatsachenbehauptungen. Aber auch bei ausdrücklich als Fremdinhalte gekennzeichneten Texten (Leserbriefe, Interviews, Zitate) sind die Medien als Verbreiter keineswegs von jeder Haftung frei, was abhängig vom konkreten Inhalt selbst dann gelten kann, wenn sich wie üblich redaktionelle Hinweise darauf finden, dass etwa Leserbriefe nicht die Meinung der Redaktion oder des Verlags wiedergeben.

Ein wesentlicher Unterschied zum User Generated Content besteht allerdings darin, dass derartige Inhalte vor einer Publikation von der Redaktion zumindest gesichtet werden und der Absender in der Regel nicht anonym sein wird. Die Beteiligung an Online-Diskussionen auf den Websites von Medienunternehmen ist jedoch im Normalfall auch unter Pseudonym möglich, was – de facto – selbst dann gilt, wenn die Angabe eines Klarnamens verlangt wird. Dies führt dazu, dass dem Verletzten als Ansprechpartner und Adressat möglicher rechtlicher Kompensationsansprüche ausschließlich der Websitebetreiber, bzw. die verantwortliche Redaktion zur Verfügung stehen. Ferner wird bei Online-Foren der vom User erstellte Content in der Regel sofort online gestellt, ohne dass eine vorherige Sichtung oder gar Kontrolle durch Mitarbeiter des Websitebetreibers durchgeführt würde. Letzteres führt dazu, dass eine Kontrolle auf Sachlichkeit oder gar Plausibilität der Beiträge nicht stattfinden kann, bevor diese online gehen.

3 Mögliche (urheber)rechtliche Probleme

Die Einbindung von kostenfreien, nutzergenerierten Texten sowie von eingesandten Bildern und Videos ins eigene Online-Angebot ist attraktiv, birgt allerdings auch einige rechtliche Risiken. Mögliche Problemfelder (insbesondere aus dem Urheberrechtsbereich) sind etwa die nachfolgend genannten Sachverhalte, bei denen zu beachten ist, dass das Recht des geistigen Eigentums keinen gutgläubigen Erwerb von Rechten kennt. Fehlt dem Einsender das Recht zur Publikation eines Bildes, kann ein solches auch nicht bei einem insoweit gutgläubigen Verlag entstehen. Beweisbelastet ist insofern die das Foto online stellende Seite.

3.1 Das Einbinden von Fremdinhalten (insbesondere fremde Fotos)

Auch Websites von Medienunternehmen bieten in mittlerweile nicht unerheblicher Zahl ihren „Leserreportern" die Möglichkeit, z. B. (selbst geschossene) Fotos einzustellen, die aktuelle Ereignisse zeigen oder auch Klatschinteressen bedienen können. Insbesondere wenn dies mit dem Anreiz einer Prämie verbunden ist, mag manch ein Nutzer verführt sein, in Ermangelung eigener Schnappschüsse auch Fremdmaterial einzustellen. Hierzu ist zu beachten, dass das Urheberrechtsgesetz gerade bei Fotos keinerlei Kreativität (Schöpfungshöhe) voraussetzt, sondern jedes noch so banale Bild einem Ausschließlichkeitsrecht des Fotografen unterliegt. Dies gilt im Übrigen auch für Standbilder aus Filmen.

Das öffentliche Zugänglichmachen solcher Fotos ohne Einwilligung des Rechteinhabers ist daher stets urheberrechtswidrig.

Das Einstellen von Fotos, auf denen andere Menschen bildnismäßig dargestellt sind, kann Persönlichkeitsrechte der Abgebildeten verletzen, deren zugrunde liegende Rechtsnorm das im Kunsturheberrechtsgesetz normierte Recht am eigenen Bild ist. Schon die Anwendbarkeit dieser Norm ist nicht immer eindeutig zu beurteilen. Hinzu tritt die Problematik, dass die Auslegungsfragen über die im Rahmen dieses Gesetzes bestehenden Ausnahmen ebenfalls schon unter Fachleuten umstritten sind und kaum von „Leserreportern" verlässlich entschieden werden können.

3.2 Textplagiate

Zur Arbeitserleichterung mag auch mancher „Leserreporter" oder Kommentator fremder Texte verführt sein, fremde Vorarbeiten zu seinem Thema zumindest in Teilen zu übernehmen. Da aber die Gerichte die Schutzfähigkeit von Sprachwerken im Rahmen der so genannten „kleinen Münze" des Urheberrechts bereits recht (und nicht selten allzu) niedrig ansetzen, wird in solchen Fällen oftmals keine freie Benutzung, sondern vielmehr eine urheberrechtswidrige Bearbeitung des vorbestehenden Werks vorliegen. Auch die Reichweite des urheberrechtlichen Zitatrechts kann von den schreibenden Nutzern durchaus verkannt werden, wenn im Rahmen von Diskussionen fremde Texte übernommen werden.

3.3 Abbildung fremder Werke

Das Urheberrechtsgesetz gestattet zur Berichterstattung über Tagesereignisse ausnahmsweise die Wiedergabe von Werken, wobei aber darauf zu achten ist, dass diese Ausnahme etwa nicht die Einbindung dieser in ein Online-Zeitungsarchiv einschließt. Inwieweit diese Urheberrechtsschranke auch auf „Leserreporter" anzuwenden ist, wäre dabei noch zu klären.

3.4 Verbotene Inhalte

Das Abbilden bestimmter Inhalte auf eingestellten Fotos oder auch das Erfüllen bestimmter Tatbestände im eingesandten Text (z. B. Aufforderung oder Anleiten zu bestimmten Straftaten, gewaltverherrlichende Inhalte, Bekenntnisbeschimpfung, verbotene Symbole, jugendgefährdende Inhalte) sind, ebenso wie der in gleicher Weise mögliche Eingriff in fremde Rechte (Verletzung des persönlichen Lebens- und Geheimbereichs, Offenlegung von Unternehmens- oder Staatsgeheimnissen), ebenfalls nicht zu vernachlässigende Fallgestaltungen, die in der Praxis erhebliche rechtliche Folgewirkungen haben können.

4 Mögliche Persönlichkeitsrechtsverletzungen u. ä.

Journalisten sind aus gutem Grunde zur Objektivität verpflichtet. Sie ist die Basis der grundgesetzlich gesicherten Medienfreiheiten. Die den Medien obliegenden Sorgfaltspflichten sind an diversen Stellen in Presse-, Rundfunk- und Mediengesetzen kodifiziert. Für die Nutzer gilt dies nicht. Leserbriefe und Kommentare zu Artikeln unterfallen diesen Regelungen nicht. Anderes mag aber gelten, wenn die Beiträge der Nutzer die Eigenleistung des Verlages ersetzen und als eigene Beiträge aufgemacht werden. In diesem Falle werden die allgemeinen medienrechtlichen Regeln vollumfänglich auch auf diese anzuwenden sein.

4.1 Vorsätzliche Beeinträchtigungen fremder Rechte

Nicht jeder, der etwas postet, ist ein Journalist. Im Gegenteil mag sich gerade der politische, religiöse oder quasi-religiöse (etwa in weltanschaulichen, gesellschaftspolitischen oder sogar medizinischen Fragen) Eiferer besonders zu Äußerungen im Rahmen von Diskussionsforen oder Kommentarfunktionen berufen fühlen. Die Tatsache, dass derartige Äußerungen in der Regel anonym resp. unter Pseudonym möglich sind, mag auch die Verfolgung persönlicher Interessen bei der Beitragsgestaltung bis hin zur Verleumdung, Rufschädigung oder Beleidigung anderer befördern. Während die Eiferer es womöglich noch gut gemeint haben, kann davon bei letzteren nicht mehr die Rede sein.

Auch das anonyme Einstellen von Geheimnissen (Whistleblowing) mag hier erwähnt werden, dessen rechtliche Beurteilung stets einzelfallbezogen erfolgen muss und von vielen Aspekten (insbesondere der Art des Geheimnisses und den Folgen der Veröffentlichung) abhängig ist. Auf der anderen Seite mag ein Unternehmen auf diese Weise – wie insbesondere auf Bewertungsportalen nicht selten praktiziert – eine Art von Schleichwerbung praktizieren, indem die Websites von Zeitungen mit PR-Material oder der Herabsetzung von Mitbewerbern gefüttert werden, was lauterkeitsrechtliche Folgen zeitigen kann.

4.2 Verfälschte und verfälschende Bilder

Obgleich dank der technischen Möglichkeiten moderner Software fotografische Aufnahmen ohne großen Aufwand verändert werden können, genießen Bilder immer noch einen besonders hohen Glaubwürdigkeitsstatus. Sie vertiefen den Eindruck einer Meldung und dienen als Beleg. Oftmals gilt sogar „ohne Foto keine Nachricht", weshalb bei fehlender Illustrationsmöglichkeit zuweilen auf eine Meldung ganz verzichtet wird. Events, deren „Bedeutung" allein auf Nacktheit beruht (Flitzer, Femen etc.), werden daher entweder nur an Orten mit Pressepräsenz veranstaltet oder aber es werden Journalisten (mit Bedarf an entsprechenden Inhalten) vorab von der „Aktion" informiert. Die Grenzen zur selbst gemachten Nachricht verschwimmen in solchen Fällen. Aber auch die Auswahl von Objektiv, Perspektive oder Bildausschnitt kann bereits geeignet sein, die Aussage eines Bildes sogar ohne technische Manipulation entscheidend zu verändern. Presserechtlich noch problematischer sind das Verändern vorhandener Fotos oder die künstliche Illustration durch das Nachstellen einer Szene. Derartige Inhalte fallen als bewusst unrichtige Meldungen nicht einmal mehr in den Schutzbereich der grundgesetzlichen Medienfreiheit.

4.3 Mangelhafte Recherche

Gerade der Laie ohne journalistische Ausbildung ist sich der Folgen seines Handelns oftmals gar nicht bewusst. Die häufig erforderliche Abwägung zwischen dem Persönlichkeitsrecht des Betroffenen und einem etwaigen Informationsinteresse der Öffentlichkeit sowie seiner eigenen Meinungsfreiheit wird ein solcher Autor kaum vornehmen. Er wäre dazu auch kaum in der Lage. Gleiches gilt für die ordentliche Anwendung der presserechtlichen Grundsätze zur Verdachtsberichterstattung (Vorhandensein eines Mindestmaßes an Beweistatsachen, die für die Richtigkeit des Verdachts sprechen und hinreichend sorgfältige Recherchen seitens des Äußernden), die sowohl in Bezug auf Straftaten als auch hinsichtlich sonstiger Verhaltensweisen gelten, die mit einem sozialen oder moralischen Unwerturteil verknüpft werden können. Das ungeprüfte Übernehmen einer „Information", die irgendwo im Internet zu finden ist, dass Für-wahr-Nehmen von als Fakten getarnten Mutmaßungen oder auch die vermeintliche Recherche durch Inaugenscheinnahme diverser dependenter „Quellen" führen häufig zu juristisch angreifbaren Äußerungen im Rahmen von User Generated Content.

4.4 Hyperlinks im User Generated Content

Wird im Rahmen von User Generated Content das Setzen von Hyperlinks ermöglicht und gestattet, birgt dies weitere rechtliche Risiken, denen auch nicht allein mit dem ebenso üblichen wie überflüssigen Hinweis auf ein insoweit nicht einschlägiges Urteil des Landgerichts Hamburg aus dem Jahr 1998 begegnet werden kann.

4.5 Finanzielle und psychologische Folgen für die Betroffenen

Neben den Unterlassungsansprüchen aufgrund von Verstößen gegen Urheber-, Medien-, Persönlichkeits-, Wettbewerbs- und allgemeinen Strafgesetze sind besondere rechtliche Kompensationsansprüche (Schadenersatz) zu prüfen, weil diese summenmäßig wesentlich größere Bedeutung haben können. Man bedenke die Lage des von einem Rechtsverstoß eines Nutzers Betroffenen. So mag eine fahrlässige oder vorsätzliche Falschdarstellung eines Inhalts die Ursache für einen im Internet zu trauriger Popularität gelangten

„Sturm aus Unflat" werden, der psychologische wie finanzielle Folgen nach sich zieht. Ein Unternehmen kann einen durch Falschbehauptungen provozierten Börsenkurs- oder Umsatzeinbruch erleiden oder eine Privatperson einen durch falsche Ratschläge bedingten Schaden. Da der Autor der jeweiligen Beiträge in den meisten Fällen kaum zu ermitteln sein wird, mag der Betroffene sich gehalten fühlen, sich beim mutmaßlichen Verbreiter schadlos zu halten.

5 Reichweite der Verantwortlichkeit und Schutz durch Nutzungsbedingungen?

5.1 Täter oder Verbreiter?

Eine entscheidende Frage für die Reichweite von Ansprüchen gegen den Websitebetreiber liegt in der Beurteilung, ob in Bezug auf einen rechtswidrigen Inhalt eine Täter- oder Teilnehmerhaftung anzunehmen ist oder ob es sich bei diesem allenfalls um einen Verbreiter oder Störer handelt. Als Letzterer kommt in Betracht, wer eine Handlung zwar nicht selbst als Täter begangen oder als Teilnehmer (Anstiftung/Beihilfe) unterstützt hat, aber gleichwohl an ihr essentiell beteiligt ist. Zum Täter kann im Äußerungsrecht auch jemand werden, der sich etwa einen Inhalt zu eigen macht, ihn letztlich also (geprüft oder ungeprüft) als eigenen übernimmt. Die Täter- und Teilnehmerhaftung geht dabei wesentlich weiter, denn sie richtet sich nicht nur auf Unterlassung, sondern vor allem auf Schadenersatz, so dass im Einzelfall, auf den es letztlich immer ankommt, sehr genau zu prüfen ist, welche Einordnung vorzunehmen ist. Bei der Störer- und Verbreiterhaftung besteht hingegen oftmals allein ein Unterlassungsanspruch, der dazu führt, dass nach Art eines Notice-and-take-down-Verfahrens eine Handlungspflicht von dem Moment an anzunehmen ist, in dem der Adressat vom Sachverhalt erfährt. Im Bereich des User Generated Content mag man zunächst darauf abstellen, ob das Medienunternehmen die einzelnen Beiträge vor Einstellung ins Netz inhaltlich zur Kenntnis nimmt. Ist dies nicht der Fall, wird man bei gewöhnlichen Kommentaren u. ä. kaum von einer Täterhaftung ausgehen können. Anders sieht es aber womöglich dann aus, wenn das Geschäftsmodell der konkreten Website tatsächlich eine Art Laienjournalismus ist, bei dem die Artikel komplett von den Nutzern verfasst werden können. Hier wird sich der impressumspflichtige Anbieter, der an dieser Stelle auch einen verantwortlichen Redakteur zu benennen hat, nur in Ausnahmefällen aus seiner Rolle befreien können. Insbesondere dann, wenn der Websitebetreiber auf eine Rechtsverletzung hingewiesen wurde, wird er nicht nur die konkreten Inhalte unverzüglich sperren müssen, sondern darüber hinaus wohl auch Vorsorge zu treffen haben, dass es möglichst nicht zu weiteren gleichartigen Verstößen kommen kann. Welche Maßnahmen konkret zu treffen sein können (z. B. Sperrung von Nutzern, Vorabkontrolle von Foren oder Einsatz von Filtersoftware), ist eine Einzelfallfrage.

5.2 Nutzungsbedingungen gegen Haftung?

Freilich wird sich der Anbieter hinsichtlich der Inhalte von User Generated Content stets so weit als möglich von einer Haftung befreien wollen. Entsprechende Klauseln in den Nutzungsbedingungen der Website werden aber in der Regel kaum eine solche Wirkung erzielen können. Sie haben allenfalls Warnfunktion gegenüber den einzelnen Autoren dahingehend, dass sich der Websitebetreiber im Falle einer (erfolgreichen) Inanspruchnahme durch einen von rechtswidrigen Inhalten Betroffenen beim eigentlichen Autor schadlos halten kann. Falls und soweit der Geschädigte einen eigenen Anspruch gegen das Medienunternehmen besitzt, kann er diesen gleichwohl durchsetzen, so dass das Risiko von Erreichbarkeit und Insolvenz des eigentlichen Täters oft beim Anbieter liegen wird.

5.3 Einräumung von Zweitverwertungsrechten?

Angesprochen sei noch die Frage, inwieweit sich der Websitebetreiber die Rechte der Nutzer, die ihre Inhalte einstellen, einräumen lassen kann. Voraussetzung wäre zunächst eine ausdrückliche Regelung in den Nutzungsbedingungen, die darauf hinweist, dass der Nutzer mehr als nur das Recht zur Vorhaltung der Daten im Rahmen der konkret bekannten Website einräumen solle. Allerdings ist sogleich darauf hinzuweisen, dass eine derartige Regelung erheblichen Bedenken hinsichtlich ihrer Wirksamkeit begegnet. Dies gründet darin, dass auch solche Rechtseinräumungsklauseln einer Inhaltskontrolle als Allgemeine Geschäftsbedingungen unterliegen. Da das Urheberrechtsgesetz normalerweise vom Prinzip der Zweckübertragung ausgeht, wird eine weitergehende Rechtseinräumung auf diese Weise kaum möglich sein. Zumindest bei honorarfreiem Nutzer-Content wird das Recht zu einer weiteren Eigennutzung durch das Medienunternehmen kaum über vorformulierte Klauseln erlangt werden können.

5.4 Auskunftsansprüche von Betroffenen und Behörden?

Während zivilrechtliche Auskunftsansprüche allenfalls in oft langwierigen, gerichtlichen Verfahren zwangsweise durchgesetzt werden können, sieht dies im strafrechtlichen Ermittlungsverfahren anders aus. Zeugen sind zur Aussage verpflichtet und ein Grund zur Verweigerung der Aussage liegt nur in seltenen Fällen vor. Einer dieser Fälle ist allerdings das Zeugnisverweigerungsrecht für Medienmitarbeiter, das als Teil der Medienfreiheit dem Quellenschutz dient. Grund und Grundlage ist der Schutz des Vertrauensverhältnisses zwischen Presse und ihren Informanten. Schutzgut ist die Institution Presse und ihre Tätigkeit als solche; kein Schutzgut sind hingegen die Interessen der Verfasser, Einsender und Informanten selbst. Der Journalist, der die Informationen Dritter zur Grundlage seiner Artikel macht, muss deren Identität grundsätzlich nicht preisgeben. Stattdessen haftet er für den Inhalt seines Beitrags. Wenn aber User Generated Content unrecherchiert ins Netz gestellt wird, besteht kein Grund, die Identität des Autors einem besonderen presserechtlichen Schutz zu unterwerfen. Der technische Vermittler hat die Artikel nicht geschrieben – und oft nicht einmal gelesen (wobei dieser Einwand eine eigene Verantwortlichkeit qua Kenntnis begründen könnte). Ob Beiträge nach einer möglichen Beschwerde des Betroffenen gelöscht werden, ändert an dieser Einordnung nichts. Das Medienunternehmen muss letztlich entweder eine eigene Verantwortung für den Beitrag übernehmen oder aber in Kauf nehmen, dass bei strafbarem Inhalt eine Auskunftspflicht darüber besteht, wer wohl hinter dem Inhalt stehen mag. Auch hier gilt, dass die praktische Wirkung von Nutzungsbedingungen, etwa des Inhalts, dass der Anbieter seinen Autoren Quellenschutz zusichert, in solchen Fällen sehr begrenzt ist.

6 Fazit

Auch aus juristischer Sicht gilt: Selbst wenn sich Erlös- und sogar Geschäftsmodelle ändern, auch wenn der durch die eilige Online-Rezeption (und die technischen Möglichkeiten) erzeugte Aktualitätsdruck die Online-Darstellung der überregionalen und regionalen Zeitungen beeinflusst, so benötigt die Medienlandschaft der Welt weiterhin vor allem guten Qualitäts-Journalismus, der sich in erster Linie im professionell gestalteten (Print-) Produkt findet. Dass das Internet die besseren Suchmöglichkeiten bietet, ändert daran nichts. Journalistische Qualität ist eine Leistung, die in erster Linie von Organisationen erbracht wird. Für gute Texte, die Teil dieser Leistung sind, braucht man gute Autoren, die nicht allein klickorientierten und hektischen, digitalen Echtzeit-Journalismus betreiben, sondern ihre Recherche abschließen, bevor sie „online" gehen. User Generated Content ist eine interessante Ergänzung, die vor allem der Kundenbindung, aber auch der Selbstüberprüfung der konkret schreibenden Journalisten dienen kann. Die oben aufgezeigten rechtlichen Risiken zeigen allerdings, dass von Geschäftsmodellen, die allein auf „Crowdsourcing" und massenhafter Beteiligung anonymer Autoren beruhen, aus verschiedenen Gründen abzuraten ist. Und dort, wo User Generated Content als Ergänzung beigebracht wird, sollten die rechtlichen Rahmenbedingungen durch entsprechende Klauselwerke zu Gunsten des anbietenden Verlags sorgfältig geregelt werden, was umso nötiger ist, als dieser Bereich mangels einschlägiger höchstrichterlicher Rechtsprechung von endgültiger Rechtssicherheit noch weit entfernt ist.

Literatur

Ernst, S. (2011). Juristische Aspekte verfälschender und verfälschte Bildberichterstattung. In R. Grünewald, R. Güldenzopf, & M. Piepenschneider (Hrsg.), *Politische Kommunikation* (S. 103–115) Münster: LIT.
Ernst, S. (2013). Journalismus im Internet – Zeugnisverweigerung beim Bewertungsportal. *Computer und Recht, 29*(5), 318–324.
Fargahi, N. (24. Januar 2014). Wikipedia wird zur Werbeplattform. *nzz.ch*.

Lauber-Rönsberg, A. (2014). Rechtsdurchsetzung bei Persönlichkeitsrechtsverletzungen im Internet. *MMR, 10,* 10–14.
Schulz, S. (17. August 2013). Die Odyssee der Online-Onkels. *F.A.Z.,* 38).
Spindler, G. (2011). Präzisierungen der Störerhaftung im Internet. *Gewerblicher Rechtsschutz und Urheberrecht Internationaler Teil,* 101–108.
Spindler, G. (2012). Störerhaftung des Providers bei Persönlichkeitsrechtsverletzungen. *Computer und Recht, 28*(3), 176–178.

Prof. Dr. Stefan Ernst ist Rechtsanwalt in Freiburg im Breisgau. Er ist vornehmlich im Wettbewerbs-, Marken-, Urheber- und Computerrecht tätig. Neben seiner Praxis lehrt er Medienrecht an der Hochschule Offenburg und ist Autor zahlreicher Fachpublikationen. Kanzlei Ernst, Friedrichstr. 47, 79098 Freiburg.

Teil II
Best Practice: Produkte, Geschäftsmodelle auf dem Prüfstand

BILD – Vermarktung einer starken Medienmarke

Peter Ludwig Müller

Inhaltsverzeichnis

1 B2B-Marketing bei BILD 123
    1.1 Der Markenkern BILD 124
    1.2 Der redaktionelle Markenkern 124
    1.3 Der Markenkern des Werbeträgers BILD 125
2 Marketingkonzepte für BILD 126
3 Ausblick 128
Literatur 128

Zusammenfassung

Die Stärke der Marke BILD als redaktionelle Marke mit einem klaren Profil und prägnanten Eigenschaften (beispielsweise bei Personalisierung und Unterhaltung) liefert die Basis für eine Positionierung als wirkungsvolle, abverkaufsorientierte Medienmarke im B2B-Geschäft. Gerade bei der Vermarktung der unterschiedlichen Werbeträger der BILD-Gruppe spielt die einheitliche Markenwahrnehmung eine zentrale Rolle.

1 B2B-Marketing bei BILD

Der nachfolgende Beitrag beinhaltet eine aktuelle Analyse des B2B-Marketing und der Vermarktung der Medien der BILD-Gruppe, bestehend aus der BILD Zeitung, der BILD am SONNTAG sowie der digitalen Kanäle der Marke.

Peter Ludwig Müller (✉)
Axel Springer Media Impact GmbH & Co. KG,
Axel-Springer-Str. 65, 10888 Berlin, Deutschland
E-Mail: peterludwig.mueller@axelspringer.de

1.1 Der Markenkern BILD

Für die Betrachtung der Werbevermarktung ist es zuallererst erforderlich, sich mit dem Markenkern sowie den wesentlichen Merkmalen, insbesondere den Alleinstellungsmerkmalen der Medienmarke BILD zu beschäftigen, denn daraus leiten sich die für die Vermarktung wesentlichen Kriterien und Argumente ab.

BILD ist nicht nur die mit großem Abstand reichweitenstärkste Zeitung in Deutschland, BILD ist die größte printbasierte, multimediale Massenmedienmarke mit nationaler Relevanz. Alleine die gedruckte Ausgabe der BILD Zeitung erreicht täglich mehr als 12 Mio. Leser, ca. 3 Mio. Menschen konsumieren BILD täglich auf digitalen Kanälen.

Diese enorme Reichweite bildet die Basis dafür, dass BILD tagtäglich Agendasetter ist für die Themen, über die in Deutschland gesprochen und diskutiert wird, und als wichtigstes deutsches Massenmedium gesellschaftlich relevante Themen setzt und Gemeinschaftserlebnisse schafft für Millionen Deutsche.

Die Medienmarke BILD ist ein idealtypisches Beispiel dafür, dass Marken mehr sein können als käufliche Produkte und Waren. Ein Markenartikel ist vor allem auch ein soziales Phänomen, ein Produkt, das „Teil der Lebens- und Denkwelt seines Erwerbers" (Brandmeier et al. 1995 S. 6) werden kann. Das Medium BILD hat für viele Nutzer neben der unterhaltsamen Informationsvermittlung eine ausgeprägte Orientierungs- und Leitbildfunktion und erzeugt damit bei einem großen Teil der Rezipienten eine starke Markenbindung.

1.2 Der redaktionelle Markenkern

Die besonderen Eigenschaften, die den USP der Marke BILD ausmachen, können aus dem redaktionellen Markenkern abgeleitet werden. Dieser definiert sich anhand der wesentlichen medialen Grundfunktionen: Information, Personalisierung, Unterhaltung, Visualisierung und Orientierung.

Information

Informationen in BILD sind vor allem aktuell und prägnant formuliert. Mit über 500 Reportern verfügen die Redaktionen der BILD-Gruppe rund um die Uhr über ein starkes und dichtes Recherchenetz. Daraus ergibt sich eine Fülle von Exklusivinformationen ebenso wie eine hohe Aktualität der Berichterstattung und somit oftmals ein Informationsvorsprung gegenüber anderen News-Medien. In den digitalen Kanälen wird dieser Vorteil durch die ständige Nachrichten- Aktualisierung noch weiter verstärkt.

Personalisierung

Der redaktionelle Stil in BILD zeichnet sich in erster Linie dadurch aus, dass Themen mit Gesichtern verbunden werden. Das erzeugt beim Leser besondere Aufmerksamkeit, denn Menschen interessieren sich besonders für andere Menschen und nicht nur für Zahlen, Daten und Fakten. Personalisierung erzeugt den BILD-typischen emotionalen Zugang zu Themen.

Unterhaltung
BILD ist ein journalistisches Informationsmedium, BILD ist aber auch ein Unterhaltungsmedium, das seine Leser mit originellen Schlagzeilen, Sprachwitz und emotionalen Geschichten bewegt und berührt. Zahlreiche Wortschöpfungen und Headlines wie z. B. „Wir sind Papst" finden sogar Einzug in den allgemeinen Sprachgebrauch.

Visualisierung
Der Name BILD bringt es bereits zum Ausdruck. BILD zeichnet sich wie keine andere Tageszeitung durch eine einzigartige Optik aus mit einem starken Fokus auf großformatige und opulente Bilder. BILD informiert die Leser, indem Nachrichten im wahrsten Sinne des Wortes sichtbar gemacht werden. Die Redaktion setzt darauf, dass ein Bild oft mehr aussagt als tausend Worte. Das plakative optische Erleben ist ein wesentlicher Bestandteil des typischen BILD-Stils.

Orientierung
BILD reduziert komplexe Zusammenhänge auf das Wesentliche und bringt sie in möglichst kompakter Form mit einem klaren und schnörkellosen journalistischen Stil auf den Punkt. Das schafft für den Leser Orientierung und sorgt für Verständlichkeit. Insbesondere diese Eigenschaft ist die entscheidende Basis für die enorme Reichweite und die Bindung von Millionen Lesern aus allen Bevölkerungsschichten.

Die Medienmarke BILD, gekennzeichnet durch diese fünf inhaltlichen Funktionen, und ausgestattet mit ihrer großen Strahlkraft und emotionalen Wucht, begleitet den Rezipienten auf allen Medienkanälen über den gesamten Tag, eröffnet besondere Chancen und Optionen im Bereich des B2B-Marketing und in der Vermarktung als Kommunikationsmedium für die Werbung treibende Wirtschaft.

1.3 Der Markenkern des Werbeträgers BILD

Insbesondere die Funktionen Unterhaltung, Visualisierung und Personalisierung sind wesentliche Kernbestandteile der Werbekommunikation. Diese Übereinstimmung ist ein starker Indikator dafür, dass die Medienmarke BILD als Werbeträger sowohl in gedruckter Form als auch mit ihren digitalen Kanälen optimale Attribute aufweist. Der plakative, laute und bildhafte redaktionelle Infotainment-Stil harmoniert mit dem Kommunikationsstil der meisten in BILD geschalteten Werbeformate.

Auch zahlreiche Werbekreative lassen sich bei der Gestaltung ihrer in BILD erscheinenden Werbemittel vom Sprachstil, vom Wortwitz und vom Layout der BILD-Redaktion inspirieren. Sie versuchen, sich in ihren Kreationen an diesen Stil anzulehnen beziehungsweise diesen zu übernehmen, soweit dies im Rahmen der Gestaltungsrichtlinien zur Trennung von Redaktion und Werbung zulässig ist.

Die oben geschilderten Merkmale der Medienmarke BILD treffen ebenso auf BILD am SONNTAG zu. Allerdings hat BILD am SONNTAG auch ein eigenes Profil als Medium und Werbeträger. Sie ist nicht nur die Sonntagsausgabe der BILD, sondern ein eigenständiger

Titel, der sich nicht nur hinsichtlich Format und Umfang von BILD unterscheidet, sondern sich auch innerhalb der Markenfamilie als Medium mit von der Muttermarke BILD abweichenden Eigenschaften und Attributen auszeichnet. Wesentliche redaktionelle Markenwerte, die bei BILD am SONNTAG besonders ausgeprägt sind, sind insbesondere der Journalismus auf Augenhöhe zum Leser, große Themenvielfalt und redaktionelle Authentizität.

Korrespondierend zum Markenprofil haben wir für die Medienmarke BILD ein B2B Marketingprofil mit klaren Kernkompetenzen definiert.

Auf Basis der enorm großen Reichweite und der großen Anzahl regelmäßiger Leser ergibt sich für Werbekampagnen in den BILD-Medien ein sehr schneller und hoher Reichweitenaufbau sowie eine starke Aktivierungs- und Abverkaufswirkung. Diese Werbeträgerleistung ist die Basis und der Kern der Vermarktungsargumentation für die Titel der BILD-Gruppe. BILD und BamS sind aus diesem Grunde als einzige Einzeltitel innerhalb der Mediengattung Print in der Lage, hinsichtlich ihrer Werbewirkung in Wettbewerb zu treten mit den großen TV-Sendern des Landes.

2 Marketingkonzepte für BILD

Das Erfolgskriterium „Aktivierung und Abverkauf" ist ein starkes Argument für die BILD-Medien als Werbeträger, stellt aber noch kein absolutes Alleinstellungsmerkmal dar. Es ist jedoch auf der Basis dieser Aktivierungsstärke eine ganze Range von exklusiven abverkaufsorientierten Marketingkonzepten der BILD-Gruppe entwickelt worden. Diese sog. Markenkonzepte – allen voran das bekannte und im Laufe der letzten 12 Jahre bereits mehr als 160 Mal umgesetzte Volks-Produkt – sind exklusive crossmediale Partner-Werbekampagnen im Sinne eines Empfehlungsmarketing mit Co-Absenderschaft von BILD.de und einem eigenständigen unverwechselbaren Kampagnenlook mit BILD-liken Advertorials in Print- und Digitalform inklusive eigenem Aktionslogo. Kein anderes Medium in Deutschland kann seinen Werbekunden aktuell ein vergleichbares Marketing-Instrumentarium anbieten.

Die BILD Markenfamilie zeichnet sich insbesondere durch die starke Innovationskraft im Bereich der Produktentwicklung aus. Diese zeigt sich beispielsweise in der Vergrößerung der Markenfamilie durch zahlreiche erfolgreiche Printableger der Vergangenheit (BILD der Frau, Autobild, Sportbild, Computerbild, u. a.) und durch die frühe und intensive Digitalisierung der Marke inklusive des Übertragens der traditionellen Print-Marktführerschaft in die digitale Welt. BILD ist sowohl im stationären als auch im mobilen Internet die führende journalistische Medienmarke mit deutlichem Reichweitenvorsprung und entsprechend hohem Marktanteil im Werbemarkt.

Darüber hinaus gibt es zahlreiche innovative und spektakuläre Einzelprojekte, wie beispielsweise eine 3D-Ausgabe der BILD Zeitung, eine großformatige XXL-Sonderausgabe und das Projekt „BILD für Alle". Diese Sonderausgabe ist das bis dahin größte journalistische Printprojekt überhaupt. Sie ist mit über 40 Mio. durch die Deutsche Post frei verteilten Exemplaren an alle Haushalte in Deutschland zugestellt worden anlässlich des

Abb. 1 BILD-Markenkern für die Vermarktung

60. Geburtstags von BILD. Nachfolgend ist eine weitere BILD-für-Alle-Sonderausgabe anlässlich der Bundestagswahl 2013 erschienen.

Solche Projekte, die zeigen, dass sich auch im traditionellen Printgeschäft noch erfolgreiche Innovationen platzieren lassen, werden in der Vermarktung intensiv eingesetzt, um den Werbekunden besondere, einzigartige und aufmerksamkeitsstarke Kommunikationslösungen zur Verfügung zu stellen.

Für die Vermarktung der BILD-Gruppe ist vor allem die multimediale Inszenierung von Kampagnen ein vorrangiger Wachstumstreiber. Eine idealtypische Umsetzung dafür stellt das Format Bundesliga bei BILD dar, sowohl in der redaktionellen Umsetzung als auch bei der Konfiguration der Vermarktungspakete. Mit dem Erwerb der Online-Übertragungsrechte für Bundesliga-Bewegtbild-Clips wurde die Basis geschaffen, um das Thema multimedial auf allen Kanälen auszuspielen. Bundesliga bei BILD kann der Nutzer über sämtliche Medienkanäle konsumieren: in den traditionellen ausführlichen Printsportteilen von BILD und BamS, online stationär und mobil mit eigens geschaffenen Bewegtbild-Bühnen und auch über Smart-TV. Per QR-Code können Leser direkt aus der Print-Berichterstattung heraus die passenden digitalen Video-Clips abrufen. Diese einzigartige multimediale Aufbereitung schafft für die Werbepartner von Bundesliga bei BILD eine exklusive Werbeplattform mit innovativen Werbeformaten auf allen Kanälen (Abb. 1).

Damit lässt sich am Beispiel der BILD-Gruppe idealtypisch aufzeigen, dass trotz des zunehmenden Trends hin zu einem Überangebot an Werbeflächen – hauptsächlich induziert durch das unerschöpfliche Angebot an digitalen Medien und dem damit verbundenen Preisverfall – für Verlage mit starken Medienmarken gute Chancen bestehen, mit innovativen, auf attraktive Themen fokussierten Leuchtturmangeboten das Geschäft auszubauen. Dies gelingt mit Premiumangeboten, die aufgrund ihrer multimedialen Inszenierung und Wirkung Werbekunden überzeugen.

3 Ausblick

Die mit zunehmender Geschwindigkeit voranschreitende Digitalisierung der Medien wird eine immer größere Fokussierung auf Bewegtbild-Formate mit sich bringen, auch bei journalistischen Medien wie BILD. Das verstärkt die Nähe zwischen den digitalen Versionen klassischer Printmedien und TV-Sender sowie reinen Online-Medienmarken, erhöht aber auch den Wettbewerbsdruck zwischen diesen. Es besteht eine hohe Wahrscheinlichkeit, dass sich Medien aus unterschiedlichen Gattungen wie Print, TV und Hörfunk künftig mit ähnlicheren (digitalen) Produkten als bisher in direktem Wettbewerb wiederfinden werden.

In dieser Konkurrenzsituation wird die Bedeutung der Markenstärke von Medien ein entscheidender Erfolgsfaktor sein. Medienmarken müssen sich deshalb mehr denn je darum bemühen, Ihr Markenprofil und ihre Markenkraft aufzuladen mit inhaltlicher Kompetenz, aber vor Allem auch mit innovativen Produktentwicklungen.

Für eine erfolgreiche Medienvermarktung, insbesondere im B2B-Bereich, welcher in diesem Beitrag im Vordergrund steht, werden Markenaspekte noch wichtiger. Entscheidende Erfolgsfaktoren wie die Stärke einer Medienmarke als Basis für die Identifikation, die Loyalität und die Nutzungsintensität der Konsumenten, das unverwechselbare Profil und die Inszenierung einer Medienmarke sowie die kreative Entwicklung von Vermarktungsprodukten werden eine noch entscheidendere Bedeutung haben als es bereits jetzt der Fall ist.

Für eine starke und profilierte Massenmedienmarke wie BILD, welche über ein großes Maß an öffentlicher Wahrnehmung, hohe Reichweiten sowohl im Printbereich wie auch in sämtlichen digitalen Mediankanälen verfügt ergeben mehr Chancen als Risiken, sofern sie weiterhin durch redaktionelle Produktentwicklungen und flankierende Marketinginnovationen befördert wird.

Literatur

Brandmeyer, K., Deichsel, A., & Otte, T. (1995). *Jahrbuch Markentechnik 1995* (S. 6). Frankfurt a. M.: Deutscher Fachverlag.

Peter Ludwig Müller ist als General Manager Marketing BILD-Gruppe für die Positionierung der Medienmarke BILD im Feld der Business-to-Business-Kooperationen, insbesondere auch dem Werbegeschäft zuständig.

Apps, Online, Print: Crossmediale Content-Führung

Christian Weiß

Inhaltsverzeichnis

1 Einleitung: Distributionsweg Print – einer von vielen 130
2 Organisation Newsdesk 130
3 Medienkanäle 131
   3.1 Print 131
   3.2 Online 132
   3.3 Mobil 132
4 Ablauf/Timeline 134
5 Ausblick – Neue crossmediale Wege 135
Literatur 135

Zusammenfassung

Online-First war lange das Konzept der Redaktionen, wenn es um crossmediale Berichterstattung ging. Doch sinnvoller als alles online zu stellen ist ein abgestimmtes Konzept, welcher Medienkanal wann und mit welchem Inhalt beliefert wird, damit sich die Berichterstattung auf allen Kanälen eines Medienhauses ergänzt und den Nutzer umfassend informiert.

Christian Weiß (✉)
Würzburg, Deutschland
E-Mail: fh@wuerzbuerger.de

1 Einleitung: Distributionsweg Print – einer von vielen

Reichte es in den vergangenen Jahrzehnten, einmal am Tag eine Zeitung in den Briefkasten der Abonnenten zu werfen, ist ein Medienhaus heute zum Begleiter über den gesamten Tag hinweg geworden. Das Printprodukt Tageszeitung ist dabei nur noch ein Distributionsweg von vielen: „Eine der Herausforderungen gerade für die lokalen Zeitungen wird darin liegen, dem Handynutzer jederzeit, an jedem Ort jene Informationen zu liefern, die er gerade braucht" (Fuhrmann 2008, S. 28).

In dieser Diversifikation liegt jedoch die Chance für die Verlagshäuser. Sie können ihren Content crossmedial auf allen Plattformen anbieten und ein Rundumpaket für ihre Kunden schnüren. Gerade Regionalverlage mit ihren exklusiven und für die Leser geldwerten Inhalten aus der Region haben hier die besten Möglichkeiten: Sie verfügen über ein dichtes Netz von Berichterstattern, besitzen die Infrastruktur und auch die Kompetenz, dieses regionale Informationsmonopol weiterhin zu übernehmen. Sie müssen sich jedoch wandeln und von der Rolle des Berichterstatters in die des Begleiters wechseln. Dazu müssen sie Diskussionen anschieben, Hintergründe aufbereiten und vor allem Nutzwert bieten.

Sie müssen dabei ihre Kunden den Tag über begleiten und sich dazu der unterschiedlichen Kommunikationskanäle von der Print-Ausgabe über das Internet bis hin zu mobilen Anwendungen wie SMS oder App bedienen. Generell ist Crossmedia heute im Alltag der Redaktionen angekommen. Immerhin gibt es inzwischen kaum mehr eine Redaktion, die nicht über eine Webseite verfügt. Zwei Drittel der Redaktionen bespielen sogar Twitter oder eine eigene App (vgl. Kinnebrock und Kretzschmar 2012, S. 8 ff.), das Problem ist jedoch, dass hier das Potenzial meist nicht ausgenutzt wird. Eine konsequente crossmediale Berichterstattung über verschiedene Medienkanäle findet nur selten statt.

2 Organisation Newsdesk

Schaltzentrale einer crossmedialen Berichterstattung ist der Newsdesk, der bei konsequenten crossmedialem Arbeiten generell nicht nur alle Ressorts, sondern auch alle Medien vereint. Der Newsdesk ist das Konstrukt, in dem es „primär um die richtige und vielfältige Aufbereitung des Rohstoffs „Nachricht" geht" (Jakubetz 2011, S. 35). Dazu sind mehrere Voraussetzungen wichtig: Der Newsdesk muss entsprechend ausgestattet sein und es müssen alle Medien am Newsdesk gleichberechtigt vertreten sein. Denn Redakteure, Journalisten und Reporter sind dafür zuständig, multimediale Möglichkeiten im vorhandenen Textmaterial zu finden und aufzubereiten – dies bedingt eine enge Kooperation (vgl. Rusch 2006, S. 104 f.).

Hier liegt auch eine der Schwachstellen der derzeitigen crossmedialen Berichterstattung. Denn bislang „sind die redaktionellen Organisationsstrukturen mit Blick auch auf den erhöhten Koordinationsbedarf der verschiedenen Medien noch kaum ausgebaut" (Kinnebrock und Kretzschmar 2012, S. 13). Wie der Forschungsbericht Crossmedia 2012 feststellt, sind die Aktivitäten der verschiedenen Redaktionen auf den unterschiedlichen Kanälen zwar sehr umfangreich, jedoch unkoordiniert, und in eine kanalspezifische Aufarbeitung wird vergleichsweise wenig Zeit investiert (vgl. Kinnebrock und Kretzschmar 2012, S. 8). Die meisten Verlage nutzen diese Schnittstellenmöglichkeit des Newsdesk zwischen den verschiedenen Medienarten kaum (vgl. Jakubetz 2011, S. 36). Die Timeline, sprich der Ablaufplan, welche Nachricht wann in welchem Medium erscheint, wird meist spontan und nicht nach Konzept entschieden (vgl. Kinnebrock und Kretzschmar 2012, S. 9).

Dabei ist ein Newsdesk als Steuerungseinheit wie geschaffen, eine Berichterstattung über alle Kanäle aus einem Guss und sich ergänzend zu ermöglichen. Die Mitarbeiter am Newsdesk haben die Aufgabe, zusammen mit dem Reporter das inhaltliche Konzept sowie die Timeline als zeitlichen Ablauf der Berichterstattung zu erstellen. Während der Reporter den Inhalt an den Newsdesk liefert, müssen vom Newsdesk aus die jeweiligen Medienkanäle bestimmt, der Content für das jeweilige Medium aufbereitet und schließlich das Medium bestückt werden (vgl. Jakubetz 2011, S. 36). Somit hat die Redaktion selbst im Griff, welche inhaltlichen Schwerpunkte sie auf welchen Plattformen des Medienhauses platziert (vgl. Goderbauer-Marchner 2013, S. 81).

Der Reporter nimmt nun wieder seine eigentliche Hauptaufgabe wahr: Recherchieren, bewerten, gewichten und vor allem qualitätsvoll berichten!

3 Medienkanäle

3.1 Print

Mit ihrer täglichen Erscheinungsweise gehört die Tageszeitung zwar per Definition zu den tagesaktuellen Medien, sie kann jedoch von der Aktualität her nicht mehr mit den Online-Medien oder den mobilen Medienkanälen mithalten. Aufgrund der technischen Produktionsbedingungen ist die Tageszeitung bereits veraltet, während sie noch in den Druck geht. „Zeitung ist nur ein Kanal der Multi-Channel-Häuser. Ein Kanal für Qualität, Hintergrund und lokale Nähe", sagte Wolfram Kiwit, Chefredakteur der Ruhr Nachrichten, beim Forum Lokaljournalismus 2010 in Dortmund (Kiwit 2010, S. 32). Ihr derzeit noch unschlagbarer Vorteil liegt jedoch in der Bezahlfunktion des normalen Abonnements.

Da eine gedruckte Tageszeitung inhaltlich nicht mehr auf Aktualität bauen kann, muss sie sich eine andere Nische suchen, um zu den anderen Medienkanälen konkurrenzfähig zu sein. Dies kann zum einen über exklusive Artikel funktionieren, zum anderen über zeitlose, nicht aktuelle Beiträge. Zu dem exklusiven Inhalt von Regionalzeitungen zählt unter anderem der gesamte, selbst recherchierte und aufbereitete lokale und regionale Inhalt, da die meisten Zeitungen in ihrem Verbreitungsgebiet konkurrenzlos sind. Aber auch Hintergrundberichterstattung, Kommentare und Einschätzungen gehören dazu. Denn Leser von regionalen Medien wünschen sich eine Einschätzung ihrer Lokalzeitung, wie auch eine Studie der Schwäbischen Zeitung aus dem Jahr 2004 zeigt (vgl. Schwäbische Zeitung 2005, S. 12).

Bei gedruckten Zeitungen ist es eine ständige Gratwanderung, was kostenlos online und was schließlich gedruckt veröffentlicht wird (vgl. Matzen 2011, S. 21). Dabei sollte exklusiver Inhalt mit hohem Nachrichtenwert vor allem über bezahlte Zugänge veröffentlicht werden, damit hier auch ein finanzieller Rückfluss entsteht. Über eine Cross-Promotion in den unterschiedlichen Medienkanälen kann dies gezielt beworben werden: Mit einem Teaser in der Online- wie auch der mobilen Ausgabe können gezielt Leser geworben werden, den exklusiven Inhalt käuflich zu erwerben. Exklusiven Inhalt nur im Print zu veröffentlichen birgt jedoch das Risiko, dass alle Konkurrenzmedien, die auf das gleiche Thema aufspringen, das Thema meist rasch online stellen werden und somit der eigene exklusive Inhalt nicht mehr gefunden und rezipiert wird.

3.2 Online

Eine Website ist das klassische Online-Medium. Gab es vor wenigen Jahren unter den Zeitungsverlagen durchaus noch einige Verweigerer, die nur mit einer Visitenkarte im Netz präsent waren, so hat heute die überwiegende Mehrheit eine eigene Webpräsenz aufgebaut (vgl. Kinnebrock und Kretzschmar 2012, S. 8). Doch die Internetpräsenz ist bislang meistens nur eine Resteverwertung der Inhalte der Printausgabe (vgl. Jakubetz 2011, S. 39). Selbst bei großen Medienhäusern werden hier die multimedialen Möglichkeiten kaum genutzt. Stattdessen wird der Inhalt der Printausgabe oft eins zu eins wiedergegeben.

Dabei kann die Internetpräsenz als Plattform für aktuelle und vor allem multimediale Nachrichten genutzt werden, aber auch als Archiv (vgl. Kansky 2013, S. 285). Und sie hat schier unerschöpfliche Möglichkeiten, zusätzlichen Inhalt, der weder gedruckt werden kann oder in eine App passt, auch kostenpflichtig unterzubringen. Dazu gehören Videos, Liveblogs, Umfragen, O-Töne, Grafiken, Bilder, etc. Einen interessanten Zusatzauftritt hat beispielsweise die Hessische/Niedersächsische Allgemeine (HNA) mit ihrem Live-Blog „Kassel-Live". Die angestellten Journalisten, aber auch die Leserreporter bespielen diesen Live-Blog rund um die Uhr mit zum Teil hyperlokalen Nachrichten, Bildern und anderen Informationen.

Zum Online-Kanal gehören auch die verschiedenen Social-Media-Auftritte wie Facebook oder auch das derzeit wenig beachtete Google +. Diese Seiten können von Redakteuren nicht nur für ihre Recherche oder als Ideengeber genutzt werden, sondern auch von Redaktionen wie Redakteuren für die Cross-Promotion zwischen Print und Online wie auch für die Leser-Blatt-Bindung (vgl. Kansky 2013, S. 288).

3.3 Mobil

Unter den mobilen Medienkanälen hat sich in der jüngsten Vergangenheit ein Trend von den „klassischen" Push-Nachrichten wie SMS oder auch Twitter hin zu den Apps entwickelt. Größter Vorteil dieser Medienkanäle ist ihre Mobilität – sie erreichen die Leser schnell und überall. Gerade aufgrund dieser Schnelligkeit sind sie dazu geeignet, kurze, aber hochaktuelle Nachrichten an den Leser zu bringen. Eigenwerbung, Cross-Promotion, redaktionelles Marketing und die Bindung der User an das eigene Medienhaus sind weitere Möglichkeiten dieser Kanäle.

Mobile Apps erreichen vor allem das jüngere Publikum (vgl. Breyer-Mayländer und Dietrich 2010, S. 5). Auch sind App-Nutzer durchaus bereit, für Angebote zu bezahlen, was für Verlage eine wachsende Einnahmequelle bedeutet. Trotzdem sollten die anderen mobilen Kanäle aufgrund ihrer Reichweite und auch Schnelligkeit gerade im täglichen Nachrichtengeschäft nicht vernachlässigt werden. Positive Beispiele sind hier unter anderem der „Südkurier" Konstanz, der für seinen SMS-Infodienst „SK-Blitz" mit lokalen Schlagzeilen 2007 von der dpa sogar ausgezeichnet worden ist. Das „Badische Tagblatt" dagegen hatte über seinen ebenfalls preisgekrönten SMS-Infodienst aktuelle Hochrechnungen bei der OB-Wahl wie auch am Tag der Stichwahl verbreitet. Informationen, die sowohl per SMS, aber auch als multimediale App verbreitet werden können.

Derzeit nutzen die meisten Medienhäuser ihre Apps, vor allem um ihr Premiumprodukt, ihre Tageszeitung, als E-Paper anzubieten. Doch die meisten Medienhäuser bleiben mit ihren Angeboten hinter den multimedialen Möglichkeiten der Apps zurück. Nur sehr wenige Häuser nutzen Apps für Zusatzdienste. Die meisten Zusatzangebote sind Bildergalerien oder Beilagen. Manche jedoch nutzen ihre Apps für eine Verlinkung zwischen bestehenden Printangeboten und den digitalen Möglichkeiten einer App. Wie die „Vorarlberger Nachrichten", die auf Wunsch die in ihren Traueranzeigen veröffentlichten Beerdigungstermine in den Terminkalender des eigenen Smartphones eintragen. Eine weitere Ausnahme ist die „Rheinische Post", die unter anderem mit ihrer „RP-Plus" App ein eigenständiges zusätzliches Angebot eröffnet hat, das bereits recherchierte Themen anders aufbereitet.

Nach Uwe Ralf Heer, Chefredakteur der „Heilbronner Stimme", sollten erfolgreiche Apps „das Bedürfnis einer Zielgruppe decken. Um verschiedene Zielgruppen zu erreichen, sollten sich Zeitungen von ihrer ‚Ein-App-Strategie' verabschieden. Apps sind umso erfolgreicher, je besser sie eine Lösung für ein ganz spezifisches Problem anbieten" (vgl. Heer 2011, S. 14). Dazu kommen die Wünsche der Leser, wie eine Studie der Allg. Verwaltungs- u. Service GmbH (AVS) zeigt: Knapp zwei Drittel der Smartphone-Benutzer möchten regionale Informationen wie Newsticker, Informationen über örtliche Veranstaltungen, Notdienste oder Empfehlungen für Gaststätten oder Werkstätten auf dem Handy (vgl. Breyer-Mayländer und Löffel 2013, S. 18 f.) nutzen können. Das ist eine Chance für die regionalen Tageszeitungen, die gerade hier ein Alleinstellungsmerkmal haben.

Getreu dieser Maxime bieten einige Verlage inzwischen auch spezifische App-Lösungen an. Meist sind dies Sport-Apps, aber auch immer mehr Service-Apps. So zum Beispiel saisonale Apps wie beim Medienhaus Oberfranken. Dieses bot 2013 eine App zu den Weihnachtsmärkten in der oberfränkischen Region mit Terminvorschau an. Allein diese App wurde laut Redaktion 1000 Mal geladen und 14.000 Mal genutzt.

4 Ablauf/Timeline

Auch wenn im Vorfeld einer Berichterstattung mittlerweile zwischen Newsdesk und Reporter diskutiert wird, was als zusätzliche Informationen oder multimediale Erweiterung der Berichterstattung berichtet werden kann, so entfaltet crossmediale Berichterstattung erst bei einer richtigen Koordination ihre eigentlichen Möglichkeiten: Die einer Berichterstattung aus einem Guss auf allen Medienkanälen, die sich nicht doppeln, sondern gegenseitig ergänzen und unter dem Strich einen echten Nutz- und Mehrwert für den Nutzer ergeben (vgl. Jakubetz 2011, S. 39).

Dazu gehört eine von Reporter und Newsdesk geplante Timeline, die aufzeigt, zu welchem Zeitpunkt des Prozesses welcher Kanal auf welche Weise bespielt wird. Beispielsweise, welche Kurzversion getwittert oder per SMS abgesetzt, welche Grafiken gestaltet, welches Video gedreht und geschnitten wird. Hier können die Reporter die Grenzen ihres eindimensionalen Mediums Print durchbrechen und kreativ das Thema von verschiedenen Seiten aus angehen. So zum Beispiel, wenn eine Stadtverwaltung die Parkgebühren erhöht und die Nachricht nicht nur in Wort und Bild in der Tageszeitung abgedruckt, sondern auch als interaktive Karte auf der Homepage abgebildet wird, wie es beispielsweise der Korbacher Lokalblog vormacht. Dies kann beliebig erweitert werden, beispielsweise über eine interaktive Map.

Eine Timeline für eine crossmediale Berichterstattung könnte beispielhaft so aussehen (vgl. Jakubetz 2011, S. 39):

1. Noch während des Termins ein erstes Bild auf der Facebook-Seite der Redaktion wie auch des Autors posten
2. Kurznachricht per Twitter
3. Meldung im 24-Stunden-Blog
4. Nach dem Termin eine erste Schnell-Meldung auf der Internetseite
5. Ausführliche Meldung für die Internetseite
6. Video/ O-Ton für die Internetseite
7. Video für die mobile Plattform
8. Audiobeitrag für den Podcast
9. Multimedialer Beitrag für die Internetseite mit interaktiven Grafiken und Verlinkungen zu weiterführenden Informationen und Seiten
10. Ausführliche Geschichte für die Tageszeitung am folgenden Tag

Dies ist ein exemplarisches Beispiel einer Timeline. Die Erfordernisse der Timeline müssen dem jeweiligen Medienkanal, der Erscheinungsweise des Mediums und vor allem auch der Redaktion sowie ihrer technischen wie personellen Ausstattung angepasst werden. Es muss dabei jeweils im Einzelfall entschieden werden, ob bei der geplanten Berichterstattung alle Möglichkeiten genutzt werden, oder nur die, die auch von den meisten Lesern abgerufen werden. Bei gering ausgestatteten Redaktionen, die dieses Pensum nicht leisten können, kann der Newsdesk steuernd eingreifen und bei geplanten Themen gezielt crossmediale Kompetenz und Unterstützung vom Desk abordnen. Der Vorteil ist neben der Crossmedialität auch mehr Qualität in der Berichterstattung.

Überhaupt ist die Frage, ob tatsächlich alle Redakteure alles machen müssen, oder ob sie nicht wie bislang auf verschiedene Medienkanäle spezialisiert bleiben können, so dass sich Spezialisten gegenseitig ergänzen. Dies ist zwar für den Verlag teurer, aber auch eine Qualitätssteigerung in allen Bereichen – nicht nur in der Produktion der multimedialen Berichterstattung, sondern auch in der Qualität der Berichterstattung selbst, die damit auch teuer verkauft werden kann.

5 Ausblick – Neue crossmediale Wege

Die Entwicklung neuer Arten crossmedialer Berichterstattung geht immer weiter. Bereits im Einsatz ist bei vielen Medienunternehmen die Software ScribbleLive, die die Möglichkeiten eines Live-Blogs mit multimedialen Elementen, bestückt von einer Vielzahl von Reportern – auch Leser-Reportern –, ermöglicht (Wikipedia o. J.). Es birgt viele Möglichkeiten, wie es beispielsweise der Hessische Rundfunk zur Landtagswahl 2013 präsentierte: In seinem ScribbleLive-Blog wurden sämtliche Informationen aus allen Medienkanälen, die einem TV-Sender zur Verfügung stehen, zusammengeführt und präsentiert (vgl. Hufer 2013). Dieser Live-Blog vereint Bild, aktuelle Nachrichten, Videos und O-Töne der Rundfunkmitarbeiter auf einer Seite, so dass der User eine Berichterstattung über alle Medienkanäle verfolgen kann.

Ganz neue Möglichkeiten wird Google Glass ermöglichen. Dieses Projekt des amerikanischen Unternehmens soll eine Brille mit den Möglichkeiten eines mobilen Computers verknüpfen, so dass für Reporter eine Live-Berichterstattung mit Bild, Video, O-Ton und Text möglich wird (Pogue 2013). Die Grenzen der papiernen Berichterstattung lösen sich damit völlig auf – aus der tagesaktuellen Print-Berichterstattung der vergangenen Jahrzehnte wird eine allumfassende multimediale Berichterstattung auf allen Plattformen.

Literatur

Breyer-Mayländer, T., & Dietrich, A. (2010). So sehen Entscheider aus der Verlagswelt die Zukunft der Branche. Allgemeine Verwaltungs- und Service GmbH Bayreuth.

Breyer-Mayländer, T., & Löffel, M. (2013). Mobile Lebenswelten im Lokalgeschäft 2013. Allgemeine Verwaltungs- und Service GmbH Bayreuth.

Fuhrmann, H.-J. (2008). Wachstum unter neuen Bedingungen. http://www.bdzv.de/fileadmin/bdzv_hauptseite/markttrends_daten/wirtschaftliche_lage/2008/assets/Seite26-28_BDZV.pdf. Zugegriffen: 20. Okt. 2013 (Berlin).

Goderbauer-Marchner, G. (2013). Qualitätsjournalismus im Crossmedia-Zeitalter. In: R. Holhlfeld (Hrsg.), *Crossmedia: Wer bleibt auf der Strecke* (S. 70–91). Berlin: LIT.

Heer, U. R. (2011). Drei Fragen – drei Antworten. In: Zeitungsverlag GmbH & Co Waiblingen KG und Bundeszentrale für politische Bildung (Hrsg.). Die neue Architektur des Lokaljournalismus. Nachlese zum 19. Forum Lokaljournalismus 2011 in Waiblingen (S. 14). Berlin.

Hufer, K. (2013). Hessischer Rundfunk. http://embed.scribblelive.com/Embed/v5.aspx?Id=91467&ThemeId=13186. Zugegriffen: 9. Feb. 2014. Frankfurt a. M.

Jakubetz, C. (2011). Crossmedia: Konstanz.

Kansky, H. (2013). Vom Zeitungshaus zum Multiplattformunternehmen. In: R. Hohlfeld (Hrsg.), *Crossmedia: Wer bleibt auf der Strecke?* (S. 284–299). Berlin: LIT.

Kinnebrock, S., & Kretzschmar, S. (2012). Forschungsbericht Crossmedia. Lokaljournalistenprogramm der Bundeszentrale für politische Bildung. Augsburg.

Kiwit, W. (2010). Wie sieht Lokalzeitung 2020 aus? In: WAZ Mediengruppe und Bundeszentrale für politische Bildung (Hrsg.), Der bessere Lokaljournalismus. Forum Lokaljournalismus (S. 32). Dortmund. Bundeszentrale für politische Bildung.

Matzen, N. (2011). *Online journalismus*. Konstanz: Uvk.

Pogue, D. (2013). Google Glass and the Future of Technology. Pogue's Posts. http://pogue.blogs.nytimes.com/2012/09/13/google-glass-and-the-future-of-technology/?_php=true&_type=blogs&_r=0. Zugegriffen: 9. Feb. 2014.

Rusch, D. C. (2006). *Online Journalismus. Von den Möglichkeiten der Web-Inszenierung zum audio-visuellen Gesamtereignis am Beispiel online-journalistischer Kulturberichterstattung in Österreich und den USA*. Frankfurt a. M.: Europäischer Verlag der Wissenschaften.

Schwäbische Zeitung. (2005). *Zeitung mit Zukunft – Trainingsreader*. Leutkirch: Schwäbische Zeitung.

Wikipedia (o. J.). Scribble Live. http://en.wikipedia.org/wiki/ScribbleLive. Zugegriffen: 9. Feb. 2014

Christian Weiß ist Journalist und Bildungsbeauftragter des DJV-Landesverbands Bayern.

Zeitungsmedien im Werbegeschäft – Die veränderte Rolle der regionalen Zeitungsmedien im Werbegeschäft

Dirk von Borstel

Inhaltsverzeichnis

1 Einleitung: Zeitung ist mehr als die gedruckte Ausgabe 138
    1.1 Digitale Zeitungsangebote 138
    1.2 Werbemarkt für Verlage 139
2 Verlage setzen digital auf die OMS 140
    2.1 Verbund zur nationalen Vermarktung digitaler Qualitätsinhalte 140
    2.2 Vermarktungspotenziale regionaler Tageszeitungsangebote im Internet 142
3 Fazit & Ausblick 144
Literatur 144

Zusammenfassung

Die Evolution des Werbemarkts hat die deutschen Zeitungsmedien in den letzten Jahren schwer getroffen: Während das Online-Werbegeschäft weiter floriert, mussten die Verlage bei den Anzeigenumsätzen ihrer gedruckten Ausgaben herbe Rückschläge hinnehmen. Die wachsenden Erfolgspotenziale digitaler Geschäftsmodelle haben inzwischen die meisten Zeitungsverlage erkannt, in ihrer Vermarktung setzen sie zunehmend auf digitale Medienplattformen. Einen Zugang zum nationalen Digital-Werbemarkt sichern sich immer mehr regionale Zeitungsmedien unter dem Dach der OMS. Durch die Einbindung in einen starken Markenverbund eröffnet ihnen der nationale Premiumvermarkter die nötige Sichtbarkeit und Werbewirkung, um optimale Erlöse im Digitalbereich zu erreichen.

Dirk von Borstel (✉)
OMS Vermarktungs GmbH & Co. KG, Zollhof 4, 40221 Düsseldorf, Deutschland
E-Mail: kontakt@oms.eu

1 Einleitung: Zeitung ist mehr als die gedruckte Ausgabe

Der strukturelle Medienwandel stellt Zeitungsverlage weiterhin vor wirtschaftlich große Herausforderungen. Allein in 2012 ging der Gesamtumsatz aus Anzeigen, Beilagen und Vertrieb laut aktuellen Zahlen des Bundesverbands Deutscher Zeitungsverleger (BDZV) um 3,3 % auf 8,23 Mrd. € zurück. Beim Werbeumsatz mussten sie im Vergleich zum Vorjahr sogar ein Minus von 9,1 % auf 3,32 Mrd. € hinnehmen. Tot ist das klassische Zeitungsgeschäft deshalb noch lange nicht – im Gegenteil: Noch nie wurden Zeitungsinhalte von so vielen Lesern genutzt wie heute. Dem BDZV zufolge erreicht ein Großteil der Zeitungen derzeit rund 80 % der über 14-Jährigen (vgl. Pasquay 2013). Dies allerdings nicht allein mit der gedruckten Ausgabe, sondern über Print, Online und Mobile. Ihre immense Strahlkraft über alle Kanäle nutzen bereits immer mehr Zeitungsmedien im Wettbewerb um sinkende Mediabudgets der werbetreibenden Unternehmen. Für die erfolgreiche Monetarisierung ihres Informations- und Nachrichtenangebots setzen sie zunehmend auf die Vermarktung digitaler Medienplattformen. Schon heute ist das Digitalsegment für viele deutsche Regionalmedien ein wichtiger Baustein des Geschäftsmodells.

1.1 Digitale Zeitungsangebote

In Zeiten zunehmender Digitalisierung und wachsender Medienkonvergenz haben die meisten Zeitungsverlage längst erkannt: Nur wer seine Leser über verschiedene Kanäle mit relevanten Inhalten aller Art versorgt, wird in Zukunft erfolgreich sein. Als zusätzliches digitales Nachrichtenangebot setzen die Zeitungsmacher bevorzugt auf die eigene Webseite. Aber auch der Mobile-Kanal gewinnt für die Verlagshäuser weiter an Bedeutung.

Online-Reichweite wächst
Immer mehr Verlagshäuser erschließen offensiv die digitalen Märkte und entwickeln online zusätzliche Angebote, die von immer mehr Nutzern besucht werden. Mit 30,2 Mio. Unique Usern pro Monat stieg die Online-Reichweite der deutschen Verlagsangebote im Web laut Angaben der Zeitungs Marketing Gesellschaft (ZMG) Ende 2013 auf ein erneutes Rekordhoch. Im Vergleich zum vierten Quartal 2012 ist sie damit in nur einem Jahr um 2,5 Mio. Unique User gewachsen (Zeitungs Marketing Gesellschaft ZMG 2013).

Die größte Reichweite erreichen die Online-Angebote der Zeitungen demnach in der Zielgruppe der 14- bis 29-Jährigen (65,3 %), gefolgt von den Usern zwischen 30 und 49 Jahren (53,7 %) und den über 50-Jährigen (25,5 %).

Mobile im Trend
Angesichts der rasant steigenden Verbreitung von Smartphones und Tablets kann es sich heute neben der eigenen Webseite kaum ein Verlagshaus mehr leisten, das Thema Mobile zu ignorieren. Laut Global Entertainment and Media Outlook 2013–2017 von Pricewa-

terhouseCoopers (PwC) sollen rund um den Globus bereits 2017 mehr Haushalte einen mobilen Internetzugang (54%) als einen stationären Breitband-Internetanschluss (51%) besitzen (Pricewaterhouse Coopers PwC 2013).

1.2 Werbemarkt für Verlage

Die Monetarisierung und Vermarktung ihrer redaktionellen Angebote stellt für die Verlagshäuser nach wie vor eine wachsende Herausforderung dar. Verantwortlich ist ein Gesamt-Werbemarkt, der seit Jahren durch sinkende Mediabudgets und steigenden Wettbewerbsdruck geprägt ist. Eine Ausnahme bildet das Digitalsegment. Hier stehen die Zeichen weiter auf Wachstum.

Werbemarkt gesamt

Insgesamt haben sich die Werbeausgaben laut Zentralverband der Deutschen Werbewirtschaft (ZAW) 2012 um 3,2% auf 18,42 Mrd.€ verringert. Die Brutto-Investitionen inklusive Honorare für Agenturen, Werbemittelproduktion und Medienkosten sind um 0,9% auf 29,74 Mrd.€ zurückgegangen.

Laut ZAW nahmen die Tageszeitungen 3,23 Mrd.€ (−9,1%), die Wochen- und Sonntagszeitungen 199 Mio.€ und die Zeitungssupplements 82 Mio. € ein. Die Gesamt-Werbeeinnahmen dieser Gattung beliefen sich damit in 2012 auf 3,5 Mrd. € (Zentralverband der deutschen Werbewirtschaft ZAW 2013).

Online-Werbemarkt

Der deutsche Online-Werbemarkt verzeichnet dagegen, dem „Online-Report 2013/02" des Online-Vermarkterkreises (OVK) im Bundesverband Digitale Wirtschaft (BVDW) e. V. zufolge, 2012 ein deutliches Wachstum um 13% auf 6,47 Mrd. €. Für 2013 prognostiziert der OVK eine weitere Steigerung des Online-Bruttowerbevolumens von 12% auf 7,23 Mrd. € (Online-Vermarkterkreis OVK im Bundesverband Digitale Wirtschaft BVDW 2013). Laut dieser OVK-Prognose verteilt sich der Bruttowerbekuchen 2013 wie folgt: Fast ein Viertel (23,5%) entfällt auf das Internet, das sich damit nach dem TV als zweitstärkstes Werbemedium im Mediamix etabliert. Zeitungen und Publikumszeitschriften folgen mit 14,7, beziehungsweise 11,5% auf den Plätzen drei und vier (siehe Abb. 1).

Parallel zur Online-Werbung im stationären Internet wachsen auch die Mobile-Spendings ungebremst weiter. Allein im ersten Halbjahr 2013 sind die Bruttowerbeinvestitionen laut Bruttowerbestatistik der Unit Mobile Advertising (MAC) im BVDW in Kooperation mit Nielsen in den Bereichen Mobile-Display-Ads, Mobile-Apps und Tablet-Apps um 75,6% auf 44,5 Mio. € gewachsen. Für das Gesamtjahr 2013 prognostiziert die MAC ein kumuliertes Marktwachstum für Mobile-Werbung von über 70%.

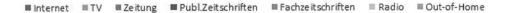

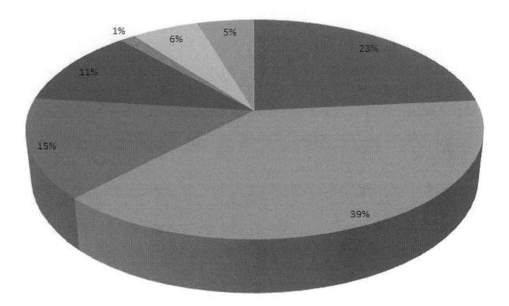

Abb. 1 Prognose des Bruttowerbekuchens 2013. (Quelle: OVK Online-Report 2013/02, S. 11)

2 Verlage setzen digital auf die OMS

Die wachsenden Erfolgspotenziale digitaler Geschäftsmodelle haben 38 Verlagshäuser frühzeitig erkannt und als Gesellschafter der OMS den Aufbau einer digitalen Verwertungs- und Vermarktungskette zum zentralen Geschäftsfeld erklärt. Das zentrale Angebot für Verlage, die OMS Tageszeitungs-Kombi, eröffnet ihnen als regionale Zeitungsmedien einen effizienten Zugang zum nationalen Werbemarkt und sichert ihnen durch die Einbindung in einen starken Markenverbund im Premiumsegment optimale Erlöse. Basis dafür ist eine kompetente Beratung zur Optimierung und Erweiterung des Angebots durch die OMS.

2.1 Verbund zur nationalen Vermarktung digitaler Qualitätsinhalte

Die OMS ist der führende nationale Premiumvermarkter von hochwertigen redaktionellen Umfeldern und gehört laut Arbeitsgemeinschaft Online Forschung e. V. (AGOF) zu den Top-10-Vermarktern in Deutschland. Als zentrales Vermarktungsangebot für Verlage zählt die OMS Tageszeitungs-Kombi über 270 renommierte Webseiten und ist damit das führende Online-Nachrichtenangebot in Deutschland. Sämtliche Tageszeitungsseiten und Stadt- sowie Regionalportale im Vermarktungsportfolio der OMS enthalten ausschließlich hochwertigen journalistischen Content.

Das OMS Geschäftsmodell
Als führender nationaler Premiumvermarkter für digitale Inhalte folgt die OMS in allen Aktivitäten den Maximen Qualität und Service. Dem Werbetreibenden bietet die OMS ein national flächendeckendes Angebot mit starken regionalen Marken und einer einzigartigen regionalen Aussteuerungsoption, bei der die Auslieferung der Online-Werbemittel gemäß den Verbreitungsgebieten der Printausgaben (OMS Tageszeitungs-Kombi) erfolgt, sowie eine nachgewiesen höhere Werbewirkung durch die starke Bindung der Nutzer an die jeweiligen Marken.

Als Vermarktungspartner und Berater unterstützt die OMS die Verlage bei Bedarf auch beim Ausbau ihrer Webseiten-Angebote. Dazu gehört nicht nur die Erweiterung des Angebotsportfolios, sondern auch die Etablierung standardisierter technischer Lösungen sowie die Konzeption und Umsetzung innovativer Vermarktungsangebote. Wichtig sind dabei die Optimierung der Produkte unter Erlösgesichtspunkten, die weitere Verbesserung des Zusammenspiels von dezentralem Produktmanagement und Vermarktung sowie die Nutzung aller Kundenzugänge zur Vermarktung der digitalen Angebote. Mit gezielter und fortlaufender Marktforschung unterstützt die OMS die Verlage aktiv dabei, beste Voraussetzungen für die Monetarisierung ihrer digitalen Angebote zu schaffen. Werbekunden erhalten im Rahmen regelmäßiger OMS Marktforschungs-Studien ebenfalls immer wieder wertvolle Erkenntnisse, wie sie in den redaktionellen Premium-Umfeldern eine maximale Werbewirkung erzielen.

Das Geschäftsmodell der OMS stützt sich im Wesentlichen auf die drei Säulen:

- Digitalvermarktung (Online/Mobile/Bewegtbild)
- Beratung und Budgetoptimierung (Kunden und Mandanten)
- Service- und Technologiepooling

Die Geschichte der OMS
Die OMS wurde bereits 1996 von 15 Tageszeitungsverlagen gegründet. Um das Wachstumsfeld digitaler Monetarisierung eigenständig zu gestalten, übernahm die OMS im Mai 2009 die exklusive Vermarktung der Internetangebote von zunächst rund 150 renommierten regionalen Tageszeitungen. Unter dem Dach der OMS gingen die Verlage offensiv in die digitalen Märkte und setzten frühzeitig auf den Verbund, um digital dauerhaft erfolgreich zu sein. Gemeinsam konnten sie den Werbetreibenden ein qualitätsstarkes und vor allem flächendeckendes Vermarktungsangebot unterbreiten und erstmals im nationalen Werbemarkt reüssieren.

Neben der erfolgreichen Vermarktung der Digitalinhalte kümmert sich die OMS auch um die technologische und vermarktungsrelevante Beratung der Mandanten.

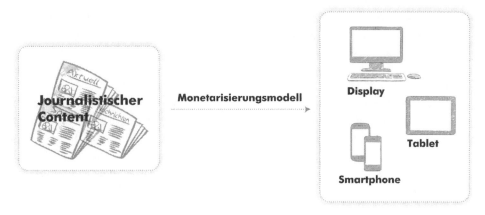

Abb. 2 Digitale Erlöskanäle eröffnen Verlagen neue Vermarktungspotenziale. (Quelle: OMS)

2.2 Vermarktungspotenziale regionaler Tageszeitungsangebote im Internet

Generell besitzen regionale Tageszeitungsmedien auch im Internet hochgeschätzte Vorteile für Nutzer und Werbekunden. Für den Nutzer ist das digitale Angebot seines Regionalmediums eine einzigartige Quelle für Nachrichten und vertiefte Informationen aus seiner Region. Diese Inhalte findet er im Internet nirgendwo anders. Die digitalen Auftritte der Regionalzeitungen sind damit im zunehmenden Maße für die Werbekunden attraktiv (siehe Abb. 2). Neben eigenen Webseiten arbeiten die Verlage intensiv an der mobilen Optimierung ihrer Inhalte für Smartphones und Tablets. Die meisten Angebote sind stark an den klassischen Zeitungsinhalten orientiert, was dem Bedürfnis der meisten Nutzer entspricht. Weiteres Mobile-Potenzial sehen die Verlage in der Entwicklung von Apps zu Themenschwerpunkten (z. B. Freizeit, Gesundheit, Sport/Fußball-Bundesliga, Kultur).

Werbewirkung regionaler Nachrichtenwebseiten
Einen direkten Zusammenhang von regionaler Verbundenheit des Nutzers und erhöhter Werbewirkung auf Nachrichtenwebseiten belegt eine repräsentative Werbewirkungsstudie der OMS. Laut dieser Studie erhöht die regionale Verbundenheit die Werbewirkung auf Nachrichtenwebseiten um 80 Prozent. Die regionale Verbundenheit von Nachrichtenwebseiten zahlt sich demnach insbesondere auf die Aufmerksamkeitsstärke der Online-Werbung aus: Der Blick der Nutzer ruht hier fast um die Hälfte länger auf dem Werbemittel (+ 45 %). Ein zentraler Grund für diese erhöhte Werbewirkung ist die hohe Nutzer-Seiten-Bindung, die auf eine große persönliche Relevanz der journalistischen Inhalte zurückzuführen ist. Das Vertrauen in sämtliche Inhalte ist durch die regionale Verankerung und die hohe Nutzer-Seiten-Bindung deutlich stärker. Dieses Vertrauen strahlt auch auf die Werbeakzeptanz ab. Werbekunden profitieren von einer überdurchschnittlichen Gesamtwirkung ihrer Werbung. Die Online-Auftritte der Regionalzeitungen besitzen damit als wirksames Werbeumfeld per se eine sehr gute Vermarktbarkeit.

Vermarktung im Bereich Mobile

Um dem veränderten Mediennutzungsverhalten ihrer Leser gerecht zu werden, wird der Zugzwang für Verlagshäuser immer größer, mit ihrem redaktionellen Angebot auch im mobilen Kanal vertreten zu sein. Die Monetarisierung mobiler Tageszeitungswebseiten gestaltet sich allerdings häufig nicht ganz einfach. Erfahrungen aus dem stationären Internet zeigen, dass Paid Content allein die Refinanzierung mobiler Inhalte nicht sicherstellen kann. Die meisten Verlage befinden sich beim Thema Bezahlinhalte noch immer in einem ersten Lern- und Experimentiermodus.

Umso wichtiger ist auch in der mobilen Welt die Werbung als Erlösmodell. Mit Blick auf den wachsenden Mobile-Werbemarkt bieten sich den Verlagen auch in diesem Bereich große Vermarktungspotenziale. Für die bestmögliche Vermarktbarkeit mobiler Zeitungsangebote gilt es in einem ersten Schritt, die mobile Seite auf die Bedürfnisse und Gewohnheiten der Nutzer hin zu optimieren. Denn neben qualitativ hochwertigen Inhalten entscheidet mobil vor allem die Usability eines Angebots, ob es von den Nutzern bevorzugt angesteuert und damit zu einem attraktiven und reichweitenstarken Werbumfeld für mobile Kampagnen wird.

Wie eine mobile Seite aufgebaut sein sollte, um bestmöglich nutzbar zu sein, zeigt eine qualitative „Mobile Usability"-Studie der OMS. An ganz konkreten Beispielen macht sie deutlich, welche wichtige Rolle u. a. ein kompaktes und übersichtliches Layout, eine klare, intuitive und unkomplizierte Navigation sowie eine komfortable Bedienbarkeit mit dem Finger neben den qualitativ hochwertigen und relevanten Inhalten für die Vermarktungsfähigkeit mobiler Tageszeitungswebseiten spielt.

Erfolgsfaktor Medienmarke

Große Mediabudgets werden im Werbemarkt in erster Linie von namhaften Markenherstellern, bzw. deren Agenturen verteilt. Das ist digital nicht anders. In ihrer Kampagnenplanung setzen große Brands allerdings bevorzugt auf Markenumfelder mit nationaler Reichweite. Internetangebote regionaler Tageszeitungen fallen bei den großen Brands daher oft aus dem „Relevant Set". Neben der Schaffung eines flächendeckenden Reichweitenangebots über den Verbund der OMS ist für Zeitungsmedien somit auch professionelles Branding im Werbegeschäft ungemein wichtig. Inmitten der Flut an Informations- und Unterhaltungsangeboten im Internet gilt es für Zeitungsmedien, ihre Qualitäten und Leistungen in den Vordergrund ihrer Vermarktung zu stellen. Neben der unverwechselbaren Profilierung als Medienmarke spielt es für die Verteilung der Mediabudgets ebenfalls eine große Rolle, in welchem Markt das Zeitungsmedium wahrgenommen wird. Als rein lokales oder regionales Angebot wird es bei nationalen Werbekampagnen – und eben auch nationalen Werbebudgets – kaum Berücksichtigung finden.

Größe ist aber auch nicht alles: Erst wenn Sichtbarkeit und Wirkung zusammenkommen, haben Medienmarken Aussicht auf profitable Budgets. Für eine entsprechende Wirkung müssen die Werbebotschaften die vom Werbekunden gewünschte Zielgruppe erreichen. Media-Agenturen planen daher direkt nach Zielgruppen und Zielgruppen-Umfeldern, die von den Verlagen in der Vermarktung ihres Angebots klar kommuniziert werden sollten.

3 Fazit & Ausblick

Die Ansprüche, die Markenhersteller und Werbekunden im Allgemeinen an die digitalen Angebote der Medienmarken stellen, sind im letzten Jahr immens gewachsen. Reichten früher eine angemessene Reichweite, ein qualitativ hochwertiges Umfeld und ein entsprechendes Markenimage aus, um von ihnen als bevorzugtes Premium-Angebot wahrgenommen zu werden, gehören heute auch das eigentliche Produkt, die Zielgruppen, die Qualität und die Verfügbarkeit von Daten unbedingt dazu. Regionale Medienmarken der Tageszeitungen erfüllen digital alle diese Ansprüche und bieten den Werbekunden damit einen echten USP und Mehrwert für ihre Kampagnen.

Die nötige Sichtbarkeit und Werbewirkung entfalten regionale Nachrichtenwebseiten unter dem Dach der OMS. In nationaler Reichweite bündelt sie attraktive Themenumfelder und Zielgruppen, nach denen Mediaplaner suchen. Die Regionalität der Tageszeitungsangebote ist dabei keineswegs als Nachteil, sondern als immenser Vorteil und echter USP zu sehen. Schließlich kann kein anderes Medium Nutzer in bestimmten Regionen so gezielt ansprechen wie regionale Tageszeitungen – auch online.

Kurz gesagt: Verlagshäuser, die es schaffen, sich auf ihre ureigenen Stärken als regionale Anbieter relevanter und vertiefter Informationen und Nachrichten zu besinnen, ihr Angebot als unique und hochwertige Medienmarke zu positionieren und ihre Kompetenzen nebst dem gedruckten Presseerzeugnis über weitere, digitale Kanäle auszuspielen, werden mit Hilfe der OMS auch in Zukunft erfolgreich im Werbegeschäft agieren können und damit ihre Wirtschaftskraft neu beflügeln. Die größte Herausforderung stellt dabei auch in Zukunft die weiter wachsende Medienkonvergenz dar. Denn, wer die Nutzer digitaler Angebote nachhaltig erreichen, und bestmöglich vermarktbar bleiben will, muss zukünftig auf allen Screens präsent sein. Auf klassischen Webseiten, auf Mobile-Seiten und in Apps. Für PC, Tablet und Smartphone. Die Erfolgsformel der Zukunft lautet daher: Multiscreen statt Online. Daran werden sich die Zeitungsmedien im künftigen Werbegeschäft messen lassen müssen.

Literatur

Online-Vermarkterkreis (OVK) im Bundesverband Digitale Wirtschaft (BVDW) e. V. (Hrsg.). (2013). Online-Report 2013/02. http://www.bvdw.org/mybvdw/media/download/ovk-report-2013-02.pdf?file=2951. Zugegriffen: 28. Jan. 2014.

Pasquay, A. (2013). Zur wirtschaftlichen Lage der Zeitungen in Deutschland 2013. http://www.bdzv.de/markttrends-und-daten/wirtschaftliche-lage/artikel/detail/zur_wirtschaftlichen_lage_der_zeitungen_in_deutschland_2013/. Zugegriffen: 28. Jan. 2014. Berlin.

PricewaterhouseCoopers (PwC). (2013). Global Entertainment and Media Outlook 2013–2017. https://www.pwc.com/gx/en/global-entertainment-media-outlook/segment-insights/internet-access.jhtml. Zugegriffen: 28. Jan. 2014. Berlin.

Zeitungs Marketing Gesellschaft (ZMG). (2013). Sonderauswertung der AGOF internet facts 2013-11, Frankfurt a. M. http://www.die-zeitungen.de/die-zeitungen/news/article/302-millionen-lesen-online-zeitung-1.html. Zugegriffen: 28. Jan. 2014.

Zentralverband der deutschen Werbewirtschaft (ZAW). (2013). Studie „Werbung in Deutschland", Berlin. http://www.zaw.de/index.php?menuid=98&reporeid=864. Zugegriffen: 28. Jan. 2014.

Dirk von Borstel Diplom-Betriebswirt, seit 2009 zuständig für die operative Geschäftsführung der OMS Vermarktungs GmbH & Co. KG, Dirk von Borstel, Operative Geschäftsführung OMS Vermarktungs GmbH & Co. KG.

Kundenbeziehungen in der neuen Lebenswelt mit Social Media und Smartphone

Matthias Keil

Inhaltsverzeichnis

1	Mensch und Technologie im Wandel	148
2	Social & Mobile – gekommen, um zu bleiben	149
	2.1 Relevante Auswirkungen von Social Media	150
	2.2 Smartphones – telefonieren war gestern	152
3	Kundenbeziehungen intelligent managen	152
	3.1 Loyalitäten werden brüchiger	153
	3.2 Daten: das Öl der digitalen Ära	153
	3.3 Auswirkungen für den Leser- und Werbemarkt	154
4	Die Zukunft hat (gerade) erst begonnen	158
Literatur		159

Zusammenfassung

Die zunehmende Informatisierung verändert unser Leben und Arbeiten. Beschleunigt wird diese Entwicklung durch die mobile Verbreitung des Internets und Social Media. Davon betroffen sind auch die Beziehung des Kunden zum Produkt und Unternehmen. So dient das Internet längst nicht mehr nur der Suche nach Informationen, sondern wird immer mehr zum Interaktionsmedium: Der Austausch mit Gleichgesinnten oder Freunden steht im Mittelpunkt. Das schließt auch Empfehlungen oder Bewertungen

Matthias Keil (✉)
Data Management & Customer Care, AVS GmbH, Mainstraße 5,
95444 Bayreuth, Deutschland
E-Mail: matthias.keil@avs.de

von Unternehmen, einzelnen Artikeln oder Leistungen ein. Statt mit der Mund-zu-Mund-Propaganda wenige Bekannte zu erreichen, werden heute mit einem einzigen Post hunderte informiert. Dem muss die Kommunikation vom Unternehmen zum Kunden Rechnung tragen. Sie sollte darauf abgestellt sein, dass Kunden eine aktive Rolle übernehmen, und zwar jederzeit und überall. Das Smartphone macht es möglich. Diese neue Mündigkeit der Kunden ist aber mehr Chance als Bedrohung, vorausgesetzt es gelingt, die Daten, welche durch die Mediennutzung entstehen, richtig zu bewerten, denn diese enthalten wichtige Informationen über Nutzungsverhalten und Bedürfnisse der Kunden, deren Bedienung neue Optionen eröffnen. Speziell in der Verlagsbranche sind vor dem Hintergrund abnehmender Werbeerlöse alternative Strategien gefragt, mit denen die Werbekunden die Konsumenten gezielt ansprechen können. Darüber hinaus erfordern sinkende Auflagen Maßnahmen zur Kundenbindung. Anhand der Kundenkarte von Verlagen (AboCard) und neuen digitalen Mehrwertprogrammen wird beispielhaft aufgezeigt, wie eine gelungene Integration neuer Medien aussehen kann und sich durch punktgenaue Ansprache der Kunden neue Geschäftsmodelle entwickeln. Vor diesem Hintergrund gibt es keine Veranlassung, um schwarz zu sehen für regionale Verlage und den stationären Handel. Vielmehr ist ein langes (Über-)Leben die Perspektive –vorausgesetzt, es werden regionale und technische Strukturen rechtzeitig aufgebaut und neue Kundenbeziehungen jenseits des klassischen Kerngeschäfts geknüpft.

1 Mensch und Technologie im Wandel

Wir leben in der Zukunft. Einem Zustand, in dem die Menschen umgeben sind von Gegenständen, die immer mit dem Internet verbunden sind. Auf Musik, Fotos oder Dokumente zugreifen, egal von welchem Gerät, ferne Freunde im Video-Chat erreichen oder Waschmaschinen, die sich in Gang setzen, wenn der Strom am günstigsten ist. Das Smartphone, das dem Auto mitteilt, dass Sie um 14 Uhr einen Termin in Hamburg haben, worauf das Navigationssystem schon mal die Route berechnet und Sie via Traffic-Feet, eine Smartphone App Ihres Autoherstellers, über die Verkehrslage informiert. Science-Fiction? Nein. Die Technik dafür ist längst vorhanden und bewegt sich deutlich in Richtung des prognostizierten „Internets der Dinge", in dem Objekte sich intelligent untereinander verbinden und automatisiert Informationen austauschen. Wir sind umgeben von intelligenten und kontextsensitiven Informations- und Kommunikationssystemen. Die Zeichen des digitalen Wandels sind unübersehbar und beeinflussen alle Bereiche des Lebens.

Früher brauchte man für jeden Empfangskanal (TV, Radio) ein eigenes Medium. Heute kann der Computer sowohl Fernsehen empfangen als auch Radio abspielen. Die Mobiltelefone der neusten Generation sind Telefon, Fotoapparat, Radio, Fernseher und Computer in einem. Und sie sind permanent mit dem Internet verbunden. „Das Internet ist zu einem

Kommunikationsmedium geworden, das durch Interaktion auf vielfältige Weise Produkte, Kunden und Unternehmen miteinander verbindet" (Brenner und Herrmann 2012, S. 15).

Doch nicht die neuen Medienangebote, als Folge technologischen Fortschritts, sind der aktive Teil, der den Wandel der Gesellschaft vorantreibt. Vielmehr sind es die Menschen selbst, die immer mehr Medien für immer neue Aktionen und Prozesse in ihren Alltag einbeziehen und dadurch deren Bedeutung beeinflussen (Streit 2013, S. 17). Zur veränderten Mediennutzung kommt eine neue Qualität in den Formen gesellschaftlicher Kommunikation hinzu, die zur heutigen Netzwerkgesellschaft führen (Meckel 2008).

Und diese bedient sich des Internets längst nicht mehr nur zur Suche nach Informationen, sondern zum Austausch mit Gleichgesinnten oder Freunden und trägt so selbst zu neuen Inhalten bei. Heute wird nicht nur konsumiert, sondern von den Nutzern mitproduziert. Dafür gibt es viele Kanäle: soziale Netzwerke wie Facebook, Diskussionsforen zu unterschiedlichsten Themen, Kurznachrichtendienste wie Twitter, öffentlich zugängliche Lexika wie Wikipedia bis hin zu Videoplattformen. Es entsteht „das virtuelle Netzwerk der sozial und global Verbundenen" (Meckel 2008), oder kurz: Social Media, also Medien, mit denen Nutzer Informationen erstellen, verteilen und verändern können.

Für Unternehmen führt das veränderte Kommunikationsverhalten zu Veränderungen in der Kundenbeziehung. Bisher war das Sprachrohr der Unternehmen eher auf die direkte Verbreitung von Informationen über TV, Radio, Infobrief, Kundenzeitung, Newsletter und Plakat ausgerichtet. Durch Social Media können Unternehmen auf ein Netzwerk von Beziehungen zugreifen und mit dem Kunden in Interaktion treten. Dank Smartphone gewinnt außerdem die ortsunabhängige Kommunikation an Bedeutung. Unternehmen müssen auf diese rasanten Transformationsprozesse reagieren und sich neu erfinden und positionieren. Es ist keine Frage mehr, dass wir uns verändern müssen, sondern ob wir schnell genug sind.

2 Social & Mobile – gekommen, um zu bleiben

Social Media ist im Grunde nichts Neues. Gemeinschaften zu bilden, ob beim Stammtisch um die Ecke oder als Fan vom Fußballverein, ist ein Urbedürfnis der Menschen, ebenso wie der Austausch untereinander. Neu sind die Plattformen, die dafür genutzt werden, die hohe Bereitschaft sich zu vernetzen, Daten auszutauschen und an Umfragen teilzunehmen.

Für Millionen Menschen gehört das Tweeten, Chatten, Facebooken und Bloggen zum Alltag. Wie Abb. 1 verdeutlicht, sind mehr als drei Viertel (78%) der Internetnutzer in einem sozialen Netzwerk angemeldet, davon sind zwei Drittel (67%) aktiv (BITKOM 2013a, S. 8). Mag sein, dass die intensive Nutzung zu neuen Plattformen, Definitionen und Begriffen führt, aber: Social Media und die mobile Kommunikation mit intelligenten Minicomputern (Smartphone, Tablet) werden weiter Bestand haben. Sie sind kein Hype und sie gehen auch nicht wieder weg!

Abb. 1 Nutzer sozialer Netzwerke (AVS)

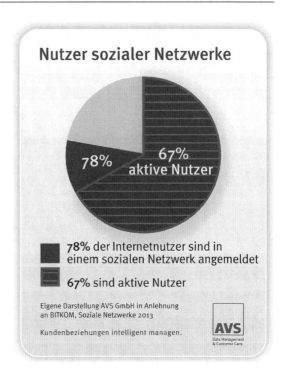

2.1 Relevante Auswirkungen von Social Media

Unternehmen haben erkannt, dass die bisherigen Komponenten Mensch und Technologie im Web durch Social Media um den Aspekt der Beziehung ergänzt werden. Der Mensch ist Empfänger und Absender gleichzeitig. Und Facebook, Twitter etc. sind seine Betriebssysteme. Für das Marketing ist das Verständnis von folgenden drei Auswirkungen von Social Media wichtig:

Die neue Macht des Kunden: Wissen und Reichweite
Die Vorstellung neuer Produkte wird in Echtzeit auf Twitter und diversen Blogs übertragen und kommentiert. Nach dem Verkaufsstart werden die Produkte ausführlich getestet und bewertet. Die Kunden haben eine Stimme und jeder kann sie hören: in Communitys, auf Bewertungsportalen oder in Foren. Der durchschnittliche Facebook-Nutzer verfügt über 229 Freunde, die mit einer Statusmeldung direkt erreicht werden (Fox 2011). Blogger können mit einem einzelnen Tweet mehrere tausend Follower erreichen und jeder Retweet erweitert den Einflusskreis zusätzlich.

Der Zugriff auf Wissen verändert den Kaufprozess. Bevor der Kunde von heute größere Anschaffungen tätigt, ruft er umfangreiches Wissen aus dem Internet, Fernsehen, aus Fachmagazinen und Social Media-Netzwerken ab. Verkäufer stoßen somit auf gut informierte Kunden, die eine qualifizierte Fachmeinung auf Augenhöhe erwarten. Bewertungen werden unter einer Vielzahl von Konsumenten ausgetauscht. Negative Nutzerkommentare auf einschlägigen Foren sind durchaus in der Lage einem Unternehmen zu schaden. Andererseits besteht darin eine große Chance sehr viel schneller als früher, auf Kritik zu reagieren, nicht nur verbal, sondern auch mit Produktverbesserungen.

Likes sind die neue Währung
Hat die Ware der Beschreibung entsprochen? Wurde das Produkt schnell geliefert? Hat die Zahlung zuverlässig funktioniert? Die Erfahrungen der Nutzer sind bei ebay ein Gradmesser für die Seriosität von Käufer und Verkäufer. Laut einer Umfrage von BITKOM hat jeder zweite Internetnutzer bereits online seine Erfahrungen mit Produkten und Dienstleistungen geteilt (BITKOM 2013). Im Nielsen Global Survey 2013, eine Studie darüber, welche Werbeformen das höchste Vertrauen genießen, stehen die Erfahrungsberichte anderer Kunden an erster Stelle.

Neben den Kundenrezensionen gibt es noch Nützlichkeits-Rankings, wie beispielsweise „sehr hilfreich" oder „weniger hilfreich", Bewertungen durch Sternchen und natürlich die Like- und Sharefunktion bei Facebook oder den Googles +1-Button. Empfehlungen werden zur neuen Währung in der Netzwerkgesellschaft. Für Unternehmen werden Empfehlungen zu einer effektiven Form der Werbung und Neukundengewinnung, aber auch zu einer Herausforderung infolge abnehmender Kontrolle über Bedürfnisweckung und Kaufentscheidung (Hintz 2012). „Wer heute nicht empfehlenswert ist, ist morgen nicht mehr kaufenswert – und übermorgen tot" (Schüller 2012, S. 13).

Fokus auf Kundenbeziehungen
Facebook und andere „soziale" Medien bieten den Unternehmen eine hohe Reichweite. Da liegt es nahe, dass besonders der Handel das soziale Netzwerk als riesiges digitales Schaufenster versteht und dazu nutzen möchte, seine Produkte zu verkaufen und neue Kunden zu akquirieren. In der Praxis konzentrieren sich die Aktivitäten häufig auf Facebook. Deshalb spricht man auch vom F-Commerce. Viele Nutzer wollen aber nicht permanent mit Angeboten überschüttet werden. Deshalb werden die Erwartungen von Unternehmen, die vorrangig mit dem Ziel des Abverkaufs in das Thema Social Media einsteigen, häufig nicht erfüllt.

Viel sinnvoller ist es, den Kunden und seine Beziehungen in den Mittelpunkt der Überlegungen zu stellen. Durch aktives Zuhören erfährt das Unternehmen mehr über Bedürfnisse, Wünsche, Ängste und Kritikpunkte. Vor einigen Jahren war es unvorstellbar, dass Unternehmen sich der Community bedienen, um Fragen der Kunden beantworten zu lassen. Das hat sich mittlerweile geändert. Bestes Beispiel ist das schweizerische Telekommunikationsunternehmen Swisscom. Kunden, die Fragen stellen oder Probleme im Forum schildern, werden erst mal der Community überlassen. Wenn sich nach 24 h noch kein anderer Nutzer dem Anliegen angenommen hat – was eher selten vorkommt – dann greift der Kundenservice der Swisscom ein (Heckel 2013). Durch Social Media wird der Abstand zwischen Unternehmen und Kunde immer geringer, denn es ermöglicht eine andauernde Verbindung aufzubauen. Deshalb sollten sich die Aktivitäten in den Unternehmen deutlich über das Thema F-Commerce hinausbewegen. Strategien, die auf die Kundenbeziehung abstellen, zahlen nachhaltig auf die Kundenzufriedenheit und in der Folge auch auf die Loyalität ein. Denn Beziehungen können nicht nur in der realen Welt, sondern auch im Web entstehen.

2.2 Smartphones – telefonieren war gestern

Wir schreiben das Jahr 2007, als Steve Jobs nach ein paar eher unwichtigen Neuigkeiten für das Auditorium auf der „Macworld" mit seinen berühmten „one more thing" den Handymarkt revolutionierte, in dem er ein Smartphone aus der Hosentasche holte, das auf der Vorderseite nur eine Taste besaß und sich fast vollständig per Fingergesten bedienen ließ. Mehr als 50 % der Deutschen besitzen mittlerweile ein solches Gerät, Tendenz steigend. Und dabei beschränkt sich die Nutzung keineswegs mehr auf das Telefonieren.

Video streamen, Status updaten und vor dem Schlafen gehen noch mal die Mails checken, ohne den Rechner hochzufahren. Die mit Smartphones bewaffnete digitale Gesellschaft macht ungeniert Fotos von Kleidung, Möbeln oder Elektrogeräten, scannt die EAN oder den QR-Code ein, um noch direkt im Laden auf Schnäppchenjagd zu gehen und in den sozialen Netzwerken am Point of Sale Empfehlungen zu posten. Willkommen im mobilen Internet.

In der Kombination der beiden Bereiche „Social" und „Mobile" ergeben sich neue Chancen. So nutzen beispielsweise Fluggesellschaften den Dienst Twitter, um ihre Kunden über Flugausfälle und Verspätungen zu informieren. Handelsunternehmen bedienen sich vermehrt standortbezogener sozialer Netzwerke wie „Foursquare", um mit dem Nutzer in Kontakt zu treten.

Seit dem Ur-Handy, dem Motorola International 3200 aus dem Jahre 1992, hat sich einiges getan. Durch eine Vielzahl an integrierten Funktionen, Radio, MP3-Player, Bluetooth für den Datenaustausch und Kameras zur Fotografie und zum Filmen sind die Smartphones von heute multifunktionale PCs im handlichen Taschenformat. „Das Smartphone wird zur individuellen Schaltzentrale im digitalen Raum – überall und jederzeit" (Lause und Wippermann 2012, S. 30). Telefonieren war gestern!

3 Kundenbeziehungen intelligent managen

Die Herausforderung für Unternehmen im Zeitalter von Social Media und Smartphone besteht darin, die traditionellen Kanäle, wie PR, Direktmarketing, Werbung etc., mit den neuen sozialen Medien sinnvoll zu verknüpfen. Sie besteht aber auch darin, die vielen Online- und Offline-Kundenkontaktpunkte im Rahmen eines intelligenten Kundenmanagements zu organisieren. Dazu zählt ebenfalls, dass die vorhandenen Kundenbindungsprogramme integraler Bestandteil dieser Strategie sind und mit der digitalen Welt vernetzt werden.

3.1 Loyalitäten werden brüchiger

„Noch nie war der Kunde so flüchtig wie heute. Und noch nie hatten Unternehmen so gute Mittel ihn einzufangen", mit diesen Worten beginnt das Wirtschaftsmagazin „Brand Eins" den Artikel „Treudoof war gestern" zum Thema Kundenbindung (Ramge 2012).

Fakt ist, dass zu den größten Herausforderungen die wachsende Zahl von Kommunikationskanälen und -geräten sowie Änderungen im Verhalten der Verbraucher zählen. Diese klicken sich durch Bewertungsportale und lesen Testberichte vor dem Kauf von Unterhaltungselektronik, aber entscheiden nach dem Bauchgefühl für eine Geldanlage. Sie beklagen den Verkauf von Gammelfleisch und kaufen trotzdem beim Discounter. Und seit die Warenflut vor den Grenzen nicht Halt macht und das Internet Angebote internationaler Anbieter per Mausklick in die Wohnzimmertür der Verbraucher liefert, lieben die Menschen die Abwechslung und die Möglichkeit unter mehreren Optionen zu wählen. Die Bereitschaft der Gesellschaft sich langfristig zu binden, nimmt ab (Buch 2012, S. 209). „Ob persönliche Beziehungen, Treue zu einer Partei oder Bindung in Form eines Zeitungsabonnements – Loyalitäten werden brüchiger" (Buch 2012, S. 209).

3.2 Daten: das Öl der digitalen Ära

So wechselhaft, skeptisch, ungeduldig und heterogen sich die Kunden heute präsentieren, ihre Präferenzen sind dennoch erfassbar. Über soziale Netzwerke werden vom Alter über Geschlecht, Ausbildung, Lieblingsfilme bis zum Profilbild freiwillig umfangreiche Informationen ins Netz gestellt. Mobile Applikationen mit Ortungsfunktionen, Online-Gewinnspielen und Kundenkarten geben weitere Details über Interessen und Kaufverhalten preis (vgl. Abb. 2).

Darüber hinaus gibt es noch traditionelle Informationsquellen wie Marktforschung etc., doch diese stellen den Kunden immer nur als Gruppe dar und erlauben so keinen Einblick in die Bedürfnisse des Einzelnen. Der FAZ-Geschäftsführer Tobias Trevisan sagte im Interview mit „Focus Online", dass sich die Verlage an Einzelbedürfnissen ausrichten müssten, um über den Leser mehr zu erfahren und in der Folge auch die Zusatzgeschäfte zu optimieren (Focus Online 2013). Und in der Tat wissen heute viele Verlage über ihre Abonnenten lediglich die Anschrift und das Geburtsdatum, obwohl in unterschiedlichen Datenbanken viele Informationen über den Leser schlummern. Deshalb ist es wichtig, das stetig wachsende Datenvolumen unter Berücksichtigung des Datenschutzes so zu strukturieren, dass dieses vermarktungsfähig ist. Dann können die Vorlieben und Bedürfnisse gefiltert und Bedarfsmuster erkannt werden, um die Kunden gezielter auf den verschiedenen Kanälen mit dem passenden Angebot anzusprechen.

„So verstehen sich die vier derzeitig dominantesten US-Konzerne Apple, Google, Facebook und Amazon längst nicht mehr nur als reine Technologieunternehmen. Ihre Ware sind Nutzerdaten – und die stellen ihnen die Menschen größtenteils freiwillig für Dienste zur Verfügung, die zwar kostenlos, aber nicht umsonst sind" (Streit 2013, S. 23).

Abb. 2 Big Data (AVS)

Daten sind der Treibstoff und das Schmiermittel der vernetzten Wirtschaft. Ohne sie geht fast gar nichts mehr.

3.3 Auswirkungen für den Leser- und Werbemarkt

Doch leider geben die Daten, die in irgendeiner Weise „wertvoll" sind, ihren Wert nicht von alleine preis. Es braucht schon Grips und Technologie, um den Datenschatz zu heben. Das Zauberwort heißt „Big Data" und bezeichnet eine Sammlung von Techniken, deren Ziel es ist, große Datenmengen zu speichern und zu analysieren.

Daten, als Öl der digitalen Ära und die „Neuen Medien" verändern den Zeitungsmarkt und verlangen ein Umdenken bei Verlag und Redakteur. Den klassischen BILD-Zeitungsleser, eher der Handwerker als der Banker, den die schnelle Boulevard-Schlagzeile und das BILD-Girl auf Seite 1 interessieren, gibt es heute ebenso wenig mehr wie den typischen Anzeigenkunden und die einst üppigen Rubrikenmärkte. Auch wenn sich das

Beispiel auf den Axel Springer Verlag bezieht, ist es dennoch charakterisierend für die gesamte Zeitungsbranche. Der Kunde von heute liest nicht mehr nur Zeitung, egal ob Print oder Digital, und beim Werbekunden dreht sich alles um Werbewirkung und performancebasiertes Marketing (Döpfner 2012, S. 167 f.).

Mit dem Ergebnis für die Tageszeitung, dass Auflagenzahlen abnehmen und Werbeerlöse sinken. Darum gewinnt Kundenbindung an Bedeutung. Die Idee ist recht einfach: Zufriedene Kunden sind loyal und bleiben. Damit stellt sich die Frage: Wie können soziale Medien dabei helfen, diese Bindung herzustellen?

Schöne neue Welt: Kundenbindung für Verlage
Seitdem die Effizienz von Werbemaßnahmen messbar geworden ist und sich die Zielgruppen immer seltener mit Anzeigen, Bannern oder Spots erreichen lassen, verringern die Anzeigenkunden ihre Print- und Online-Werbung. Deshalb sind alternative Strategien gefragt, mit denen die Werbekunden die Konsumenten gezielt ansprechen können. Das neue Schlagwort am Social Media Himmel heißt „Content Marketing".

Content Marketing
Gemeint ist damit die Bereitstellung hochwertiger Informationen, die auf die Interessen der jeweiligen Zielgruppe zugeschnitten sind und einen Mehrwert bieten. Das sind beispielsweise Tutorials, Ratgeberseiten oder Lexika, die in der Regel auf der Webseite oder in einem Blog veröffentlicht werden. In enger Verbindung mit Social Media Aktivitäten werden interessante Inhalte auf Plattformen wie Facebook, Slideshare oder Twitter beworben. Im Idealfall fördert dies die Viralität der Inhalte, wodurch eine hohe Reichweite entsteht.

Was sind beispielsweise relevante Inhalte, die Bezug zur Zielgruppe und zu Anzeigenkunden haben, die aber echte Mehrwerte liefern? Statt Banner oder im Print die kleinen Kacheln, die mit niedrigpreisigen Digitalkameras des örtlichen Elektronikfachhändlers gefüllt sind, gibt es Inhalte, nach denen die Leser suchen. Die besten Kameras für den nächsten Urlaub (mit Angebot einer Städtereise des regionalen und zahlenden Reisebüros) oder Tipps zur Reisefotografie (welche Fototasche ist der ideale Reisebegleiter) und zur Gestaltung von Fotobüchern mit Rabatt-Coupon (des ebenfalls zahlenden Elektronikhändlers).

Und da wir schon mal beim Thema Rabatt sind, lohnt sich ein Blick auf die Kundenbindungsprogramme, die durch Social Media neue Impulse erhalten.

Mehrwerte durch Bonus
Verlage bedienen sich heute unterschiedlicher Kundenbindungsprogramme. Eines davon hat besondere Bedeutung: die Kundenkarte (AboCard). Warum? Weil diese nicht nur im Sinne von „Big Data" wertvolle Informationen generiert, sondern hin zum Leser- und Anzeigenkunden wirkt und damit analog zur Tageszeitung beide Märkte bedient. Voraussetzung ist die Verknüpfung mit einem intelligenten CRM-System, wie beispielsweise bei der CleverKarte der „Landeszeitung für die Lüneburger Heide" oder der AboPlus-Karte

der „Hannoverschen Allgemeine". Die Funktionsweise der AboCard ist schnell erklärt: Der Verlag akquiriert ein Netz an regionalen Partnern, die dem Abonnenten beim Einkauf einen Rabatt gewähren. Diese werden in bar auf das Bankkonto ausbezahlt. Der Handel profitiert von der Kundenzuführung durch die Kommunikationsleistung des Verlags.

Das Thema Rabatt ist insoweit wichtig, weil sich damit auch in Social Media punkten lässt. In der Studie „From social media to Social CRM" von IBM war die Frage, welche Inhalte der Kunde auf einer Fanpage erwartet, Gegenstand der Untersuchung (Heller Baird und Parasnis 2011, S. 9). Demnach stehen Rabatte an erster Stelle noch vor Produktbewertungen und exklusiven Informationen. Im Vergleich mit anderen Studien sind die Europäer zwar etwas zurückhaltender, was Rabatte anbelangt, trotzdem haben diese eine immer noch hinreichende Relevanz.

Mit Blick auf die Wichtigkeit von Empfehlungen und Bewertungen müssen Verlage mit AboCard darüber nachdenken, wie sie nicht mehr nur Käufe belohnen, sondern die Kommunikation der Werbekunden zum Teil ihrer Kundenbindungsprogramme machen. Denn genau diese Empfehlungen und Bewertungen werden für die Werbekunden immer wichtiger. Wenn also Kunden anderen Kunden helfen oder Rezensionen schreiben, dann ließe sich das belohnen. Dies ist schon deshalb sinnvoll, weil sich Kritiker vornehmlich zu Wort melden. Damit kein Ungleichgewicht zwischen kritischen und empfehlenden Stimmen entsteht, ist es ratsam, den Kunden durch Boni zu motivieren. Alternativ könnten statt Boni auch Produkt-Previews, Produkttests oder Spezialangebote dem Kunden winken.

SoLoMo: Tante Emma reloaded

Mittlerweile entwickeln regionale Zeitungshäuser und der vor Ort organisierte Einzelhandel eine neue Gemeinsamkeit. Beide diskutieren den permanenten Niedergang ihrer Zunft und beide machen das Internet dafür mitverantwortlich. Dabei gilt einmal mehr: Totgesagte leben länger. „In five years buying local will beat online", prophezeit IBM Research 5 in 5 (IBM 2013).

Doch der Reihe nach: Der mobile Zugriff auf das Internet wird durch die technische Weiterentwicklung der Netze und mobilen Endgeräte alltäglich. Der mobile User ist „always on", überall und zu jeder Zeit online. Mit Social Media wurde ein erster Schritt getan, das soziale Umfeld des Users einzubeziehen. Durch die Berücksichtigung der geografischen (lokalen) Umgebung in Kombination mit neuen Funktionalitäten der mobilen Endgeräte rückt jetzt das soziale und räumliche Umfeld zusammen. Es kommt zur Verschmelzung der einzelnen Komponenten „Social", „Local" und „Mobile" – kurz: SoLoMo. Dadurch ist es möglich das tägliche Leben der Menschen, orts-, zeit- und situationsbezogen in der digitalen Welt abzubilden.

Und genau da schließt sich der Kreis. Es kommt zu neuen Möglichkeiten der Services und Mehrwerte und damit auch zu neuen Chancen in der Kundenbindung und der Erschließung neuer Geschäftsfelder. Mit einer heute vernünftigen Reichweite der Tageszeitung, der regionalen Positionierung und der journalistischen Kompetenz haben Verlage eine optimale Ausgangsposition. Somit muss die Vermarktung geolokalisierter Angebote und Services eine Domäne der Lokal- und Regionalverlage sein.

Dadurch, dass der Aufenthaltsort der mobilen Endgeräte bestimmt werden kann, können dem Nutzer standortbezogene Dienste (Location Based Services kurz: LBS) angeboten werden. So kann beispielsweise ein Tourist in einer fremden Stadt über LBS herausfinden, wo aufregende Freizeitparks, schöne Cafés oder leckere Restaurants zu finden sind und wie andere Nutzer diese Orte bewerten. Location Based Services eröffnen auch für Werbung und Kommunikation neue Möglichkeiten: User können direkt am Point of Sale angesprochen werden und bekommen je nach Standort und Nutzungssituation maßgeschneiderte Angebote.

Unternehmen haben sich das zunutze gemacht und bieten Dienste und Informationen zu regionalen Produkten oder Dienstleistungen an. Noch mehr Möglichkeiten stecken in der Verbindung von Location Based Services mit Mobile und Social Media. Und das Grundprinzip, dass Händler ihre Kunden mit Plastikkarte ausstatten und mit Rabatt belohnen, findet sich hier – wenn auch in neuem Gewand – ebenfalls wieder. Per Check-in macht der User publik, wo er sich gerade aufhält und dass er Kunde eines bestimmten Unternehmens ist. Viele Firmen lassen sich diese Art des Empfehlungsmarketings etwas kosten und bieten zum Anreiz Rabatte, Gratisprodukte oder andere Vorteile an. Was früher der Stammkunde mit den meisten Umsätzen war, ist heute der User mit den meisten Check-ins und das muss im Sinne der Kundenbindung natürlich zusätzlich belohnt werden.

Die Plattform Foursquare war ein früher Vorläufer, heute kommen fast täglich neue dazu. Und auch die rasante Zunahme dieser Systeme erinnert ein Stück weit an die Kundenkarte. Lediglich die Varianten und technologischen Möglichkeiten sind wesentlich vielseitiger. So will beispielsweise das Hamburger Unternehmen Yoints Kunden fürs Stöbern im Laden belohnen. Die Lösung basiert dabei auf Apples iBeacon-Technologie, die auf Basis des Übertragungsstandards Bluetooth Low Energy mittels im Ladengeschäft installierter Funksender (sogenannte Beacons) das Smartphone der Kunden lokalisiert und eine Verbindung herstellt. Der Kunde erhält so orts- und situationsspezifische Botschaften, wie etwa ein Coupon, ein Rabattangebot oder eine Information zum Produkt. Wo früher noch die Plastikkarte versagte, gibt es heute dank Digitalisierung und App eine Lösung. Hitradio Ohr in Offenburg nutzt einen neuen Weg der Hörerbindung. „Wir belohnen das Zuhören unmittelbar und auf spielerische Art. Der Hörer scannt unsere Soundcodes, akustische Treuepunkte, die einfach mit dem Smartphone gesammelt werden und am Ende winken tolle Preise", erklärt Claudia Roggisch, Marketingleiterin des Funkhauses. „Mit QSounds können wir aktiv mit Hörern kommunizieren. Das bringt uns ungeahnte neue Möglichkeiten" (Pressebox 2013).

Zurück zur IBM-Studie: Das Shopping in stationären Ladengeschäften zeichnet sich in Zukunft durch Personalisierung aus. Basis ist das einkaufsbegleitende Zusammenspiel von sozialer Vernetzung, mobiler Internetnutzung, Augmented Reality und Location Based Services, die dem Kunden einen Mehrwert bieten, den sie in Online-Shops nicht finden. Zu dieser Einschätzung betreffend des Handels kommt der IBM-Bericht. Zu einer ähnlichen Einschätzung kommt übrigens auch die Studie von kaufDA und dem eWeb Research Center der Hochschule Niederrhein: „Die Zukunft des stationären Handels liegt im Internet – vorausgesetzt, die vorhandenen Möglichkeiten werden entsprechend ausgeschöpft. Vor allem standortbezogene Dienste haben das Potenzial, das Einkaufsverhalten von Konsumenten zu beeinflussen und lokale Händler zu stärken" (KaufDA 2013).

Das Smartphone wird zum lokalen Einkaufshelfer und bringt die Kunden zurück ins Ladengeschäft – Tante Emma reloaded. Wenn das keine Chance für Verlage ist. Zugegeben, noch steckt Location Based Services in den Kinderschuhen, aber sie werden kommen und mit ihnen die Geschäftsmodelle. Jetzt könnten Verlage noch vorne mit dabei sein und die regionalen Strukturen aufbauen, neue Kundenbeziehungen jenseits des klassischen Kerngeschäftes knüpfen und den regionalen Markt vor den Wettbewerbern besetzen.

4 Die Zukunft hat (gerade) erst begonnen

Unter dem Konzept des Wearable Computing werden derzeit Produkte entwickelt, die sich tragen lassen wie Kleidung oder Schmuck. In diese sind elektronische Komponenten eingearbeitet. „Etwa eine Halskette, die ihren Träger dabei unterstützt, verschriebene Medikamente zum vorgegebenen Zeitpunkt einzunehmen. Mit Sensoren versehen, erkennt die Kette, wenn eine magnetisierte Pille oder Kapsel durch die Speiseröhre des Patienten rutscht und leitet die erfassten Informationen an ein Smartphone oder einen Rechner weiter. Vergisst der Patient die Einnahme, kann das medizinische Personal, das die Daten überwacht, ihn daran erinnern" (Sieger 2010). Kein Science-Fiction, sondern Realität!

Der Tag beginnt mit einem automatischen Gesundheitscheck: Schon beim Zähneputzen im Bad wird der menschliche Körper von Sensoren gescannt und danach ein Gesundheitsreport erstellt. Ist ein Organ erkrankt, wird ein neues gedruckt, gezüchtet aus menschlichen Zellen. Realität? Nicht ganz, aber in der Tat können bereits heute künstliche Hautschichten gedruckt werden und vielleicht auch in der Zukunft ein ganzes Organ (Herr 2005).

Die Zeitung der Zukunft besitzt eine Aktualität über mehrere Tage hinweg, weil in die Papierform hauchdünne, von der Dicke des Papiers nicht zu unterscheidende, Flat Screens integriert sind. Über den Flat Screen werden in Echtzeit Nachrichten und Informationen, Videos und Tonbeiträge eingespielt. Tiefgründig recherchierte und umfangreichere Berichte ohne zeitliche Brisanz führen zu einer Koexistenz von Print und Digital in der gleichen papiergebundenen Ausgabe. Die Zeitung der Zukunft bezieht der Leser natürlich im Abo und ergänzend dazu die tagesaktuellen, digitalen Inhalte (Flat Screen in der Zeitung!) on Demand mit Flatrate. Realität? Nein, aber denkbar, oder?

Wenn wir zukünftig Organe aus Druckern generieren, wieso nicht eine solche oder ähnliche Zeitung? Heute gibt es viele, die für die Zukunft der Zeitung schwarzsehen. Die aktuelle Entwicklung gibt denen Recht. Aber wer kennt schon die Zukunft? Auch Bill Gates lag mit seiner Auffassung, dass das Internet ein Hype ist, der wieder vorbeigeht, voll daneben (Haunhorst 2012).

Literatur

Blanchard, O. (2011). Social CRM: A definition. In The BrandBulider Blog. http://thebrandbuilder.wordpress.com/2011/08/31/social-crm-a-definition. Zugegriffen: 26. September 2014

BITKOM. (2013a). Soziale Netzwerke 2013. http://www.bitkom.org/files/documents/SozialeNetzwerke_2013.pdf. Zugegriffen: 26. September 2014

BITKOM. (2013b). Online-Bewertungen liegen im Trend. http://www.bitkom.org/de/presse/78284_76564.aspx. Zugegriffen: 26. September 2014

Brenner, W., & Herrmann, A. (2012). Das Modell des Managements in der digitalen, vernetzten Welt. In R. Stadler, W. Brenner, & A. Herrmann (Hrsg.), *Erfolg im digitalen Zeitalter*. Frankfurt a. M. FAZ-Verlag

Buch, R. (2012). Der zersplitterte Markt – Dienstleistungen im Zeichen der Digitalisierung. In R. Stadler, W. Brenner, & A. Herrmann (Hrsg.), *Erfolg im digitalen Zeitalter*. Frankfurt a. M. FAZ-Verlag.

Döpfner, M. (2012). Leser- und Kundenorientierung in einer digitalisierten Medienwelt – Eine Zwischenbilanz. in: Stadler, R., Brenner, W. und Herrmann, A. (Hrsg.). *Erfolg im digitalen Zeitalter*. Frankfurt a. M. FAZ-Verlag.

Ernst, M. (2013). Auf der Jagd nach dem richtigen Sound. http://www.pressebox.de/pressemitteilung/it-werke-service-gmbh/Auf-der-Jagd-nach-dem-richtigen-Sound/boxid/646913 Zugegriffen: 26. September 2014

Focus Online. (2013). Mobiles Internet sorgt für Goldenes Zeitalter. http://www.focus.de/digital/internet/wandel-der-medienlandschaft-mobiles-internet-sorgt-fuer-goldenes-zeitalter_aid_1132342.html. Zugegriffen: 26. September 2014

Fox, Z. (2011). Who is an average facebook user? http://mashable.com/2011/11/17/facebook-stats/.

Greve, G. (2011). Social CRM – ganzheitliches Beziehungsmanagement mit Social Media. In Marketing Review St. Gallen. Ausgabe 5.

Haunhorst, C. (2012). Das Internet ist nur ein Hype. http://www.spiegel.de/spiegel/unispiegel/d-88906244.html. Zugegriffen: 26. September 2014

Heckel, M. (2013). Die neue Macht des Kunden. http://www.handelsblatt.com/unternehmen/digitale-revolution-der-wirtschaft/super-user-gesucht-die-neue-macht-des-kunden/7847968.html. Zugegriffen: 26. September 2014

Heller Baird, C., & Parasnis, G. (2011). From social media to Social CRM. http://www-01.ibm.com/common/ssi/cgi-bin/ssialias?infotype=PM&subtype=XB&appname=GBSE_GB_TI_USEN&htmlfid=GBE03391USEN&attachment=GBE03391USEN.PDF. Zugegriffen: 26. September 2014

Herr, M. (2005). Transplantate: Neue Haut kommt aus dem Drucker. http://www.spiegel.de/wissenschaft/mensch/transplantate-neue-haut-kommt-aus-dem-drucker-a-337703.html. Zugegriffen: 26. September 2014

IBM Research 5 in 5. (2013). Innovations that will change our lives in the next five years. http://www.ibm.com/smarterplanet/us/en/ibm_predictions_for_future/ideas/. Zugegriffen: 26. September 2014

KaufDA Pressestelle. (2013). Mobiles Internet als Rettungsanker für den stationären Handel. http://www.kaufda.de/corporate/studie-mobiles-internet-als-rettungsanker-fur-den-stationaren-handel/. Zugegriffen: 26. September 2014

Krotz, F. (2007). *Mediatisierung: Fallstudien zum Wandel der Kommunikation*. Wiesbaden: VS Verlag für Sozialwissenschaften.

Lause, M., & Wippermann, P. (2012). *Leben im Schwarm*. Reutlingen: Red Indians Publishing.

Mattern, F. (Hrsg.). (2007). *Die Informatisierung des Alltags*. Berlin: Springer.

Meckel, M. (2008). Aus Vielen wird das Eins gefunden – wie Web 2.0 unsere Kommunikation verändert. http://www.bpb.de/apuz/30964/aus-vielen-wird-das-eins-gefunden-wie-web-2-0-unsere-kommunikation-veraendert?p=all. Zugegriffen: 26. September 2014

Ramge, T. (2012). Treudoof war gestern. http://www.brandeins.de/archiv/2012/loyalitaet/treudoof-war-gestern.html. Zugegriffen: 26. September 2014

Schüller, A. M. (2012). *Touch points*. Offenbach: Gabal Verlag.

Sieger, D. (2010). Anziehend. http://www.heise.de/ix/artikel/Anziehend-1033346.html. Zugegriffen: 26. September 2014

Streit D. (2013). Der smarte Mensch. http://www.davidstreit.de/Der-Smarte-Mensch.html. Zugegriffen: 26. September 2014

Hintz, S. (2012). Persönliche Empfehlungen und Online Bewertung sind die vertrauenswürdigste Werbung. http://www.winlocal.de/blog/2012/04/personliche-empfehlungen-und-online-bewertungen-sind-die-vertrauenswurdigste-werbung/. Zugegriffen: 26. September 2014

Matthias Keil ist seit 1997 bei der VVS-Gruppe in Bayreuth tätig und verantwortet heute für die, AVS Data Management & Customer Care GmbH, einer VVS-Tochter, den Geschäftsbereich Branchenlösungen. Zu diesem gehören unter anderem Verlage und die Entwicklung mobiler Applikationen.

Vom Regionalverlag zum Medienhaus: Herausforderungen im Markenmanagement

Prof. Dr. Bettina Rothärmel

Inhaltsverzeichnis

1 Relevante Marktbedingungen für Zeitungsmarken	162
2 Zentrale Entscheidungen im Markenmanagement	163
2.1 Erstes Entscheidungsfeld – Markenführung der Nachrichten-Portale	163
2.2 Zweites Entscheidungsfeld – die Medienhaus-Marke	165
2.3 Drittes Entscheidungsfeld – die Markenbildung bei Neuprodukten	166
3 Markenmanagement am Fallbeispiel BZV Medienhaus	167
3.1 Zur Führung der Nachrichtenportale unter der Zeitungsmarke	167
3.2 Zur Führung der Medienhausmarke als Corporate Brand	168
3.3 Zur Markenführung bei Neuprodukten: Einzelmarken und die „38er"	169
Literatur	170

Zusammenfassung

Zeitungsverlage waren jahrelang dadurch geprägt, dass die Marke des Hauptprodukts und die Unternehmensmarke im Wesentlichen identisch waren. Im Zuge der Diversifikation der Verlage zu Medienhäusern mit gedruckten Traditionsprodukten und neuen digitalen Produktvarianten besteht die Herausforderung darin, den Bekanntheitsgrad und das große Vertrauen der etablierten Marken zu nutzen und gleichzeitig den Weg für neue Produkte und Zielgruppen offen zu halten.

Prof. Dr. Bettina Rothärmel (✉)
BZV Medienhaus GmbH,
Hamburger Straße 277, 38114 Braunschweig, Deutschland
E-Mail: bettina.rothaermel@bzv.de

© Springer Fachmedien Wiesbaden 2015
T. Breyer-Mayländer (Hrsg.), *Vom Zeitungsverlag zum Medienhaus*,
DOI 10.1007/978-3-658-04100-7_15

1 Relevante Marktbedingungen für Zeitungsmarken

Zeitungen sind heute Medienmarken. Und fast immer, wenn es derzeit um die Führung dieser Medienmarken, neue Markenstrategien oder immer besseres Markenmanagement geht, geht es um die Zukunft der gedruckten Zeitung, die mithilfe einer starken Medienmarke erfolgreich gestaltet werden soll.

Die Besinnung auf die Kraft der Marke ist für Zeitungsverlage eine vergleichsweise neue Entwicklung. Bis vor wenigen Jahren war die typische Ausgangslage für regionale Abonnement-Zeitungen noch die Folgende:

1. Die Tageszeitungen waren gewachsene Einzelmarken mit einer immensen Bekanntheit. Stabile Reichweiten auf hohem Niveau über 70 % bis Ende der 1980er Jahre hinein belegen, dass fast jede Einwohnerin und fast jeder Einwohner mit der Zeitung in Berührung kam (van Eimeren und Ridder 2001, S. 534).
2. Im Gegensatz zu vielen anderen Medienbereichen, in denen die Rezipienten eine wahre Flut an Sendern, Programmen, Formaten oder Zeitschriftentiteln erleben, und deren Marken daher nicht differenziert als solche wahrgenommen werden können, befinden sich Regionalzeitungen nicht selten in einer Monopol-Situation oder sehen sich einem einzigen Wettbewerber gegenüber (Schütz 2012).[1]
3. Für das Koppelprodukt Tageszeitung, das sich bis zur Jahrtausendwende zu gut zwei Dritteln, danach bis 2008 immerhin noch mehrheitlich über den Werbemarkt finanzierte (Pasquay 2010), standen „Marketing" und „Markenführung" im Rezipientenmarkt lange Zeit nicht im Fokus der Marktbearbeitungsaktivitäten.
4. Das nachfragerbezogene Markenbild der Regionalzeitungen, das sich aus ihrer Glaubwürdigkeit, der Regionalität und der Marktplatzfunktion speist, war zwar durch Leserreaktionen bekannt, aber in seinen Details oft unerforscht.
5. Der Verlag als Unternehmen dahinter war, wie bei Einzelmarken so häufig, für die Rezipienten nicht erkennbar und wurde auch nicht als Marke geführt.

Dies änderte sich vor allem durch zwei Entwicklungen: **Das Internet, als damals neues Medium**, brachte zum einen die ersten Gehversuche für digitale Nachrichtenportale mit sich. Und plötzlich erforderte das Digitalgeschäft neue Namen zur Benennung von Webseiten, und lenkte damit den Blick der Verlagsmanagerinnen und -manager darauf, dass Marken „eine Identifikations- und Differenzierungsfunktion übernehmen und das Wahlverhalten prägen" (Esch et al. 2006, S. 184).

Zum anderen ergeben sich in den letzten Jahren **deutliche Umsatzeinbußen** durch die Verlagerung von Werbebudgets, immer deutlicher sinkende Printauflagen und die Erosion der Kundenbasis, d. h. den schleichenden Verlust der jungen Leserinnen und Leser, der parallel, aber nicht ursächlich zur Entwicklung des Internets gesehen werden kann (Haller 2013).

---

[1] Die „Netto-Zeitungsdichte" beträgt im Jahr 2012 rund 1,5. Der Anteil derjenigen, die in Gebieten mit örtlichem Zeitungsmonopol leben, ist inzwischen auf 44 % der Gesamtbevölkerung angestiegen.

Diesem Umsatzrückgang wird heute im Rahmen einer marktorientierten Unternehmensführung mit produktpolitischen Instrumenten und insbesondere mit zusätzlichen Produkten begegnet. Mit dem so motivierten Wandel von Zeitungsverlagen zu regionalen Medienhäusern ergeben sich neue markenpolitische Entscheidungen.

2 Zentrale Entscheidungen im Markenmanagement

Markenaufbau und Markenführung für Medienprodukte sind ohnehin komplexe Prozesse. Am Ende geht es nicht um das markierte Produkt oder sein Logo, sondern um das „in der Psyche der Konsumenten verankerte, unverwechselbare Vorstellungsbild" der Leistung, die über „einen längeren Zeitraum in gleichartigem Auftritt und in gleichbleibender oder verbesserter Qualität angeboten [wird]" (Meffert und Bruhn 2000, S. 312).[2]

Im Allgemeinen werden Marken durch Medien zum Konsumenten transportiert. Im Markenbildungsprozess für Medienprodukte ist der Transporteur selber im Fokus, ist also markiertes Angebot und Mittler zugleich (Garth 2009, S. 242).

Zeitungsmarken müssen ferner aufgrund ihrer Eigenschaft als Kuppelprodukte sehr unterschiedliche Zielgruppen bedienen, vor allem im Hinblick auf die Bedürfnisse der Werbemärkte und des Lesermarktes, aber auch im Hinblick auf eine Adressierung eines heterogenen Massenpublikums im Lesermarkt. Dabei beeinflusst die Markenbildung auf den Lesermärkten auch jene auf den Werbemärkten, und umgekehrt, wenngleich das Markenbild dieser Kundengruppen nicht zwangsläufig vollständig einheitlich sein muss (Wirtz 2009, S. 113).

Hier erschwert auch das Prinzip der Universalität, dem die Zeitung grundsätzlich verpflichtet ist, durch den Verzicht auch redaktionelle Schwerpunktsetzungen eine sofort erkennbare inhaltlich getriebene Profilbildung des markierten Produktes, wie es im Radio oder Fernsehen mit bestimmten Programmgattungen der Fall sein kann.

Aus der dynamischen Entwicklung der letzten Jahre und den oben skizzierten Rahmenbedingungen folgen weitere Herausforderungen für das Markenmanagement, von denen hier drei wichtige Entscheidungsfelder näher betrachtet werden sollen.[3]

2.1 Erstes Entscheidungsfeld – Markenführung der Nachrichten-Portale

Zeitungen sind informationsbasierte Medienprodukte, weshalb es naheliegt, das Internet als ergänzendes Medium für die Produktpolitik einzusetzen. Etwa Mitte der 1990er begannen Verlage von Zeitungen und Zeitschriften damit, ihre gedruckten Ausgaben durch Online-Angebote mit regionalen Nachrichten zu erweitern, wenngleich aufgrund des Risi-

---

[2] Medienmarken werden hier als Dienstleistungsmarken aufgefasst, so dass Definition und Auffassung der Dienstleistungsmarke von Meffert gewählt wurde.

[3] Eine ausführliche Übersicht liefert der Branchenverband unter der Adresse http://www.bdzv.de/zeitungen-online/zeitungswebsites/(Abruf vom 30.01.14).

kos der Abwanderung von Nutzern der Printausgabe zunächst eine gewisse Zurückhaltung verzeichnet wurde (Gläser 2010, S. 458).

Die Benennung und die Markenbildung für solche Online-Angebote kann als erste Weichenstellung im Markenmanagement der Regionalverlage angesehen werden. Diese sehen sich einer Reihe von Fragen gegenüber: Wie sollen die Online-Produkte heißen? In welcher Verbindung stehen sie zum Printprodukt? Sollen es Verlängerungen der Zeitung sein? Braucht dann jede Lokalausgabe einer Zeitung eine eigene Internetseite? Oder kann man alle Lokalausgaben unter einem Namen bündeln? In der Praxis lässt sich eine Vielfalt an Markenstrategien für die regionalen Online-Angebote beobachten, von denen die Folgenden kurz beschrieben werden.

a. *Das Online-Angebot trägt den Zeitungsnamen* (im Beispiel: der „Weserkurier" aus Bremen und seine Webseite www.weserkurier.de). In diesem Fall verbirgt sich dahinter zumeist die Strategie, das Online-Angebot als weiteren, spezifischen Ausspielkanal der Zeitungsinhalte zu begreifen. Die Markenstrategie basiert also auf einer zumindest partiellen Entkoppelung der bekannten und bewährten publizistischen Marke von ihrem ursprünglichen Trägermedium Papier. Zu einer wichtigen Aufgabe des operativen Markenmanagements wird es damit, eine channelübergreifendeMarkenidentität zu sichern. Schließlich können nur diejenigen Marken, bei denen der Konsument, über längere Zeit eine klare, in sich gefestigte Identität wahrnimmt, dauerhaft Kunden an sich binden und damit Markentreue erreichen (Meffert et al. 2000).

b. *Das Online-Angebot trägt einen verkürzten Zeitungsnamen*, der im Sprachgebrauch oft bereits eingeführt ist (im Beispiel: „NWZ" für die „Nordwestzeitung" aus Oldenburg und ihre Webseite www.nwzonline.de). Auch in diesem Fall suggeriert die Namensidentität, dass das Portal (nur) ein neuer Ausspielkanal der Zeitungsinhalte ist.

Wie im ersten Fall wird es zur Aufgabe des Markenmanagements, sicherzustellen, dass die Besucherinnen und Besucher innerhalb des markierten Angebotes keine Leistungen und Eigenschaften finden, die sie als „unpassend" oder „zu weit entfernt" von dem in der Konsumentenpsyche verankerten Vorstellungsbild empfinden.

Das hat auch Nachteile: Alle anderen (Online-)Angebote der Verlage müssen unter eigenen Markenauftritten präsentiert werden, was eine erhöhte Komplexität und einen erhöhten Marketingaufwand mit sich bringt.

c. *Das Online-Angebot mehrerer Zeitungen trägt einen (verkürzten) Zeitungsnamen* (im Beispiel: das Online-Angebot der verschiedenen Zeitungen aus dem Medienhaus „Neue Osnabrücker Zeitung", das unter der Adresse noz.de zusammengeführt wird). Absender der Websites sind in diesem Beispiel die jeweiligen Zeitungstitel („Neue Osnabrücker Zeitung", „Meller Kreisblatt", „Wittlager Kreisblatt", „Bramscher Nachrichten", „Bersenbrücker Kreisblatt", „Lingener Tagespost", „Meppener Tagespost", „Ems-Zeitung"). Im Netz erreichbar sind alle Websites über die Adresse noz.de. (Herkunft: stärkster Einzeltitel „Neue Osnabrücker Zeitung", im Sprachgebrauch „noz"). In allen Websites der Zeitungen ist im Übrigen das Logo der Dachmarke „Neue OZ – Das Medienhaus" integriert, um so die Zugehörigkeit einzelner Zeitungstitel zum

Medienhaus zu dokumentieren. Auf die Einführung oder Etablierung einer neuen, eigenen Online-Marke wurde hier bewusst verzichtet (Krum 2013).
d. *Das Online-Angebot trägt einen völlig neuen Namen.* (im Beispiel www.newsclick. de der „Braunschweiger Zeitung" (mehr dazu unter 3.1).oder www.derwesten.de der „Westdeutschen Allgemeinen Zeitung" und ihrer NRW- Schwestertitel). Bei diesem Weg wird ein neues Online-Angebot unter einer neuen Einzelmarke etabliert, was die bekannten Chancen beinhaltet: eine bessere Abstimmung auf die Zielgruppe, eine leichtere Justierung zwischen Kundenbedürfnis und Produktnutzen oder auch größere Positionierungsfreiheiten im Produktlebenszyklus (Relaunch).

Zu den Nachteilen für das Markenmanagement gehören neben dem erhöhten Aufwand für den Markenaufbau zwangsläufig auch die geringeren positiven Ausstrahlungseffekte auf anderen Marken des Anbieters. Bei www.derwesten.de steht beispielsweise eine regionale Beschreibung der Region im Vordergrund, die zwangsläufig die einzelnen Zeitungsmarken weniger zur Geltung kommen lässt. Seit 2011 gibt es dann auch deutlichere Markenauftritte für die NRW-Tageszeitungen (Paperlein 2011).

e. *Das Online-Angebot trägt den Namen des Medienhauses.* In einem solchen Fall ist die Benennung der Webseite gleichzeitig ein Teilergebnis der Entscheidung zum Aufbau einer Unternehmensmarke, die die strategischen Unternehmensaktivitäten klammert, ein Qualitätsniveau markiert und idealerweise beim Aufbau neuer Marken und Geschäftsideen hilft. Zusammenfassend kann festgestellt werden, dass die Benennung der Webseiten das Ergebnis einer bestimmten Markenstrategie der Regionalverlage ist, aus der eindeutige Aufgaben für das Markenmanagement resultieren.

2.2 Zweites Entscheidungsfeld – die Medienhaus-Marke

In dem Zuge, in dem sich Regionalverlage zu multimedial aufgestellten Medienhäusern entwickeln, wird die Entscheidung, wie und mit welchem Anspruch die Unternehmensmarke weiterentwickelt werden soll, zur einer weiteren wichtigen Weichenstellung. So haben einige Regionalverlage ihren Unternehmensauftritt in den letzten Jahren neu überdacht und überarbeitet.[4]

Die Weiterentwicklung des Verlagsnamens zu einer Dachmarke, die alle Marktangebote des Verlages unter einem Markendach zusammenfasst, ist dabei eine mögliche Strategie. Die Vorteile liegen auf der Hand: Neue Produkte partizipieren am Goodwill (Vertrauenskapital) dieser Marke im Sinne einer Starthilfe, das Unternehmen kann sich auch mit kleineren Aktivitäten engagieren, da sich der Marketingaufwand für die Einführung deutlich reduziert. Gleichzeitig ergeben sich auch die typischen Nachteile: Qualitätsmängel oder das Scheitern einzelner Marktangebote können negative Ausstrahlungseffekte für die Marke und alle Marktangebote nach sich ziehen (Meffert und Bruhn 2000, S. 320).

---

[4] Ein Beispiel ist neben dem Braunschweiger Zeitungsverlag auch der Allgäuer Zeitungsverlag (Weizenegger 2013).

Es wird damit zu einer permanenten Aufgabe im **Markenmanagement**, auszuloten, welche neuen Produkte überhaupt noch unter das Markendach des Unternehmens passen (sog. Markenfit). Daneben spielen die gegebenen Ressourcen und Kompetenzen eines Verlages eine wichtige Rolle (Althans und Brüne 2009, S. 206).

Die Weiterentwicklung der Unternehmensmarke zu einer Dachmarke ist eine mögliche Strategie, aber keineswegs die einzige. Unternehmensmarken sind nicht automatisch Dachmarken. Schließlich ist ihr primäres Wirkungsfeld zunächst auf die breite interne und externe Öffentlichkeit mit ihren jeweils wichtigen externen Stakeholdern gerichtet, nämlich auf die Mitarbeiter, auf die politischen Meinungs- und Entscheidungsträger und auf den Kapitalmarkt. Keineswegs aber muss die Unternehmensmarke automatisch auf die Vermarktung konkreter Marktangebote gerichtet sein (Duncker 2012).

2.3 Drittes Entscheidungsfeld – die Markenbildung bei Neuprodukten

Im Rahmen der Markenpolitik von innovativen Medienhäusern müssen permanent verschiedene Entscheidungen getroffen werden. Insbesondere stellt sich die Frage, ob für neue Produkte neue Marken aufgebaut werden oder ob Transfermechanismen ausgenützt werden sollen.

Tageszeitung als Absendermarke
Rund um eine regionale Tageszeitung sind typischerweise eine Reihe von marktfähigen Ergänzungsprodukten und Services zu beobachten, die direkt den Titel der Zeitung als Absender nutzen. Beispiele sind die Buchreihe „Hamburger Abendblatt Edition" oder der Kartenservice „Hamburger Abendblatt Ticketshop". Das Konzept des Markentransfers besteht darin, den großen Bekanntheitsgrad und das starke Image des Markennamens der Zeitung auf andere Produkte wie Bücher, Reisen oder Konzertkassen zu übertragen. Dieser Ansatz wird auch mit dem in der Literatur nicht einheitlich verwandten Begriff der Absendermarkenstrategie bezeichnet. Dabei ist im **Markenmanagement** zu berücksichtigen, dass der Transfereffekt immer auch in umgekehrter Richtung stattfindet (Meffert und Bruhn 2000, S. 323), d. h. dass Auswahl und Qualität der Zusatzprodukte auf die Tageszeitungsmarke zurückwirken. Dieser Effekt wird durchaus auch aktiv genutzt.

Zeitung als Kern einer Markenfamilie
Das Konzept der Markenfamilie, das ebenfalls auf dem Transfer von Images beruht, fordert für alle Bestandteile der Markenfamilie nicht nur ein gleichwertiges Qualitätsniveau und einen konsistenten Einsatz der Marketingmix-Instrumente, sondern auch eine identische Zielgruppe. Im Unterschied zu der oben erwähnten Dachmarkenstrategie ist hier nicht die Unternehmensmarke, sondern ein bestimmtes Marktangebot der Ausgangspunkt. Innerhalb eines Unternehmens können daher mehrere Markenfamilien nebeneinander existieren.

Ein prominentes Beispiel stammt aus dem Springer Verlag, der unter der Marke „BILD" eine klare Markenfamilienstrategie verfolgt, die die Titel „BILD", „Auto BILD", „Computer BILD", „Sport BILD" uvm. klammert (Wirtz 2009, S. 114).

Als Beispiel aus dem Zeitschriftenbereich soll die Marke „GEO" aus dem Hause Gruner + Jahr genannt werden, aus der eine Markenfamilie mit dem Reisemagazin „GEO Saison", dem Wissenschaftsmagazin „GEO Wissen", dem Geschichtsmagazin „GEO Epoche" und dem Kindermagazin „GEOlino" etc. entstanden ist (Althans und Brüne 2009, S. 208).

3 Markenmanagement am Fallbeispiel BZV Medienhaus

Am Fallbeispiel der „BZV Medienhaus GmbH" (bis 1.2.2013 Braunschweiger Zeitungsverlag GmbH & Co. KG) können die o. a. skizzierten Weichenstellungen veranschaulicht werden. Unter dem Geschäftsführer Harald Wahls verfolgt der Verlag seit Mitte 2009 systematisch die Entwicklung zu einem regionalen Medienhaus mit der Zielsetzung, mit seinen publizistischen Produkten und Markplätzen eine größtmögliche Reichweite in der Region aufzubauen und diese am Werbemarkt anzubieten.

Das beinhaltet sowohl den Auf- und Ausbau weiterer Medienkanäle für die Tageszeitung als dem zentralen Nachrichtenmedium, als auch den Aufbau zusätzlicher Medienmarken, gegebenenfalls erneut mit verschiedenen Medienkanälen. Dabei verfolgt das Medienhaus keine dominante Dachmarkenstrategie, sondern es erfolgt eine differenzierte Betrachtung des Gültigkeitsbereiches einzelner Marken und Markenfamilien, wie nachfolgend vorgestellt.

3.1 Zur Führung der Nachrichtenportale unter der Zeitungsmarke

Der Verlag engagiert sich seit 1998 in den digitalen Medien, zunächst mit einem Nachrichtenportal namens „newsclick.de", das die wichtigsten Nachrichten der Lokalausgaben der „Braunschweiger Zeitung" in den Städten Braunschweig, Wolfsburg („Wolfsburger Nachrichten") und Salzgitter („Salzgitter Zeitung") sowie der Landkreise Wolfenbüttel, Helmstedt, Gifhorn und Peine bündelte und publizierte.

Die oben behandelten Beispiele zeigen, dass die Frage der Benennung von Online-Angeboten heute nicht beantwortet werden kann, ohne dass die Regionalverlage zuvor das Verhältnis von Tageszeitungsmarken, Unternehmensmarken und der Markierung weiterer Aktivitäten neu geklärt haben. Im Entwicklungsprozess war das nicht zwangsläufig vorauszusehen. Die Entscheidung für den Namen „Newsclick.de" war damals dem Ansinnen geschuldet, Nachrichten aus verschiedenen Lokalausgaben unter *einer* Website zu bündeln, mit einem begrenzten Nachrichtenangebot und mit überschaubarem finanziellem Engagement.

Mit dem rasanten Anstieg der Nutzung von Online-Angeboten wurde die Notwendigkeit einer Neuausrichtung sichtbar. Nach einem umfassenden Relaunch präsentiert der Verlag seit Anfang 2012 typische Nachrichtenportale für alle *sieben* Tageszeitungstitel unter ihren jeweiligen Zeitungsmarken wie braunschweiger-zeitung.de oder wolfsburger-

Tab. 1 Beispiel für die Abgrenzung von Unternehmensmarke und Einzelmarken

	Unternehmensmarke	Einzelmarken	Neue Einzelmarken
Beispiel	BZV Medienhaus	Tageszeitungen	Zeitschriften
Zielgruppe	Interne und externe Stakehol-der: heutige und künftige Mitarbeiter, Politik, Verwal-tung, NGOs und Gesellschaft in der Region	Leserinnen und Leser, d. h. breite Öffentlichkeit Werbebranche Grosso und Einzelhandel	Leserinnen und Leser aus der jeweiligen Zielgruppe. Werbe-branche Grosso und Einzelhandel (sofern keine Gratisauslage)
Ziele	Schaffung und Stär-kung eines konsistenten Unternehmens-bildes	Entwicklung und Schärfung eine zeitgemäßen Marken-profils der Zeitung	Aufbau des Mar-kenprofils der Zeitschriften
Führung	Geschäftsführung, Strategisches Marketing Kommunikationsabtei-lung, Personalabteilung	Bereichsleiter als Verant-wortliche für den Marke-ting-Mix, d. h. für Produkt (Re-daktionen), Vertrieb, Kommunikation, etc.	Marken- und Produktmana-gement
Kommunika-tionsmittel	PR, Unternehmenspu-blikatio-nen und CSR Maßnahmen	Klassische Werbung, Redak-tionsevents, ver-triebliches Dialogmarketing etc.	Klassische Werbung, Redak-tionsevents, etc

nachrichten.de. Hier findet sich das Prinzip der medienübergreifenden Führung der Zeitungsmarken konsequent umgesetzt.

3.2 Zur Führung der Medienhausmarke als Corporate Brand

Die Marke „BZV Medienhaus", deren Corporate Design Anfang 2013 neu entwickelt wurde, ist nicht primär auf die Vermarktung einer Gruppe von publizistischen und sonstigen Angeboten in der Bevölkerung der Region gerichtet. Sie ist damit ein Beispiel dafür, dass nicht jede Unternehmensmarke automatisch eine Dachmarke ist.

Als Corporate Brand erscheint sie nur in Bezug auf für das Medienhaus unmittelbar relevante Stakeholder: Mitarbeiter, Arbeitsmarkt und Teilöffentlichkeiten im Verbreitungsgebiet. Die Corporate Brand hat auch im Zuge der steigenden Bedeutung der Corporate Social Responsibility (CSR) an Bedeutung gewonnen. Als Beispiel kann das Engagement des „BZV Medienhaus" als Unterstützer einer Kooperationskampagne örtlicher Unternehmen für Schülerpraktika zur frühzeitigen beruflichen Orientierung gelten.[5]

Für das Markenmanagement bleibt entscheidend: Produktmarken und Unternehmensmarke richten sich an verschiedene Zielgruppen, werden im Hinblick auf spezifische Zielsetzungen geführt und benötigen einen entsprechenden Mitteleinsatz (vgl. Tab. 1).

---

[5] Davon unberührt sind soziale Engagements anderer Marken wie insbesondere der Tageszeitung, wie die vielerorts bekannten Medienpartnerschaften, oder von anderen Einzelmarken.

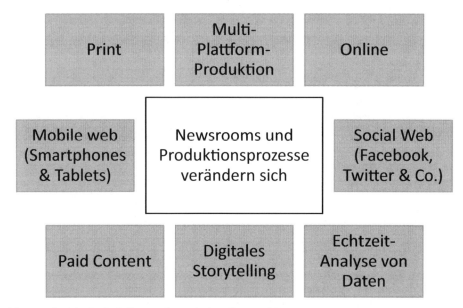

Abb. 1 Beispiele für Rubrikenmarken mit dem Zusatz „38"

3.3 Zur Markenführung bei Neuprodukten: Einzelmarken und die „38er"

Im Rahmen der strategischen Neuausrichtung werden im BZV Medienhaus permanent neue publizistische Konzepte geprüft und, wo möglich, neue Marktchancen identifiziert. Die resultierenden Marktangebote werden überwiegend mit spezifischen Namen markiert und als Einzelmarken positioniert. Ziel ist dabei, ein Produktimage zu schaffen, das den jeweiligen Produktnutzen, exakt auf das Kundenbedürfnis abgestimmt, transportiert.

Das bedeutet nicht, dass in jedem Fall auf Chancen einer gezielten Bündelung oder auf Markentransfer-Ansätze völlig verzichtet werden muss. Typisch für den BZV ist die kommunikative Abgrenzung einiger, gezielt auf das Verbreitungsgebiet ausgerichteten Angebote durch den Zusatz „38", der sich auf die Postleitzahlen im Gebiet bezieht und den geografischen Geltungsbereich markiert (vgl. Abb. 1).

Daneben erfolgt in Ausnahmefällen die Entscheidung über die Nutzung einer Absendermarke zur Vereinfachung der Markteinführung. Diese Absendermarke kann sowohl die Zeitungsmarke als auch die Marke des Medienhauses sein. Ein konkretes Beispiel sind die Rubrikenmärkte der Tageszeitung, die zu Online-Rubrikenportalen weiterentwickelt wurden. Aufgrund der Produktverbindung und der Zielgruppenidentität konnte die Zeitungsmarke als Absender dieser neuen Marken für einen bestimmten Zeitraum in den Markt und in den Markenstatus helfen (vgl. Tab. 2).

Zusammenfassend lässt sich festhalten, dass am Beispiel des Markenmanagements des BZV deutlich wird, wie sich die vor dem Hintergrund des aufkommenden Digital-

Tab. 2 Beispiele für Einzelmarken des BZV-Medienhauses mit und ohne Absender

	Neue Einzelmarke mit Absender	Neue Einzelmarken ohne Absender
Beispiel	Immo38 Auto38 Job38	Flirt38 Studi38 Standort38
Zielgruppe	Breite Bevölkerung (analog Tageszeitung)	Spezifische Zielgruppen: Partnersuchende (flirt38), Studenten (studi38) oder Entscheider (Standort38)
Absender	Tageszeitung	Keiner
Medien	Tageszeitung und Online-Portal (crossmedial)	Online-Only-Angebote Hochglanzmagazin und Online-Portal (crossmedial)

geschäftes und des Wandels zum Medienhaus zu treffenden Markenentscheidungen konkretisieren können. In diesem Fall wurde besonderes Augenmerk auf die bewährte Marke der Tageszeitung gelegt, die konsequent in das digitale Medium verlängert wurde. Für das Medienhaus wurde ein Dachmarkenansatz zugunsten einer nur selektiv in relevanten Zielgruppen aktiv auftretenden Corporate Brand gewählt. Neue Marken werden fast ausnahmslos als Einzelmarken aufgebaut, um ein möglichst präzises Nutzenversprechen für die einzelnen Zielgruppen zu erreichen.

Literatur

Althand, J., & Brüne, G. (2009). Ressourcenorientierte Markenführung im Zeitschriftengeschäft. In F. Keuper, J. Kindervater, H. Dertinger, & A. Heim (Hrsg.), *Das Diktat der Markenführung*. Wiesbaden. Springer Gabler.
Duncker, C. (2012). Sind Unternehmensmarken automatisch Dachmarken? *Absatzwirtschaft, 6*, 46–48. (Düsseldorf).
van Eimeren, B., & Ridder, C.-M. (2001). Trends in der Nutzung und Bewertung der Medien 1970 bis 2005. Ergebnisse der ARD/ZDF-Langzeitstudie Massenkommunikation. *MediaPerspektiven, 11*(2001), 538–553. Frankfurt a. M.
Esch, F.-R., Herrmann, A., & Sattler, H. (2006). *Marketing: Eine managementorientierte Einführung*. München: Vahlen.
Garth, A. J. (2009). *Medienmanagement – Rahmenbedingungen, Menschen, Organisationen*. Berlin. Cornelsen.
Gläser, M. (2010). *Medienmanagement* (2. Aufl.). München. Vahlen.
Haller, M. (2013). Diagnose: Fehldiagnose! In *Der Spiegel*, 8. http://www.spiegel.de/kultur/gesellschaft/michael-haller-zur-zeitungsdebatte-a-917026.html. Zugegriffen: 30. Jän. 2014. Hamburg.
Krum, H. (2013). Neue Wege mit der alten (?) Marke. Vortrag beim ZMG-Infotag am 8. Oktober 2013. Frankfurt a. M.
Meffert, H., & Bruhn, M. (2000). *Dienstleistungsmarketing* (3. Aufl.). Wiesbaden. Springer Gabler.
Meffert, H., Burmann, C., & Koers, M. (2000). *Markenmanagement – Identitätsorientierte Markenführung und praktische Umsetzung* (2. Aufl.). Wiesbaden. Springer Gabler.

Paperlein, J. (2011). Der Westen: WAZ stärkt Online-Auftritte der Regionalzeitungen. *Horizont,* 20. www.horizont.net/aktuell/digital/pages/protected/WAZ-drangt-Der-Westen-in-den-Hintergrund-_103416.html. Zugegriffen: 30. Jän. 2014. Frankfurt a. M.

Pasquay, A. (2010). Zur wirtschaftlichen Lage der Zeitungen in 2010. *BDZV Jahrbuch Die Zeitungen 2010*. Berlin. ZV.

Schütz, W. J. (2012). Deutsche Tagespresse 2012. Ergebnisse der aktuellen Stichtagssammlung. *MediaPerspektiven, 11,* 570–592. (Frankfurt a. M).

Weizenegger, T. (2013). Markenkern und Markenende. Vortrag beim ZMG-Infotag am 08. Oktober 2013. Frankfurt.

Wirtz, B. W. (2009). *Medien- und Internetmanagement* (6. Aufl.). Wiesbaden. Springer Gabler.

Prof. Dr. Bettina Rothärmel Seit 2011 Leitung Verlagskoordination und strategisches Marketing im Braunschweiger Zeitungsverlag. Nebenberuflich seit 1993 als Lehrbeauftragte an verschiedenen Hochschulen tätig, insbesondere für den Bereich ‚Verlagsmanagement' am Institut für Kultur und Medienmanagement (KMM) in Hamburg.

Crossmedia in der Redaktion: Newsdesk, Newsflow

Markus Hofmann

Inhaltsverzeichnis

1 Wie sich die Nachrichtenproduktion verändert	174
1.1 Triebkräfte des Wandels	174
1.2 Organisationstypen der Newsroom-Produktion	176
1.3 Gestaltungsparameter der crossmedialen Produktion	177
2 Fallstudie: Badische Zeitung	178
2.1 Crossmediale Produktion	179
2.2 Technologie	180
3 Fazit	182
Literatur	182

Zusammenfassung

Die Zeitungsbranche befindet sich in einem fundamentalen Wandel. In den vergangenen Jahren hat sich der Konsum journalistischer Inhalte ganz grundlegend verändert. In Anbetracht erodierender Anzeigenumsätze und schrumpfender Druckauflagen richten Forschung und Fachpublikationen einen besonderen Fokus auf die Frage, wie Zeitungshäuser ihr Geschäftsmodell in einer digitalen Welt renovieren können und – welche Produkte sie entwickeln müssen, um jenes Wachstum zu erzeugen, das notwendig ist, um sinkende Erlöse aus dem traditionellen Kerngeschäft zu kompensieren.

Neben der Analyse von Businessstrategien und Produktinnovationen findet die Frage, wie sich Produktionsprozesse und Redaktionsstrukturen durch die Digitalisierung

Markus Hofmann (✉)
Badische Zeitung, Lörracherstraße 5a, 79115 Freiburg im Breisgau, Deutschland
E-Mail: hofmann@badische-zeitung.de

verändern, vergleichsweise wenig Aufmerksamkeit. Dies mag überraschen, denn im Newsroom, also dem Maschinenraum und Cockpit eines Nachrichtenhauses, befinden sich viele Stellschrauben, die die Produktivität, Effizienz und das publizistische Potenzial einer Redaktion grundlegend bestimmen. Vor welchen Herausforderungen Nachrichtenhäuser stehen, die ihren Produktionsprozess rekonfigurieren wollen, soll dieser Beitrag darstellen.

Abschnitt 1 beschreibt allgemein die Triebkräfte, die die Erneuerung von Redaktionsstrukturen notwendig machen. Außerdem wird darauf eingegangen, mit welchen Organisationstypen Nachrichtenhäuser auf die Veränderung der Mediennutzung reagieren und welche grundsätzlichen Gestaltungsoptionen sich ihnen dabei bieten. Thema von Absch. 2 ist eine Fallstudie der „Badischen Zeitung" (Freiburg), deren Online-Redaktion der Autor dieses Beitrags seit dem Jahr 2007 leitet. Dabei werden die crossmedialen Produktionsprozesse der BZ ebenso dargestellt wie die technische Infrastruktur der Redaktion. Abschnitt 3 resümiert die wichtigsten Aspekte dieses Beitrags im Rahmen eines Fazits.

1 Wie sich die Nachrichtenproduktion verändert

1.1 Triebkräfte des Wandels

Es sind ganz unterschiedliche Triebkräfte, die den Wandel in den Verlagen forcieren und die Redaktionen zwingen, ihre Workflows – und damit einhergehend die Job-Anforderungen in den Newsrooms – anzupassen. Abbildung 1 illustriert die wichtigsten Triebkräfte, auf sie soll im Folgenden näher eingegangen werden.

Multi-Plattform-Produktion
Die wichtigste Triebkraft ist die Fragmentierung der Distributionskanäle. Neben Print und Online müssen Redaktionen heute eine Reihe weiterer Kanäle bespielen – sei es das Mobile Web auf dem Smartphone oder auf Tablet-Computern, sei es per E-Mail-Newsletter oder per Push-Dienst für native Apps. Darüber hinaus kann auch die Printproduktion ein Komplexitätstreiber sein, etwa dann, wenn – wie bei der „Welt" oder bei der „Basler Zeitung" – Kompaktvarianten der Tageszeitung produziert werden.

Soziale Netzwerke
Das Social Web hat in der jüngeren Vergangenheit enorm an Bedeutung gewonnen in den Redaktionen von Zeitungshäusern – als Recherchekanal, aber auch als Distributionsmedium, in dem die eigenen Geschichten beworben und verbreitet werden: „If you write this great story and don't promote it: it's like one hand clapping" (O'Regan 2013). Journalisten können im Social Web eine Vielzahl von Plattformen nutzen, am wichtigsten in Deutschland ist sicherlich Facebook, aber auch Twitter, Tumblr, Instagram oder Pinte-

Abb. 1 Crossmedia im Newsroom: Triebkräfte des Wandels

rest sind – je nach Zielgruppe – als Informationsquelle und Reichweitenbringer nicht zu unterschätzen.

Digital Storytelling
Damit einhergehend bilden sich neue, native journalistische Webformate heraus, zum Beispiel datenbankgespeiste Infographiken, Liveticker oder aufwändige Multimedia-Reportagen, wie sie die „New York Times" mit „Snowfall" oder die „Washington Post" mit „Cycling's Road Forward" produziert haben (WAN-IFRA 2013, S. 20). Für dieses digitale Storytelling braucht es Spezialisten in einer Redaktion – zum Beispiel Datenjournalisten, Social-Media-Redakteure, Videoreporter, Community-Manager, Suchmaschinenoptimierer und auch Programmierer. Die Anforderungen an das Skillset eines Newsroomteams werden dadurch vielfältiger.

Echtzeit-Daten
Analysewerkzeuge zur Messung der Trafficströme sind inzwischen in den meisten (Online-) Redaktionen ein Standardwerkzeug. Auf diese Weise lernen Redaktionen in Echtzeit, für welche Themen sich Leser unterschiedlicher Gattungen in unterschiedlichen Nutzungssituationen besonders interessieren. Diese Daten müssen sofort in den Planungs- und Produktionsprozess einfließen, so dass den Lesern zum richtigen Zeitpunkt die richtigen Inhalte in den richtigen Kanälen angeboten werden können (WAN-IFRA 2013, S. 46).

Paid Content und Geschäftsmodell
Schließlich ist zu beobachten, dass auch die Konfiguration des Geschäftsmodells den Wandel redaktioneller Produktionsstrukturen treibt. Denn: Je stärker die digitalen Kanäle ihr Wachstumspotenzial auf der Ertragsseite entfalten, desto größer ist der ökonomische Anreiz, in das digitale Geschäft zu investieren sowie Redaktionen crossmedial zu integrieren, um digital schlagkräftiger zu werden. Auch die stark wachsende Verbreitung von Paid-Content-Modellen beeinflusst die Produktionsstrukturen: Wird online ein Preis

verlangt für digitale Inhalte, dann steigen die Qualitätserwartungen der Leser (zum Beispiel hinsichtlich der Aktualität der Berichterstattung) und damit auch die Notwendigkeit, Ressourcen in die Aufbereitung digitaler Inhalte zu allozieren. Unabhängig davon können Bezahlschranken auf Webseiten die Produktion noch komplexer machen, sofern die Redaktion auf Basis jedes einzelnen Artikels die Entscheidung treffen muss, welche Inhalte gratis und welche kostenpflichtig sind.

Die Komplexität der Produktion nimmt also in einer Multi-Plattform-Welt extrem zu. Jeder Kanal bedient eigene Zielgruppen mit unterschiedlichen Nutzungszeiten, Konsumgewohnheiten, inhaltlichen Präferenzen und journalistischen Erzählformen. Redaktionen stehen vor der Herausforderung, ihre Ressourcenplanung mit den unterschiedlichen Nutzungspeaks der Kanäle zu synchronisieren. In der digitalen Welt kennt eine Redaktion somit quasi keinen Redaktionsschluss mehr: „In print, the process leads to a product. Online, the process is the product" (Jarvis 2008).

Wie sich die Informationsströme und der Rhythmus der Produktion verändert haben, beschreibt auch Bradshaw (2012, S. 15 ff.). Bradshaw stellt einen weiteren wichtigen Aspekt in den Vordergrund. Demnach darf es für Redaktionen in einer Welt der Liveticker und Echtzeit-Berichterstattung nicht bloß darum gehen, am schnellsten zu sein. Tatsächlich müssen Redaktionen ihren Produktionsprozess hinsichtlich zweier Qualitätskriterien optimieren: Tempo und Tiefe (Bradshaw 2012, S. 13 ff.). Der Leser erwartet von seinem Nachrichtenmedium also sowohl aktuelle Echtzeit-Berichte als auch hintergründige, fundierte Analysen.

1.2 Organisationstypen der Newsroom-Produktion

Die meisten Tageszeitungen in Deutschland haben in den vergangenen Jahren vergleichsweise verhalten auf den Medienwandel reagiert (Kinnebrock und Kretzschmar 2012, S. 8–9, 16). Das Printprodukt dominiert weiterhin die Produktion, die meisten Redaktionen in Deutschland investieren typischerweise weniger als 20 % ihres Zeitbudgets in die medienspezifische Veredelung von Inhalten für die digitalen Kanäle.

Smartphone- und Tablet-Produkte waren bei Veröffentlichung der Studie von Kinnebrock und Kretzschmar in 2012 mit einem Anteil von 1 bis 2 % sogar nahezu bedeutungslos – gleichwohl ist davon auszugehen, dass sich dies in den kommenden Jahren dramatisch ändern wird. Ebenso erfolgt die crossmediale Inszenierung von Themen selten systematisch, sondern eher spontan und zufallsgetrieben. Dies korrespondiert mit der grundsätzlichen Beobachtung, dass die Einführung neuer Kanäle und das Change Management in deutschen Zeitungshäusern eher unsystematisch und diffus abläuft, es fehlt an gezielten Strategien, eine crossmediale Multi-Plattform-Produktion nachhaltig zu implementieren (Kinnebrock und Kretzschmar 2012, S. 18–21).

Allerdings hat sich der Wandel zuletzt in einigen Häusern beschleunigt. Zunehmend setzen Verlage auch radikale Veränderungen um, was zum Beispiel an einem Trend zur Konvergenz von Print und Digital oder an einer intensiven Einbindung des Social Web in die Prozesse zu beobachten ist (Meier 2014, S. 60). Die Mittelbayerische Zeitung (Regensburg) zum Beispiel hat in 2013 ihre Workflows komplett umgekrempelt. Insbesondere nachrichtliche Inhalte werden dort konsequent zuerst in den digitalen Kanälen publiziert, wobei die Zeitungsproduktion bereits mitgedacht wird, da viele Inhalte später auch im Printprodukt veröffentlicht werden sollen (Sauerer 2014, S. 62). Ein ähnliches Prinzip praktiziert auch die Welt-Gruppe des Springer Verlags (Simon 2012, S. 22), bei der in Berlin 120 Redakteure in einer 1000 Quadratmeter großen Halle crossmedial „Online to Print" produzieren (Ürük 2014).

Solch ein Newsroom-Modell, bei dem die Konvergenz der Gattungen als ausdrückliches Ziel formuliert wird, bezeichnet Meier als „Modell der vollständigen Integration" (Meier 2014, S. 60). In einem vollständig integrierten Newsroom werden die Workflows für alle Plattformen medien- und teilweise auch ressortübergreifend gesteuert, so dass die Redaktion konsequent Themen crossmedial inszenieren kann. Wann welche Aspekte einer Geschichte erzählt werden (und in welchem Format), kann und soll der „Topic Owner" entscheiden, der ein Thema bearbeitet (Schantin 2008). Silodenken von Ressorts und Gattungsegoismen existieren idealerweise in einem integrierten Newsroom nicht mehr. Noch einen Schritt weiter geht das amerikanische Magazin „Forbes", dessen Newsroom-Konzept plattformartig ein Netzwerk von Redakteuren, Usern und freien Autoren (Kontributoren) sowie von Anzeigenkunden (Brands) abbildet, die jeweils eigenständig in den digitalen Kanälen publizieren können (DVorkin 2011 und Bartlett 2013).

Das „Modell der vollständigen Integration" steht für die radikalste Konvergenz von Print und Digital. Bei der Kategorisierung von Newsroom-Modellen wird die „vollständige Integration" häufig abgegrenzt zu zwei weiteren Ansätzen:

1. dem Modell der „Koordination eigenständiger Plattformen", bei dem die Gattungen in großem Maße unabhängig voneinander agieren und in vielen Bereichen Doppelstrukturen existieren, sowie
2. dem Modell der „crossmedialen Kollaboration", bei dem eine Trennung zwischen Print und Online weiterhin besteht, jedoch viele Schnittstellen existieren und Inhalte systematisch mehrfach verwertet werden (Meier 2008; zitiert nach Konieczny 2010 und Meier 2014). Die Steuerung der Gattungen findet bei diesem Modell an einem zentralen Newsdesk statt.

In der Praxis existieren gegenwärtig viele Varianten dieser drei Modelle.

1.3 Gestaltungsparameter der crossmedialen Produktion

Eine maßgeschneiderte Branchenlösung, ein generalisierendes Patentrezept für den optimalen Multi-Plattform-Newsroom existiert nicht. Jeder Organisationstyp hat seine Vor- und Nachteile, so dass jedes Zeitungshaus seinen eigenen Weg gehen muss. In vielen Häusern ist dies ein sehr langwieriger und auch konfliktträchtiger Prozess. Viele Zeitungshäuser stehen hier erst am Anfang eines Veränderungsprozesses, der sehr grundlegend sein dürfte.

Am Ende dieses Prozesses stehen Antworten auf Fragen, die die Aufbau- und Ablauforganisation einer Redaktion grundlegend verändern können:

- Wie sieht das Leitungsmodell des Newsdesks aus? Welche Ressorts sind dort vertreten? Welche Hierarchien und Weisungsbefugnisse existieren?
- Wie laufen die Produktionsworkflows ab? Welche Planungsinstrumente werden zur Steuerung der Produktion eingesetzt?
- Welche Inhalte sollen in welchen Kanälen zu welchen Tageszeiten publiziert werden – und wer ist dafür zuständig?
- Mit welcher Intensität wird eine Spezialisierung zwischen Blattmachern und Reportern vorangetrieben (oder reduziert)?
- Welche Rolle spielen die traditionellen Ressortstrukturen? Welche Vor- und Nachteile bietet interdisziplinäre Teamarbeit?
- Für welche Funktionen müssen digitale Spezialisten am Markt rekrutiert werden? Welche Qualifikationen müssen durch Weiterbildung vermittelt werden?
- Wie sehen leistungsfähige Breaking-News-Strukturen aus, die die Reaktionsgeschwindigkeit erhöhen und die Redaktion in die Lage versetzen, jederzeit schlagkräftig zu agieren?
- Wie können Kreativinseln, Ruhezonen und Freiräume in der Hektik eines Multi-Plattform-Newsrooms integriert werden, damit eine Redaktion möglichst viele Eigenleistungen produzieren kann und unverwechselbar wird?
- Wie zentral oder dezentral stellt sich eine Redaktion auf? Gibt es zum Beispiel regionale Newsdesks oder wird die Produktion zentral in einem Gebäude angesiedelt?
- Welche Technologie und welche Tools benötigt ein crossmedial produzierender Multi-Plattform-Newsroom?

Abbildung 2 zeigt die wichtigsten Gestaltungsparameter bei der Transformation von Produktionsprozessen.

2 Fallstudie: Badische Zeitung

Die „Badische Zeitung" (BZ) ist eine Regionalzeitung, die mit einer verkauften Auflage von knapp 148.000 (inkl. eZeitung) und einer Online-Reichweite von monatlich mehr als 1.0 Mio. Unique Usern in Freiburg herausgegeben wird. Im Folgenden wird vorgestellt, wie die BZ crossmedial produziert.

Abb. 2 Gestaltungsparameter der crossmedialen Produktion

2.1 Crossmediale Produktion

Bei der „Badischen Zeitung" arbeitet die Online-Redaktion seit dem Jahr 2004 mit den Mantelressorts der Printredaktion an einem gemeinsamen Newsdesk. Im Zuge eines grundlegenden Relaunchs der Webseite badische-zeitung.de im Oktober 2008 ist die Verzahnung der beiden Gattungen intensiviert worden. Jeder Redakteur kann und soll seitdem Inhalte online first auf der Webseite der Badischen Zeitung publizieren. Was genau vorab online erscheint (und was erst später in der Zeitung zu lesen sein wird), entscheiden inhaltlich in großem Maße die Fachressorts. Ihre Aufgabe ist es, Themen crossmedial zu inszenieren. Die Kernfrage dieses crossmedialen Produktionskonzepts lautet: Welche Information soll zu welchem Zeitpunkt in welchem Kanal (Print, Online, Mobile, Social) und auf welche Weise (Text, Foto, Video, webnative Formate) veröffentlicht werden?

Dies geschieht nicht automatisiert auf Grundlage einer starren Formel, die dem Redakteur vorschreibt, zu welchen Uhrzeiten und in welchen Mengen digitaler Content veröffentlicht werden muss. Vielmehr soll jedes Thema einzeln betrachtet und mit journalistischen Kriterien bewertet werden: Wo funktioniert was am besten? Wie muss ein bestimmtes Thema in den einzelnen Kanälen inszeniert werden? „Journalismus first statt online first" – so lautet das publizistische Grundprinzip. Konkret bedeutet das: Starke Nachrichten (und hier speziell lokale Nachrichten, also die publizistische Kernkompetenz) sollen rasch in den digitalen Kanälen veröffentlicht werden, während hintergründig-analytische Stücke oder ausführliche, opulent bebilderte Erzählgeschichten, Reportagen und Interviews tendenziell zuerst in der Zeitung erscheinen. Dies ist freilich kein Dogma – die Entscheidung, was sofort online gespielt wird, treffen die Ressorts selber – in Breaking-News-Situationen geschieht dies in enger Abstimmung mit der Onlineredaktion und dem Deskchef.

Da die „Badische Zeitung" an 17 Standorten in Südbaden mit eigenen Lokalredaktionen vertreten ist, ist die Produktion naturgemäß dezentral strukturiert. Dementsprechend erfolgen auch die Themenplanung und die Produktion der Inhalte dezentral. Aufgabe der Online-Redaktion ist es, diese Inhalte der Lokalredaktionen (und der Mantelressorts) zu sichten und für die Startseite, also für die größte Pipeline der Webseite, zu kuratieren. In Breaking-News-Situationen werden konkrete Schritte mit dem zuständigen Ressort sofort auf Zuruf am Newsdesk oder telefonisch abgestimmt. Bei Bedarf können Reporter – zum Beispiel ein Videoteam – zur Verstärkung ausrücken.

Man kann sich das Zusammenspiel zwischen Print und Online vorstellen wie das Verhältnis zwischen einer Band (Print) und einem DJ (Online). Die Band beherrscht die Komposition und die Instrumente und spielt die Stücke ein. Der DJ wiederum weiß, zu welcher Musik sein Publikum gerade tanzen will – und legt die entsprechenden Stücke auf, die die Band zuvor eingespielt hat.

2.2 Technologie

Die Effizienz der Produktionsprozesse – und damit einhergehend die Usability und Simplizität von Produktionswerkzeugen – ist ein ganz entscheidender Erfolgsfaktor. Und so gab es in Freiburg bei der Crossmedialisierung der Produktion drei Anforderungen an die Technologie.

1. Sollen Zeitungsredakteure verlässlich unterschiedliche Kanäle bespielen, dann muss ihr Produktionswerkzeug noch einfacher zu bedienen sein als der Editor eines Wordpress-Blogs.
2. Zeitungsredakteure müssen sich für die Online-Produktion in derselben Produktionsumgebung befinden wie bei der Produktion des gedruckten Produkts – also im Redaktionssystem der Zeitung.
3. Jeder Redakteur soll jederzeit auf der Startseite von badische-zeitung.de veröffentlichen können – zur Not auch unterwegs oder zu später Stunde von zuhause aus, wo über einen Desktop-Client beziehungsweise eine Browser-App Zugriff standortunabhängig publiziert werden kann. Das Startseiten-Airplay des eigenen Artikels (und die damit verbundene Sichtbarkeit) ist ein wesentlicher Motivationsfaktor für Redakteure, Nachrichten tatsächlich online zu publizieren.

Die „Badische Zeitung" produziert ihre gedruckten und ihre digitalen Produkte mit der Redaktionssoftware Ngen der Firma Multicom. Über eine Schnittstelle werden sämtliche Inhalte der Redaktion fortlaufend an ein Web-Content-Management-System überstellt, das der Verlag selbst entwickelt hat. In diesem CMS werden neben den redaktionellen Inhalten zum Beispiel auch digitale Kleinanzeigen, User-Kommentare, Veranstaltungstermine oder 3rd-Party-Inhalte zentral gespeichert und in den digitalen Kanälen veröffentlicht. Eine Komponente des Web-CMS ist eine zentrale Nutzerverwaltung mit Single-Sign-on, durch die im Januar 2013 das bislang weitestgehend kostenfreie, digitale Angebot flexibel um ein Metered Systems und ein Digital-Abo, das neben der Desktop-Website ganz unterschiedliche (kostenpflichtige) digitale Produkte wie Tablet-Apps oder Smartphone-Verticals aggregiert, erweitert werden konnte.

Die Online-Redakteure am Newsdesk nutzen das Web-CMS zum Management der Startseite. Das Gros der Redaktion arbeitet hingegen ausschließlich mit dem Redaktionssystem, mit dem auch die Zeitung gebaut wird. Dort können die Redakteure per Mausklick zwischen Print und Digital wechseln. Für die Online-Produktion steht nur eine Handvoll Artikel-Templates zur Auswahl, das reduziert die gestalterische Flexibilität, aber auch die Komplexität. Ebenso stehen den Redakteuren nur wenige, aber sehr grundlegende Online-Funktionen zur Verfügung, mit denen zum Beispiel Web-Objekte wie Maps oder Videos in beliebige Artikel eingebunden oder Zeitungsüberschriften suchmaschinenoptimiert formuliert werden können. Bevor die crossmediale Produktion bei der „Badischen Zeitung" eingeführt wurde, wurde die komplette Redaktion geschult, wie die neuen Online-Werkzeuge technisch und inhaltlich künftig eingesetzt werden sollten. Mindestens genauso wichtig bei diesen Workshops war aber die Antwort auf die Frage, warum diese Veränderungen überhaupt notwendig sind.

Eine nicht zu vernachlässigende Rolle bei der Transformation von Produktionsprozessen spielt die Automatisierung der Produktion. Schlanke, effiziente Prozesse sind ein ganz wichtiger Erfolgsfaktor. Bei der „Badischen Zeitung" werden die meisten Artikel des Printprodukts im Zuge eines automatisierten Imports gegen 22 Uhr aus dem Redaktionssystem in ein Content-Management-System überstellt. Dies geschieht automatisch – die Redakteure müssen im Zuge der Zeitungsproduktion lediglich Online-Ressorts beziehungsweise Tags vergeben, damit die Inhalte auf der Desktop-Webseite in den richtigen Onlinegefäßen landen. Ein Algorithmus betrachtet zuvor die Länge, Spaltigkeit oder Überschriftengröße der Artikel und vergibt auf dieser Grundlage eine Punktzahl, wodurch die Beiträge nach Relevanz sortiert werden können. Ähnlich funktioniert die Befüllung zweier Smartphone-Produkte – einer HTML5-Browserapp und einer nativen News-App.

Fünf Jahre nach der Einführung der crossmedialen Produktionsprozesse spielt das Printprodukt weiterhin die dominierende Rolle in der Redaktion der „Badischen Zeitung" – als „voll integriert" kann der Newsroom der BZ aus diesem Grund nicht bezeichnet werden. Das digitale Medium zu bespielen ist gleichwohl für die meisten Redakteure zur Selbstverständlichkeit geworden – dies gilt speziell bei regionalen Breaking News, bei denen die Menschen in Südbaden ebenso selbstverständlich erwarten, von ihrer Tageszeitung aktuell im Web informiert zu werden. Welche Rolle das digitale Medium auf dem Lesermarkt spielt, zeigt die Online-Reichweite der „BZ". Im Januar 2014 verzeichneten die Webangebote der „Badischen Zeitung" erstmals mehr als 5 Mio. Visits – das ist etwa eine Verachtfachung der Reichweite vor Einführung der crossmedialen Produktion im Jahr 2008. Die IVW-geprüfte Zeitungsauflage der BZ ist in 2013 quartalsweise entgegen des Branchentrends gewachsen. Und addiert man die Reichweite von Print und Digital, dann nutzen so viele Menschen die Angebote der „Badischen Zeitung" wie noch nie.

3   Fazit

Weil sich die Mediennutzung der Menschen fundamental verändert, wird das Produktportfolio von Tageszeitungen umfangreicher. Die Komplexität der Produktion nimmt dadurch enorm zu. Eine Infrastruktur, die Redaktionen in die Lage versetzt, sämtliche Oberflächen effizient zu bespielen, ist hierbei ein ganz entscheidender technischer Erfolgsfaktor. Journalistisch kommt es in dieser Multi-Plattform-Welt darauf an, die richtigen Inhalte zum richtigen Zeitpunkt im richtigen Produkt und dem richtigen Format zu publizieren.

Im Fokus einer redaktionellen Reorganisation muss ganz radikal der Leser stehen – und damit einhergehend ein tiefes Verständnis für unterschiedliche Zielgruppen, die unterschiedliche Produkte auf analogen und digitalen Plattformen nutzen wollen. Mit diesem Verständnis müssen journalistische Inhalte konsequent crossmedial inszeniert und gattungsspezifisch ausgespielt werden. Diese Gattungen sind immer häufiger digital, mobil, interaktiv und in Echtzeit bespielbar. Aber eine sehr wichtige Gattung bleibt weiterhin die Zeitung.

Dieser Wandel ist eine gewaltige Herausforderung für einen Newsroom, dessen traditioneller Produktionsprozess auf einen einzigen Redaktionsschluss und ein einziges Produkt, eben die Zeitung, ausgerichtet war. Wollen Zeitungshäuser in einer digitalen Welt, die viele Kanäle aber keinen Redaktionsschluss kennt, schlagkräftig sein, so müssen sie die Produktionsstrukturen ihres Newsrooms verändern.

In diesen Produktionsstrukturen manifestiert sich immer auch die Allokation von Ressourcen und damit die Strategie eines Unternehmens. Welche Strategie ein Zeitungshaus verfolgt, ist eine verlegerische Entscheidung, die die Unternehmensführung mit Blick auf die eigenen Kernkompetenzen, das Wettbewerbsumfeld und die Bedürfnisse der Leser fällen muss. Auf der operativen Ebene hingegen, bei der Konfiguration eines Newsrooms und der Definition von Prozessen, ist die frühe Einbindung der Mitarbeiter/-innen von entscheidender Bedeutung (Kinnebrock und Kretzschmar 2012, S. 21), weil schlussendlich die „Köpfe und Herzen der Redakteure gewonnen werden müssen" (Meier 2014, S. 60). Den eigenen Mitarbeitern/-innen das neue Layout eines Newsrooms und neue Produktionsstrukturen top-down aufzuzwängen, kann den gesamten notwendigen Transformationsprozess gefährden.

Literatur

Bartlett, R. (2013). The Forbes digital content model and power of the long-tail. http://www.journalism.co.uk/news/the-forbes-digital-content-model-and-power-of-the-long-tail/s2/a554628/. Zugegriffen: 1. Nov. 2013.

Bradshaw, P. (2012). Model for a 21st century newsroom – Redux. How digitisation has changed news organisations in a multiplatform world. Leanpub Book. https://leanpub.com/21stcenturynewsroom. Zugegriffen: 2. Jan. 2014.

DVorkin, L. (2011). 9 big steps in 9 short months, now Forbes is building the new newsroom. http://www.forbes.com/sites/lewisdvorkin/2011/03/01/9-big-steps-in-9-short-months-now-forbes-is-building-the-new-newsroom/. Zugegriffen: 14. Jan. 2014.

Jarvis, J. (2008). The press becomes the press-sphere. http://buzzmachine.com/2008/04/14/the-press-becomes-the-press-sphere/. Zugegriffen: 14. Jan. 2014.

Kinnebrock, S., & Kretzschmar, S. (2012). Forschungsbericht Crossmedia 2012 in Zusammenarbeit mit dem Lokaljournalistenprogramm der Bundeszentrale für politische Bildung. http://www.drehscheibe.org/tl_files/drehscheibe/Themen/Interviews/Crossmedia_Abschlussbericht_04_06_2012.pdf. Zugegriffen: 14. Jan. 2014. Berlin.

Konieczny, O. (2010). *Newsroom: Vor- und Nachteile der Neuorganisation journalistischer Redaktionsarbeit*. Norderstedt. GRIN.

Meier, K. (2008). Wachstumsmotor. Multimediale Newsrooms in Europa. *epd medien, 31*, 5–12. (Frankfurt a. M.).

Meier, K. (2014). Reformplan. *Medium Magazin, 1*, 60–61. (Freilassing).

O'Regan, R. (2013). Blending print, digital cultures remains a work in progress. http://www.emediavitals.com/content/blending-print-digital-cultures-remains-work-progress (2013). Zugegriffen: 31. Okt. 2013.

Sauerer, M. (2014). Keine Kompromisse! *Medium Magazin, 1*, 62–63. (Freilassing).

Schantin, D. (2008). Organisational types of newsrooms in a media convergent environment. http://schantin.wordpress.com/2008/06/25/moving-tables-is-not-enough-to-succeed-in-a-multiple-media-world/. Zugegriffen: 15. Jan. 2014.

Simon, U. (2012). Die vernetzte Welt. *Medium Magazin, 4–5*, 22–23. (Freilassing).

Ürük, B. (2014). „Welt"-Chefredakteur Jan-Eric Peters: „Ich habe einen robusten Magen". http://www.newsroom.de/news/detail/$IWBNHRJRHNNR/(2014). Zugegriffen: 15. Jan. 2014. Berlin.

WAN-IFRA. (2013). Trends in newsroom. SFN Report 2. http://www.wan-ifra.org/reports/2013/05/24/trends-in-newsrooms-2013-supported-by-protecmedia. Zugegriffen: 8. Juli 2013. Darmstadt.

Experteninterviews

Dreykluft, J. (Online-Chefredakteur Schleswig-Holsteinischer Zeitungsverlag): Gespräch am 23.12.2013.

Lafrenz, R.-D. (Geschäftsführender Gesellschafter der Schickler Beratungsgruppe): Gespräch am 31.1.2014.

Meier, K. (Professor am Lehrstuhl für Journalistik der Katholischen Universität Eichstätt): Gespräch am 23.1.2014.

Röper, H. (Geschäftsführer Solon Office München, Solon Management Beratung): Gespräch am 17.1.2014.

Schellkopf, H. (stellv. Chefredakteur Mittelbayerische Zeitung): Gespräch am 24.1.2014.

Markus Hofmann Leiter Digitale Inhalte, badische-zeitung.de/fudder.de.

Junge Leser – Zielgruppen für Zeitungsverlage?

Thorsten Merkle

Inhaltsverzeichnis

1 Junge Leser und Tageszeitungen – ein Problemaufriss 186
   1.1 Zeitungsbranche und Medienwandel 186
2 Junge Leser als Zielgruppen der Zeitungen – Beispiele, Produkte, Dienstleistungen..... 187
   2.1 Junge Zielgruppen im Lesermarkt 188
   2.2 Produkte für junge Leser im Werbemarkt.................................. 190
   2.3 Events als ein neuer Geschäftsbereich 191
Literatur 192

Zusammenfassung

Zunächst werden zentrale Herausforderungen der Tageszeitungen im Hinblick auf junge Zielgruppen kurz dargestellt. Im zweiten Teil zeigen Praxisbeispiele, wie Tageszeitungen unter den Vorzeichen des Medienwandels, der die Tageszeitungen dazu zwingt, jenseits ihrer klassischen Erlösmodelle neue Geschäftsfelder zu erschließen, junge Zielgruppen mit relevanten Produkten bedienen.

Thorsten Merkle (✉)
Jule: Initiative junge Leser GmbH,
Ehlbeek 3, 30938 Burgwedel, Deutschland
E-Mail: merkle@junge-leser.org

© Springer Fachmedien Wiesbaden 2015
T. Breyer-Mayländer (Hrsg.), *Vom Zeitungsverlag zum Medienhaus*,
DOI 10.1007/978-3-658-04100-7_17

1 Junge Leser und Tageszeitungen – ein Problemaufriss

Im Hinblick auf Zeitungen und junge Zielgruppen ist die gefühlte Wahrheit folgende: Der demografische Wandel ist gnadenlos – alte Leser sterben, die Jungen greifen nicht mehr zur gedruckten Zeitung. Nackte Zahlen sekundieren: Eine Langzeitbetrachtung der JIM-Studien des Medienpädagogischen Forschungsverbandes Südwest zeigt, dass 1998 rund 60 % der 12- bis 19-Jährigen regelmäßig gedruckte Tageszeitungen lasen (JIM 1998, S. 14). Dieser Wert ist 2013 auf einem bisherigen Tiefststand von 35 % angekommen (JIM 2013, S. 11).

Die Frage, ob man junge Menschen noch ernsthaft als Zielgruppe für Zeitungen betrachten kann, mutet geradezu verwegen an. Hat sich das Thema nicht erledigt? Kommt da noch was?

Natürlich. Zum einen nimmt die Nutzung der Internetangebote lokaler und regionaler Zeitungen in der Zielgruppe 12 bis 19 Jahren zu (JIM 2008 bis 2013). Von den 14- bis 29-Jährigen besuchen 9,6 Mio. – das entspricht zwei Drittel (65,3 %) der Gesamtbevölkerung dieser Altersgruppe – jeden Monat die Internetseiten der Zeitungen in Deutschland (ZMG 2014, S. 2). Damit ist diese Alterskohorte die stärkste Nutzergruppe der Online-Auftritte der Tageszeitungen. Das ist also zunächst nicht primär ein Reichweiten-, wohl aber aufgrund der niedrigen Umsätze im Onlinegeschäft ein betriebswirtschaftliches Problem.

Außerdem ist das Image der Zeitung bei Jugendlichen glänzend. Für sie ist die Zeitung das glaubwürdigste aller Medien – bei widersprüchlicher Berichterstattung würden 48 % am ehesten der Tageszeitung vertrauen, Fernsehen, Radio und Internet bleiben weit hinter diesem Wert zurück (JIM 2012, S. 16). Zeitungslesern werden positive Eigenschaften zugeschrieben, die junge Zielgruppe hält sie für „gut informiert", „intelligent", der „intellektuellen Elite" zugehörig (JIMplus 2011, S. 21). Und für 30 % der Mädchen und 36 % der Jungen ist es wichtig, Tageszeitung zu lesen (JIM 2013, S. 13).

Die Verbindung zur Zielgruppe ist also keineswegs abgerissen. Die Tageszeitung als Gattung genießt bei den 12- bis 19-Jährigen hohe Glaubwürdigkeit als verlässliche Informationsquelle. Darauf können die Zeitungen aufbauen.

1.1 Zeitungsbranche und Medienwandel

Im Themenkomplex Zeitung und junge Leser gibt es zwei zentrale Herausforderungen:

Das Produkt Tageszeitung funktioniert und funktioniert gleichzeitig nicht
Für viele junge wie alte Leser bleibt die Tageszeitung unverzichtbares Informationsmedium. Sie sind mit Inhalt, Gestaltung und der Dareichungsform „gedruckte Zeitung" zufrieden und reagieren auf Veränderungen oftmals wenig positiv. Einerseits. Andererseits ist für viele Nutzer – auch hier jung wie alt – in Zeiten von mobilem Internet, sozialen Me-

dien und Anbietern wie Flipboard, die eine Kuratierung von Inhalten nach individuellen Interessen ermöglichen, das Generalistenmedium Tageszeitung wenig attraktiv. Die Zeitungsverlage stehen also vor der Herausforderung, den Leserstamm weiterhin mit ihrem Kernprodukt Tageszeitung zu bedienen, gleichzeitig auf das neue Informationsverhalten junger Zielgruppen einzugehen und dafür passende Geschäftsmodelle – also völlig neue Produkte und Absatzwege – zu entwickeln.

Die sofortige Verfügbarkeit von Inhalten im Internet setzt alle linearen Medien unter Druck

Das Internet hält nicht nur jederzeit alle erdenklichen Informationen, quasi das gesamte Weltwissen, verfügbar. Viel entscheidender ist, dass es – spätestens seit es flächendeckend mobil verfügbar ist – das Warten abgeschafft hat. Die Vorstellung von festgelegten Senderhythmen und Erscheinungsterminen wird obsolet, weil alles jederzeit an jedem Ort verfügbar ist. Man muss nicht auf den deutschen Ausstrahlungstermin von „Homeland" warten oder am Tag Zeit finden, um zum Plattenladen zu gehen und das neue Album von Beyoncé zu kaufen. Und niemand muss auf Nachrichten warten, die gebündelt morgens um 6 Uhr im Briefkasten landen, tatsächlich aber den Stand vom Vortag, 22 Uhr, haben. Das bedeutet zweierlei: Erstens werden die anderen linearen oder auch „alten" Medien Radio und Fernsehen eine ähnliche Verschiebung der Nutzung in jungen Zielgruppen erleben wie die Tageszeitung, weil sich diese lieber selbst ihr Programm zusammenstellen – mit den erwartbaren Auswirkungen auf die Erlöse dieser Medien, sofern sie werbefinanziert sind. Und zweitens entsteht am anderen Ende des Spektrums in der Entschleunigung ein Markt, der ein High-End-Printprodukt plötzlich wie eine ruhige Insel im Informationsmahlstrom erscheinen lässt.

Daraus ergeben sich für die Zeitungsverlage zwei Aufgaben: Sie müssen ihr Kernprodukt Tageszeitung pflegen, weiter bewerben und erfolgreich vermarkten – auch und gerade bei jungen Zielgruppen, die es in Teilen immer noch für unverzichtbar halten. Andererseits muss es Ziel sein, neue Produkte für junge Zielgruppen zu entwickeln und neue Geschäftsfelder zu erschließen. In diesem Text werden Beispiele aus dem zweiten Bereich dargestellt.

2 Junge Leser als Zielgruppen der Zeitungen – Beispiele, Produkte, Dienstleistungen

Aus Sicht der Zeitungsverlage sind junge Zielgruppen zunächst nach Altersgruppen strukturiert, also konkret: Kinder zwischen 6 und 12, Jugendliche zwischen 13 und 19, Studierende ab 19 Jahren. Auch junge Familien, die Zeitungsverlage vereinzelt und vor allem mit Serviceangeboten ansprechen, sind als junge Zielgruppe fassbar, altersmäßig also ab Mitte 20 aufwärts.

Die Zielgruppen nach Alter zu clustern ist nicht besonders präzise, aber ein solches Vorgehen hilft in der Praxis. Die Binsenweisheit, dass es „die" Jugendlichen, „die" Kinder gar nicht gibt, stimmt natürlich trotzdem. Sinnvoller wäre es sicherlich, die jungen Zielgruppen in den Alterscluster differenzierter zu betrachten, also etwa nach der aktuellen Lebenssituation und den sich daraus ergebenden Konsequenzen im Hinblick auf Mediennutzung, Finanz- und Zeitbudget sowie Themeninteressen. All diese Faktoren sind bei einem 18-jährigen Azubi anders als bei einer 18-jährigen Gymnasiastin. Für diesen Text und die angeführten Praxisbeispiele reicht das grobe Raster – Alterskohorte + Betrachtung der Lebenssituation – allerdings aus.

Anhand der folgenden Beispiele wird deutlich, dass Zeitungsverlage relevante Produkte für junge Zielgruppen im Markt haben und die Zielgruppen erfolgreich ansprechen. Die Beispiele stammen aus dem Lesermarkt, dem Werbemarkt sowie den neuen Geschäftsfeldern.

2.1 Junge Zielgruppen im Lesermarkt

Aus naheliegenden Gründen ist es schwierig, einige der jungen Zielgruppen als „echte" Kunden anzusprechen – hauptsächlich aufgrund der eingeschränkten Geschäftsfähigkeit von Kindern und nicht volljährigen Jugendlichen, aber auch, weil sie in der Regel mit ihren Eltern leben und diese die Entscheidung über den Kauf einer Zeitung bzw. ein Abo treffen. Grundsätzlich haben viele Zeitungen mindestens ein klassisches Angebot, das sich an junge Leser richtet: das preisreduzierte Studentenabo. Der Gedanke dabei ist natürlich, eine zukünftig kaufkräftige Klientel ans Produkt zu binden und auch gegenüber Werbetreibenden ausweisen zu können. Aus ähnlichen Gründen ist die Zielgruppe der Kinder spannend: weniger wegen der Werbekunden, aber aufgrund der frühen Bindung an Produkt, Marke oder Gattung.

Neue Vertriebsmodelle für die jüngsten Leser: Kinder-Abozeitungen

Sechs lokale und regionale Zeitungsverlage haben in Deutschland seit 2012 eigene Kinder-Abozeitungen auf den Markt gebracht. Die Vorreiterrolle übernahm die Verlagsgruppe Rhein-Main, die mit „Kruschel – Deine Zeitung" Mitte 2012 erstmals in Deutschland eine Zeitung für Kinder im Abomodell veröffentlichte. Es folgte mit „Testballons" in der Weihnachtszeit die Funke Mediengruppe mit „Deine WAZ" und drei weiteren titelgebrandeten Ausgaben sowie die Rheinische Post mit der „Kleinen Zeitungspost". Im Frühjahr 2014 folgten der Zeitungsverlag Stuttgart mit einer Kinder-Abozeitung, die ebenfalls titelgebrandet für Stuttgarter Zeitung und Stuttgarter Nachrichten, außerdem für den Schwarzwälder Boten und den Zeitungsverlag Waiblingen erstellt wird, sowie die Neue Westfälische aus Bielefeld mit „Tapsis Kinderzeitung". Die Kinder-Abozeitungen erscheinen wöchentlich, die Funke-Titel sowie „Tapsi" monatlich.

Hier gilt print first, die Verlängerung der Angebote online ist eher verhalten: Keine der Kinderzeitungen hat einen eigenen Internetauftritt, die Homepage www.kruschel.de fungiert als Auftritt des Maskottchens insgesamt, das auch in den „Erwachsenenzeitungen" der Verlagsgruppe Rhein-Main auftaucht. Videoreihen und Rubriken ergänzen das

Angebot von Kruschel digital. Auf Facebook ist aus der Reihe der Kinder-Abozeitungen ebenfalls nur Kruschel vertreten. Unter www.pauls-kinderwelt.de haben die Stuttgarter eine Plattform etabliert, auf der die jungen Leser zur Interaktion angeregt werden sollen – sie können Witze einsenden, sich als Leserreporter bewerben oder dem Maskottchen Paul eine Frage stellen. Eine inhaltliche Verlängerung der Kinderzeitung findet dort nicht statt.

Die Kinder-Abozeitungen haben den Anspruch, Leser zwischen 7 und 13 Jahren (die Kernzielgruppe ist bei den Titeln unterschiedlich) umfassend journalistisch über aktuelle Ereignisse zu informieren und dabei auch lokale und regionale Geschichten aufzugreifen. Darüber hinaus gibt es Wissens-, Spiel- und Bastelelemente. Mit dieser Mischung schließen die Produkte publizistisch die Lücke zwischen DEIN Spiegel und GEOLINO und sind von der Anmutung näher an der Zeitung als an einem Magazin.

Kruschel kostet 4,90 € pro Monat (Postzustellung 5,90 €), im Einzelverkauf am Kiosk 1,50 €. Abonnenten eines RP-Titels bezahlen für die Kleine Zeitungspost 4,90 €, Nicht-Abonnenten 6,90 €. Die Kinderzeitungen aus Stuttgart kosten 6,90 € für Abonnenten der „Erwachsenen-Zeitung", Nicht-Abonnenten zahlen 8,90 €. Die Funke-Kinderzeitungen gibt es im Abo für monatlich 1,90 € gegenüber 2,20 € im Einzelverkauf. Für Abonnenten der Neuen Westfälischen schließlich kostet das Monatsabo von „Tapsis Kinderzeitung" 0,80 €, für Nichtabonnenten und im Einzelverkauf in den NW-Geschäftsstellen ist „Tapsi" für 1,50 € zu haben.

Die Kinder-Abozeitungen bauen darauf, dass zeitungsaffine Eltern und Großeltern die Produkte für ihre Kinder abonnieren. Damit dies gelingt, muss das Produkt auch den Eltern gefallen. Für die Zeitungsverlage stellen die Kinder-Aboprodukte den vorläufigen Abschlusspunkt einer deutlichen Ausrichtung auf Kinder als Leser dar. Eine Umfrage des Bundesverbands der Deutschen Zeitungsverleger e. V. (BDZV) und der jule : Initiative junge Leser GmbH hat ergeben, dass 2012 77 % der Tageszeitungen in Deutschland eine Kinderseite im Blatt hatten, 2006 waren es 57 % (BDZV/jule 2013, S. 10). Die Produkte sind im Lesermarkt nicht unerfolgreich – sicherlich werden weitere Zeitungsverlage eigene Kinderzeitungen im Abomodell etablieren oder im Wege einer Lizenzierung die Kooperation mit den bestehenden Produkten suchen.

Medienvorlieben festigen sich früh, und bei der Entwicklung zum Zeitungsleser hin ist die Verfügbarkeit der Tageszeitung im Haushalt sowie das Vorbild der Eltern entscheidend (Rager 2003, S. 183). Insofern ist die Strategie, Kinder mit einem eigenen Produkt an die Marke des lokalen Zeitungsverlags und das Produkt Zeitung heranzuführen, richtig. Selbst die Zurückhaltung online ist mit Blick auf zeitungsaffine Eltern nachvollziehbar. Die Eltern besorgen die Kinderzeitung sicherlich auch mit dem Hintergedanken, die Kinder noch eine Zeit lang aus dem Internet herauszuhalten und ihnen ein gutes Printprodukt zu geben.

Digitalisierung könnte aber auch so aussehen: Eine Zeitungs-App für Kinder, gebrandet mit einem aus der Offline-Welt vertrauten und guten Namen einer Kinder-Abozeitung oder der lokalen Tageszeitung sowie einem beliebten Maskottchen wäre ein spannendes Produkt. Eltern hätten die Sicherheit, dass sich ihre Kinder zwar digital, aber eben in einem durch die App beschränkten und somit geschützten Raum bewegen. Vermutlich wird diese Idee bereits in einigen Zeitungshäusern diskutiert.

2.2 Produkte für junge Leser im Werbemarkt

In den vergangenen Jahren haben viele Verlage im Werbemarkt gute Erfahrungen mit Sonderprodukten für junge Zielgruppen gemacht. Sie sind im Werbemarkt erfolgreich, wenn der Verlag zeigen kann, dass er die Zielgruppen mit einem relevanten Thema verlässlich erreicht.

Ausbildung als Thema und Umsatzbringer

Sonderprodukte rund ums Thema Ausbildung richten sich an junge Menschen in ihrem (vor-)letzten Schuljahr, die vor der Bewerbung um einen Ausbildungsplatz stehen. Inhaltlich haben sie häufig starken Servicecharakter, sie bieten i. d. R. Tipps rund um Bewerbung, Ausbildungsplatzsuche und Vorstellungsgespräche. Im Werbemarkt sind sie als Umfeld für Unternehmen interessant, die Stellenanzeigen schalten und sich als attraktive Ausbilder präsentieren.

Ausbildungsbeilagen funktionieren im Werbemarkt dann gut, wenn die Zeitungsverlage mit einer zielgenauen Verteilung der Ausbildungsbeilage an Schüler/-innen und Ausbildungsplatzsuchende bei Werbekunden punkten können. Dank der Verbindungen, die Zeitungsverlage mit Schulen im Rahmen ihrer Leseförderprojekte aufgebaut haben, gelingt dies in der Regel gut, zumal auch die Schulen den Nutzen, den eine Ausbildungsbeilage bringt, für sich erkennen. In Zeiten des demografischen Wandels und des Fachkräftemangels wird der Zwang von Unternehmen, sich als attraktiver Arbeitgeber darzustellen und dies zu kommunizieren, zunehmen. Hier entsteht ein Feld, auf dem Zeitungsverlage inhaltlich arbeiten und auf dem sie Umsatz generieren können. Beispielhaft dafür steht das Projekt „Mein Weg" der „Schaumburger Nachrichten".

„Mein Weg" ist eine Informations- und Kommunikationsplattform für die Suche nach dem richtigen Ausbildungsplatz in der Region und somit eine Anlaufstelle für junge Menschen auf Ausbildungsplatzsuche. Darüber hinaus sollen qualifizierte Jugendliche in der Region gehalten und so dem drohenden Fachkräftemangel entgegengewirkt werden. Dazu kooperiert die Zeitung u. a. mit der Agentur für Arbeit, verschiedenen Ausbildern in der Region, Berufsschulen und der Kreishandwerkerschaft. Zum Angebot zählen regelmäßige Informationen rund ums Thema Ausbildung und Beruf in den „Schaumburger Nachrichten", eine Ausbildungsbeilage, die Homepage www.mein-weg.de, eine Facebook-Seite, Newsletter, Webinare, ein preisreduziertes Abo-Angebot (print und digital) für Azubis, das Berufe-Quartett sowie eine virtuelle Ausbildungsmesse.

Die Angebote und Elemente, aus denen „Mein Weg" besteht, sind ein Best-of bestehender Ideen der Zeitungsbranche rund um junge Leser. „Mein Weg" schafft für den Verlag einen Zusatzerlös und die Zeitung gewinnt für Schüler, Eltern und Ausbildungsunternehmen in der Region neue Relevanz. Der Kern von „Mein Weg" ist ein für Leser, junge Zielgruppen, Werbekunden und die Region relevantes Thema, das ein lokales Medienhaus mit all seinen crossmedialen Fähigkeiten durchspielt und bedient.

Produkte für Studierende

In Freiburg veröffentlicht fudder.de, das junge Onlineportal der Badischen Zeitung, jährlich im Dezember das Nightlife Quartett. Jede Karte des Quartetts ist ein Gutschein für eine Kneipe oder ein Lokal in Freiburg. Umsatzbringer für den Verlag ist neben der Vermarktung an lokale Gastronomen vor allem auch der Verkauf des Quartetts selbst. Das Produkt ist mittlerweile bei den Kunden und den Studierenden „gelernt" und jährlich ausverkauft. Der Aufwand ist gering, Erlös und Rendite sind hoch.

Zur Erstsemesterwoche an den Dresdner Hochschulen erstellten die „Dresdner Neuesten Nachrichten" einen Campusführer im sogenannten Superpanorama-Format. Die Mischung aus klar erkennbarer Zielgruppe – Erstsemester auf der Suche nach Orientierung in einer neuen Stadt und einem neuen Lebensabschnitt – und dem ungewöhnlichen Format funktionierte im Werbemarkt sowohl bei „traditionellen" Kunden, die in der Tageszeitung werben, als auch bei den zeitungsfernen Szenekneipen, die mit Hilfe von QR-Codes Erstsemester zu sich locken wollen.

2.3 Events als ein neuer Geschäftsbereich

In der sich verändernden Medienlandschaft suchen zahlreiche Zeitungsverlage nach Zusatzgeschäften jenseits ihrer klassischen Erlösmodelle. Mit Blick auf die jungen Zielgruppen sind Events und Veranstaltungen ein interessantes Feld, das für zusätzliche Umsätze sorgt.

Reiff Medien Dome – Veranstaltungszentrum und Disko in Offenburg

Ende 2010 hat das „Offenburger Tageblatt" mit dem „Reiff Medien Dome" in Offenburg einen Veranstaltungsort mit auffälliger Kuppelarchitektur errichtet. Der Verlag hatte vorher bereits einige Erfahrung mit der Umsetzung von Partys und Events gesammelt und verband mit dem „Reiff Medien Dome" eine Reihe von Zielen: Reichweitensteigerung in jungen Zielgruppen, Imagetransfer (Printmarke wird zum Erlebnisraum), Steigerung der Werbeerlöse durch crossmediale Vermarktung (Live-Event/Print/Online) und die Schaffung einer Erlebniswelt für die junge Zielgruppe.

Seither finden mehrmals wöchentlich Partys statt, die direkt junge Zielgruppen (mehrheitlich Studierende in Offenburg) ansprechen, zusätzlich wird der Reiff Medien Dome auch für Produktpräsentationen und Verkaufsveranstaltungen an Werbekunden vermietet. Der Verlag übernimmt dabei alle relevanten Aufgaben einer Event- und Veranstaltungsagentur von der Akquise bis zur Konzeption, Organisation und Umsetzung des Events.

Der Medien Dome ist für das „Offenburger Tageblatt" darüber hinaus ein Geschäftsmodell: Der Verlag bietet weiteren Zeitungsverlagen an, eigene Medien Domes in deren Verbreitungsgebiet zu errichten und das Veranstaltungszentrum zu betreiben. Der kooperierende Zeitungsverlag übernimmt die Kommunikation der Events, die Erlöse teilen sich die Verlage.

Im Markt ist der „Reiff Medien Dome" sowohl als Partylocation wie als Veranstaltungsort für Produktpräsentationen angekommen: Bereits im ersten Jahr konnte der Dome einen siebenstelligen Umsatz mit hoher Rendite erwirtschaften. Seit 2012 betreibt das „Offenburger Tageblatt" parallel die Disko Etage Eins in Offenburg. Die Diskothek richtet sich an die noch jüngere Zielgruppe ab 18 Jahren und ist – im Vergleich zum „Reiff Medien Dome" – ein reiner „Club- und Partybetrieb". Auch hier sollen neue Vermarktungspotenziale ausgeschöpft werden, wie zum Beispiel eine Lounge, die für Kundenevents mit junger Zielgruppenansprache vermarktet wird. Ferner ist eine Leselounge mit iPads und dem E-Paper des „Offenburger Tageblatts" geplant.

Entscheidend für den Erfolg des Reiff Medien Dome ist die starke und lokal verwurzelte Marke sowie die Kommunikationsleistung des Verlags, die zielgruppengerecht verstärkt über Social Media läuft. Der Dome wiederum ist das trojanische Pferd, mit dem die Marke und das Kernprodukt Tageszeitung (print und online) zur jungen Zielgruppe transportiert werden. Von den angeführten Beispielen ist der Reiff Medien Dome die radikalste Neuerfindung eines Zeitungsverlags im Hinblick auf junge Zielgruppen.

Die oben genannten Beispiele sind Leuchttürme und Mutmacher. Sie zeigen, dass die Zeitungsbranche in der Lage ist, junge Zielgruppen auch jenseits der Tageszeitung an Verlagsprodukte heranzuführen und zusätzlich Umsatz zu generieren. Sie sind aber beileibe nicht die einzigen Beispiele für die Produkte einer Branche, die nach wie vor Kontakt zu jungen Zielgruppen hat und in ihren Köpfen präsent ist, und die über genug Kreativität verfügt, aus dem eingangs beschriebenen Medienwandel gestärkt hervorgehen zu können. Jüngstes Beispiel ist die Rheinische Post, mit RP+ im Mai 2014 ein Printprodukt für die junge, urbane Zielgruppe der 20- bis 35-Jährigen als einmalige Testausgabe veröffentlicht hat. Im Haus ist man mit den Zahlen und den Ergebnissen einer angehängten Meinungsforschung zufrieden – Fortsetzung und weitere Experimente nicht ausgeschlossen.

Literatur

BDZV/jule-Umfrage junge Zielgruppen. (Hrsg.). (2013). Bundesverband deutscher Zeitungsverleger e. V. und jule: Initiative junge Leser GmbH.
JIM. (1998). Jugend, Information, (Multi-) Media. Basisuntersuchung zum Medienumgang 12- bis 19-Jähriger. Medienpädagogischer Forschungsverbund Südwest (Hrsg.).
JIM. (2008). Jugend, Information, (Multi-) Media. Basisuntersuchung zum Medienumgang 12- bis 19-Jähriger. Medienpädagogischer Forschungsverbund Südwest (Hrsg.).
JIM. (2012). Jugend, Information, (Multi-) Media. Basisuntersuchung zum Medienumgang 12- bis 19-Jähriger. Medienpädagogischer Forschungsverbund Südwest (Hrsg.).
JIM. (2013). Jugend, Information, (Multi-) Media. Basisuntersuchung zum Medienumgang 12- bis 19-Jähriger. Medienpädagogischer Forschungsverbund Südwest (Hrsg.).
JIMplus Nahaufnahmen. (2011). Einstellungen und Hintergründe zum Medienumgang der 12- bis 19-Jährigen. Qualitative Zusatzbefragung zur JIM-Studie 2011 Jugend, Information, (Multi-) Media. Medienpädagogischer Forschungsverbund Südwest (Hrsg.).
Rager, G. (2003). Jugendliche als Zeitungsleser: Lesehürden und Lösungsansätze. *Media Perspektiven, 4*(2003). 180–186. (Frankfurt a.M.).
ZMG. (2014). Sonderauswertung der AGOF internet facts durch die ZMG Zeitungs-Marketing Gesellschaft. www.zmg.de. Zugegriffen: 29. Jan. 2014.

Thorsten Merkle Leiter des Wissensnetzwerks der jule: Initiative junge Leser GmbH, Die jule: Initiative junge Leser GmbH ist Netzwerk und Wissensdatenbank zum Thema Kinder- und Jugendengagement der Zeitungen. Die Gesellschaft wurde 2010 von Bundesverband Deutscher Zeitungsverleger e. V. (BDZV) und TBM Marketing GmbH gegründet. In den mehr als 60 Mitgliedsverlagen erscheint derzeit rund die Hälfte der Auflagen der lokalen und regionalen Zeitungen in Deutschland.

Social Media als Verlagsaufgabe – People, nicht User

Christian Lindner

Inhaltsverzeichnis

1	Der Start – Januar 2009	194
2	Im Zentrum von Social Media – Die Redaktion	194
3	Worauf es ankommt	200
	Literatur	201

Zusammenfassung

Social Media ist für Verlage Herausforderung und Chance zugleich. Christian Lindner, Chefredakteur der „Rhein-Zeitung" (Koblenz), sieht als leidenschaftlicher Printredakteur und zugleich überzeugter Aktivist im Web 2.0, hierbei vor allem die Redaktionen gefordert. Zentraler Erfolgsfaktor für Medienhäuser in Social Media ist aus seiner Sicht die richtige Haltung der Macher. Sie müssen verstehen und leben: Es geht hier um People, nicht um User. So zentral die Bedeutung der Redaktion für erfolgreiche Social Media-Arbeit ist: Auch die Verlage müssen sich ganzheitlich auf Social Media einstellen – und das nicht nur werktags zu den normalen Bürozeiten.

Christian Lindner (✉)
Rhein-Zeitung, August-Horch-Straße 28, 56070 Koblenz, Deutschland
E-Mail: christian.lindner@rhein-zeitung.net

© Springer Fachmedien Wiesbaden 2015
T. Breyer-Mayländer (Hrsg.), *Vom Zeitungsverlag zum Medienhaus*,
DOI 10.1007/978-3-658-04100-7_18

1 Der Start – Januar 2009

Die Redaktion der „Rhein-Zeitung" sichert sich bei Twitter den Account @rheinzeitung. Der Chefredakteur hatte sich ein paar Tage vorher für die Kommunikation in 140 Zeichen begeistert und seine nicht wirklich komplett begeisterte Redaktion wissen lassen: „Die Rhein-Zeitung wird nun auch twittern." Die Strategie der Zeitung aus Koblenz in Twitter? „Schau'n mer mal." Guidelines für die Twitterer? Ein Satz nur, mehr bewusst nicht, bis heute: „Don't be stupid." Langfassung auf Deutsch: „Macht halt auch in Twitter einfach keinen Blödsinn." Am 26. Januar 2009 postet ein Redakteur des Blattes den ersten Tweet. Rasch stellen sich positive Effekte und überraschende Erfolge ein: Ausgerechnet ein Medienhaus aus der rheinländischen Provinz wird einer der ersten medialen Knotenpunkte in der deutschen Social Media-Welt. Das macht rasch die Runde – in Twitter, im Web, in der Medienszene. Eine Regionalzeitung, die mit Begeisterung twittert: 2009 war das noch etwas Besonderes, ja es war selbst eine Nachricht. Twitter, das war damals Punk – noch ohne Audi und Altmaier.

Heute machen alle Konzerne und fast alle Politiker irgendwas mit Social Media. Längst sind auch die meisten Medien in Twitter, Facebook & Co. Anders als 2009 muss keine Redaktion mehr davon überzeugt werden, dass zu einem Internetauftritt eines Verlages auch diverse Social Media-Kanäle gehören. Zwar gibt es immer noch Printredakteure, Chefredakteure und Verlagsleiter, denen sich der Sinn der Kommunikation mit 140 Zeichen oder die Eigenheiten der Facebook-Welt noch nicht erschlossen haben. Die Medienhäuser aber, die mit Konstanz, Verstand und Gefühl in Social Media agieren, profitieren auf vielen Ebenen davon, dass sie an den digitalen Theken zuhören und mitreden.

2 Im Zentrum von Social Media – Die Redaktion

Im Zentrum steht dabei naturgemäß die Redaktion. Bei aller internen Bedeutung von Anzeigen, Technik, Marketing und IT für die Weiterentwicklung von Printverlagen zu zeitgemäßen Medienhäusern: Die Kunden und die User, die verlorenen und die noch zu gewinnenden Leser, die Audis und die Altmaiers, in Summe die Audience also – sie interessiert auch in der Social Media-Welt an einem Verlag vorrangig der Content. Und genau darin liegt für Verlage die Chance in Social Media: Gute Verlage generieren regelmäßig und jeden Tag neue exklusive Stoffe, die für das Netz interessant sind. Sie haben Botschaften, die tragen. Genau besehen fördern und veredeln moderne Medienhäuser das Erdöl des digitalen Neulands: Informationen. Ja, es stimmt – sie machen dies nicht mehr alleine, und ihre Rolle ändert sich. Gute Verlage aber haben sich noch nie als Papierspedition, sondern als Inhaltemanufaktur verstanden. Verlage, die so positioniert sind, bewegen sich am schlüssigsten im Web. Und sie wissen: „Das Internet wandelt sich von einem Surf- und Google-Netz zu einem Empfehlungsnetzwerk. Die wichtigsten Protagonisten dieses Wandels: Twitter und Facebook." (Björn Sievers im Buch „Universalcode").

Redaktionen, die Social Media deshalb nicht aus Zwang, sondern aus Überzeugung machen, erfahren täglich, dass dieses publizistische Instrument ungeahnt viele Funktionen

Social Media als Verlagsaufgabe - People, nicht User

Abb. 1 Themenradar im regionalen Verbreitungsgebiet (Rheinzeitung)

hat. Lars Wienand, seit 2009 bei der „Rhein-Zeitung" als erster Social Media-Redakteur bei einer deutschen Regionalzeitung aktiv, vergleicht Social Media gerne mit einem dicken Schweizer Messer mit unzähligen Tools. Viele davon waren ihm und seinen Kollegen rasch klar, etliche entdeckten auch fitte Redaktionen erst im Laufe der Zeit, und einige werden noch unerkannt in diesem satten, fetten Artefakt schlummern. Social Media – das ist ein wunderbares Instrument, das die Evolution des Webs vom hierarchischen Internet zum Mitmach-Internet all denen in die Hände gelegt hat, die diesen grundlegenden Wandel verstanden haben und Audience lieben statt auf Distanz halten. Hier einige der bislang entdeckten Funktionen:

Social Media ist eine Themen-Lupe
Gut auf ihre Audience eingestellte Redaktionen finden in und mit Social Media früher als andere Themen, die nicht oder viel später kommen über Agentur, die nicht von Pressesprechern lanciert und nicht bei Pressegesprächen serviert werden. Mehr noch: Verlage, die es verstanden haben, in ihren Milieus ein Social Media-Hub zu werden, können leicht Hunderte von gerne kommunizierenden Experten nutzen. Regionale Verlage, die in Social Media sichtbar und ansprechbar sind, haben damit faktisch eine Art oszillierende regionale Nachrichtenagentur, die ohne klassische Organisationsform verlässlich und unschlagbar schnell mitteilt, was gerade im weiten Verbreitungsgebiet los ist oder bald von allgemeinem Interesse sein dürfte (vgl. Abb. 1).

Wenn etwa im früheren Vulkangebiet Eifel wieder mal die Erde bebt, weiß das der Social Media-Dienst der „Rhein-Zeitung" Sekunden später durch entsprechende Meldungen oder Fragen via Twitter. Wenige Minuten später hat die Redaktion so viele Tweets gesammelt, das sie eine Karte mit der Reichweite des Bebens auf rhein-zeitung.de stellen kann. Und war das Rumpeln heftiger, reicht eine Frage von @rheinzeitung, um in Minutenschnelle Dutzende von kurzen Erlebnisberichten einzusammeln. Auch auf der anderen Seite der Zeitskala funktioniert Twitter: Erste Informationen über die erst in einigen Wochen offiziell werdende Pleite eines Unternehmens erreichen eine in Social Media präsente Redaktion heute eher per Direct Message als durch einen diskreten Anruf.

Social Media ist ein Wissens-Korkenzieher
Gerade regionale Medienhäuser sind ideale Schnittstellen, um aktuelle Phänomene zeitnah mitzubekommen und von externen Experten einordnen zu lassen. Ein klassischer Ablauf aus der Praxis: „Mein Balkon wird von Marienkäfern belagert, traue mich nicht mehr raus, sehen betrunken und hoch aggressiv aus" – ein guter Social Media-Redakteur wird einen solchen Tweet nicht als Spinnerei, sondern als Indiz für ein Thema werten, zumal dann, wenn er eine Story wittert, sucht und noch mehr Marienkäfer-Tweets findet. „Wir lesen hier gerade ständig von #Marienkäfer-Angriffen. Kann das mal jemand dokumentieren?"

Solch ein Tweet einer Redaktion ist Recherche 2.0. Die generiert dann fast schon spielerisch Fotos von auffällig vielen Marienkäfern im Land – und ohne viel Mühe einen Experten, der weiß, dass das asiatische Käfer sind, die die europäischen gerade verdrängen. Immer kennt irgendjemand irgendwen, der sich auskennt. Und wenn Social Media gut in die Gesamtredaktion eingebettet ist, wächst daraus rasch und ohne übermäßigen Aufwand ein interessanter und kompetenter Komplex im Blatt und auf der Site – geadelt mit Instagram-Fotos und Youtube-Videos der eigenen Follower. Ob Marienkäfer oder Ausländerfeindlichkeit: Auch und gerade bei komplexeren und gesellschaftlich relevanten Themen funktioniert diese Grundsystematik zuverlässig (vgl. Abb. 2).

Social Media ist ein Reichweiten-Einfädler
Als der britische „Guardian" im Oktober 2011 seine Facebook-App launchte, vervielfachten sich die über Facebook generierten Zugriffe auf seine Site von unter fünf Prozent auf bis zu über 20 Prozent – innerhalb von vier Monaten. Verlage, die durch einen guten Social Media-Mix relevante Reichweite in diesen Welten aufgebaut haben, können deshalb ohne Probleme auf Content-Kaperer wie Google News verzichten. Die „Rhein-Zeitung" etwa hat sich vor diesem Hintergrund im Juli 2013 mit großer Gelassenheit bewusst dagegen entschieden, diesem Dienst weiter die kostenlose Auswertung ihrer Inhalte zu gestatten. Wer mehrere zehntausend Follower bei Twitter hat, kommt auch ohne Google News zu neuen Rekordzahlen bei Visits und Unique Usern.

Social Media ist ein Produkt-Veränderer
Ein hellhöriger Blattmacher, der die für sein Publikum relevanten Trending Topics etwa via Twitter und Facebook aktiv und nachhaltig monitort, wird andere Themen finden, sie

Abb. 2 Wissensfragen auch in der Region (Rheinzeitung)

anders gewichten und anders aufbereiten. Wer Social Media nicht als Linkschleuder missversteht, sondern seiner Audience zuhört, wird ganz andere Themen als ohne diese Tools finden. Und er wird sie höher hängen, als wenn er sich nur an der Tagesübersicht von dpa orientiert. Er wird Themen, die die Menschen in Twitter und Facebook erkennbar bewegen, länger laufen lassen als seine agenturgeprägten Nachrichtenprofis. „Das Thema fährt runter"? Gerade bei emotionalen Themen sagt das Klick- und Like-Verhalten der Audience oft noch tagelang das Gegenteil – auch dann, wenn es keinen neuen Nachrichtenstand gibt. Twitter-affine Desks werden, inspiriert und ermuntert durchs Mitmach-Netz, neue Formate auch in Print oder in Online Classic ausprobieren und etablieren. Social Media ist auch Sichten und Sammeln. Journalisten, die die neue Rolle von Kuratoren im Netz gerne annehmen, machen die besten Storifys. Dienste wie Instagram prägen eine neue Bildsprache – und mutige Art Directoren bereichern auch Zeitungen und Magazine mit den quadratischen Kunstwerken oder Echtzeit-Dokumenten aus der Welt dieser vitalen Foto-Community. Es ist nun mal so: Dank Steve Jobs und den Start Up-Plattformen publizieren nicht mehr nur erstklassige Foto-Journalisten mit ihrer Leica, sondern Tausende User mit ihren Smartphones erstklassigen Foto-Journalismus.

Social Media ist Image-Feile – oder auch das Gegenteil
Im Hauptquartier von Facebook im kalifornischen Palo Alto hängen Plakate, auf denen das Wort „Users" fettestmöglich durchgestrichen ist und darunter umso wirkungsvoller das Wort „People" prangt (vgl. Abb. 3).

Wer begriffen hat, dass es in Social Media in Wahrheit um Menschen, Beziehungen und Kommunikation, nicht um Traffic, Pageranks und Zahlen geht, der wird dort auch entsprechend agieren: Nicht von oben herab, sondern auf Augenhöhe. Nicht dozierend, sondern zuhörend. Nicht belehrend, sondern auch demütig. Nicht nur sendend, sondern auch empfangend. Nicht einseitig, sondern interagierend. Nicht selbstherrlich, sondern auch

Abb. 3 Worum geht es? (Quelle: Facebook Headquarter)

Abb. 4 Imagebildung? (Spiegel Online)

mit seinen Fehlern offen umgehend. Nicht hoheitlich, sondern mit Herz. Nicht unbedacht, sondern bewusst. Wer das nachhaltig leistet, wird auch als printgeprägtes und regionales Medienhaus etwas Faszinierendes erleben: Junge Menschen werden zu aktiven Fans einer Zeitungsmarke, die ihre eigenen Macher eher für ältlich halten – und regionale Auftritte werden auf einmal bundesweit wahrgenommen und wertgeschätzt. Umgekehrt gilt: Social Media lässt nichts durchgehen. Ein Konzern oder ein Politiker etwa, der nur werbend twittert, der in Facebook nicht antwortet, der Social Media nur zur Inszenierung statt zur Interaktion nutzt, der wird genau dabei rasch durchschaut – und abgestraft. Für Medien gilt das in verschärftem Maße. Ausrutscher stellen deren Haltung auf die Probe. „Spiegel Online" etwa twitterte im August 2011 über die glimpfliche Ankunft eines mit Furcht erwarteten Wirbelsturms in New York: „#Irene in Manhattan: Bisher enttäuschend" (vgl. Abb. 4).

Abb. 5 Imagebildung! (Spiegel Online)

Sofort brach über „Spon" im Netz ein Shit-Storm herein. „Ab wie vielen Toten wärt ihr denn zufrieden, liebe zynische Kollegen?" wurde aus der taz gefetzt, und @RotesDing zischte: „Vollversager bei @spiegelonline, nehmt denen Twitter weg." Nach drei Stunden reagierte Spiegel Online – spät, aber immerhin souverän: „Dieser Tweet zu #Irene war nicht angemessen – wir bitten um Entschuldigung" (vgl. Abb. 5).

Spiegel Online löschte den Tweet auch nicht – wie das Politiker oft tun, wenn sie ein Posting bereuen. Zum weiteren Ablauf gehörte aber auch, dass die Entschuldigung ebenfalls reflektiert wurde: „Nein, Euer Tweet war grundehrlich. Die (Nachrichten)-Welt wartet auf Sensationsmeldungen zu #Irene in NY. Und es gibt keine.", übte Twitterer @dokape Medienkritik.

Social Media ortet neues Redaktions-Personal
Redaktionsmanager, die ihre Aufgabe auf dem Weg von Analogien nach Digitalien richtig verstehen, finden mittels Twitter und Facebook neue Talente für die traditionellen Medien. Sie lesen und respektieren Blogger – gewiss nicht jeden, wohl aber dieses Genre des Publizierens. Sie scouten junge Leute, die mit ihren Postings zeigen, dass sie mit Sprache umgehen können, die Mechanik von Social Media beherrschen, für Journalismus statt PR zu begeistern sind, ein Medienhaus mit verändern wollen, die auch den Sound mitprägen können, der Verlage im Social Web aus der vermeintlichen Dino-Ecke rausholt. Ein Leitartikler wird nicht die besten Tweets texten – umgekehrt können begabte Twitterer durchaus die Überschriftensprache einer Zeitung modernisieren.

3 Worauf es ankommt

Entscheidend ist für all das, dass Social Media in einer Redaktion nicht als dem Zeitgeist geschuldetes Bling-Bling irgendwo am Rande missverstanden wird, womöglich nur Volontären oder Praktikanten übertragen – damit auch das gemacht wird, was man jetzt halt machen soll. Verlage brauchen Social Media-Profis für Storifys, das Wittern des nächsten großen Dings im Web und für Formate wie Snowfall („New York Times") und Arabellion („Rhein-Zeitung"). Als Basis für diese Leistungssportler benötigen sie möglichst viele Breitensportler in der normalen Redaktion, die Social Media kennen und entspannt nutzen. Und Social Media gehört an den Desk – dort hin, wo die Entscheidungen fallen, wo die Themen und Trends aus dem Netz zentral und relevant ins Blatt- und Site-Machen eingespeist werden können, wo aber auch die Audience aus erster Hand über das informiert werden kann, woran die Redaktion arbeitet. Umsonst gibt es all das nicht: Social Media funktioniert in den Verlagen am besten, in denen das Thema von den Chefredaktionen verstanden, ernst genommen und vorgelebt wird. Nicht zufällig dokumentiert Bild-Chefredakteur Kai Diekmann auch in Twitter, ja sogar in Vine mit seinen Sechs-Sekunden-Loop-Videos, wie ernst Springer es mit dem digitalen Wandel meint. Social Media bedingt aber auch, zumindest Redaktion und Verkauf konsequent mit den Geräten der neuen Zeit auszustatten. Smartphone und iPad sollten dort genauso selbstverständlich als Arbeitsmittel gestellt werden wie früher Schreibmaschine und Typometer – nicht nur dem Chef, sondern jedem Beschäftigten.

Verlage, die es mit Social Media ernst meinen, müssen zudem der Redaktion bei dem helfen, was über diesen Weg zusätzlich an Informationen, Erwartungen und Kommunikation ins Haus kommt. Es macht keinen Sinn, die Verlagsstruktur mit ihren diversen Abteilungen etwa in Twitter und Facebook mit verschiedenen Accounts abzubilden. Weil Content King ist, wird der maßgebliche Account eines Verlages vernünftigerweise von der Redaktion gemanagt. Weil die Menschen da draußen sich am Markennamen des Mediums und nicht an seinem Organigramm orientieren, werden dort aber auch viele redaktionsferne Fragen und Themen auflaufen. Dafür braucht die Redaktion im Verlag zwingend Ansprechpartner, die Social Media ebenfalls wollen und verstehen. Wenn in Facebook die Zustellung moniert wird, darf das nicht Tage später mit einer Standardformulierung beantwortet werden. Wenn ein Abonnent via Direct Message am Samstag ein Problem mit seinem ePaper meldet, hilft ihm eine Reaktion am Montag nicht. Wenn etwas schief gelaufen ist und der Kunde sich via Social Media meldet, ist es noch wichtiger als sonst, darauf generös zu reagieren. Redaktionen, die vom Verlag nicht in diesem Sinne unterstützt werden, stehen schnell im digitalen Regen. Moderne Verlage hingegen organisieren sich wie ihre Redaktionen mit der Tendenz zu „24/7" – und beweisen auch via Social Media, dass sie ihre Audience und nicht nur deren Abbuchungserlaubnis mögen.

Und was machen die Verlage, wenn Twitter mal nicht mehr von so vielen Entscheidern und Bewegern wie bisher gefaved werden sollte? Waren alle Anstrengungen von Redaktion und Marketing umsonst, wenn junge Menschen sich von Facebook abwenden sollten, weil ihnen ihre Eltern und Lehrer dort zu präsent sind? Was geschieht, wenn momentan noch angesagte Foren in der Bedeutungslosigkeit verglühen wie weiland StudiVZ? Keine Sorge, aber eben auch keine Hoffnung: Social Media-Plattformen werden kommen und gehen. Social Media selbst aber, diese Form von freier Kommunikation, die keinen Beschränkungen von Raum und Zeit mehr unterworfen ist, die wahlweise Wort, Ton, Bild und Film nutzen kann, wird bleiben. Die Möglichkeiten und die Namen der digitalen Treffpunkte werden sich fortwährend wandeln. Beim Treffen und Kommunizieren der Menschen im Digitalen aber wird es bleiben – weil Social Media elementaren Grundbedürfnissen des Menschen entspricht.

Literatur

Jakubetz, C., Langer, U., & Hohlfeld, R. (Hrsg.). (2011). *Universalcode: Journalismus im digitalen Zeitalter*. München. euryclia.

Christian Lindner Rhein-Zeitung Chefredakteur.

Social Media & neue digitale Geschäftsmodelle

Christian Hoffmeister

Inhaltsverzeichnis

1	Geschäftsmodelle und digitale Business Models.	205
2	Graphentheorie.	206
3	Voraussetzungen.	210
	3.1 Anders Denken	210
	3.2 Genauigkeit.	210
	3.3 Zeit	211
	3.4 Lean-Management und Vernetzung	211
Literatur.		211

Zusammenfassung

Social Media führen zu einer fundamentalen Veränderung bestehender Geschäftsmodelle, da medienökonomische Prinzipien wie Netzeffekte dazu führen, dass Kriterien wie die Masse der Netzwerkteilnehmer und damit die Skalierbarkeit von Produkten und Geschäftsmodellen eine neue, eigenständige Bedeutung bekommen. Von den Verlagen erfordert dies neues Denken und neue Strukturen.

Was ist eigentlich „Social Media", in welchem Bezug stehen diese zu neuen digitalen Geschäftsmodellen und wie können Medienunternehmen Social Media einsetzen um davon zu profitieren?

Um dies zu erläutern, müssen beide Begriffe „Social Media" und „digitale Geschäftsmodelle" re-interpretiert werden, denn durch die veränderten technologischen Rahmenbedingungen hat sich einiges in Bezug zum herkömmlichen Medienverständnis und dessen, was Business Models in digitalen Medien sind, verändert.

Christian Hoffmeister (✉)
DCI-Institute GmbH, Lehmweg 27, 20251 Hamburg, Deutschland
E-Mail: ch@dci-institute.com

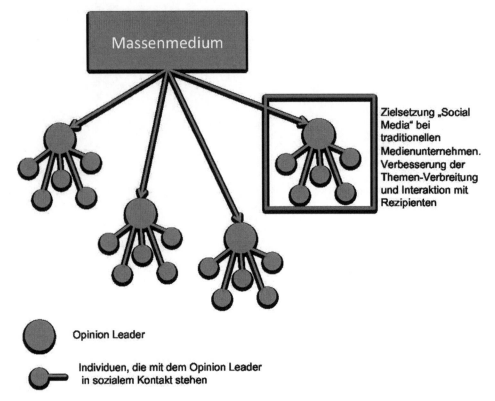

Abb. 1 Agendasetting traditioneller Massenmedien als Teil einer sozialen Interaktionsfähigkeit. (Quelle: vgl. auch Katz und Lazarsfeld 1955. nach: Burkart 1994)

Die meisten Medienunternehmen sehen allerdings bisher Social Media und digitale Geschäftsmodelle fast nur aus Sicht ihrer traditionellen Funktion.

Massenmedien sind insofern soziale Medien, da sie die indirekte Interaktion von Menschen fördern, indem sie Anschlusskommunikation innerhalb sozialer Gruppen ermöglichen. Menschen reden über die Ereignisse, die durch Medien ausgewählt und kommuniziert werden und so überhaupt erst auf die Kommunikationsagenda der Rezipienten gelangen. Für Massenmedien spielen dabei vor allem die sogenannten Opinion Leader – heute eher Social Hubs genannt – eine wichtige Rolle, da diese wiederum die Themen verteilen und die Meinung im Sinne des Mediums vertreten (siehe Abb. 1).

Damit sind Massenmedien auf die soziale Interaktion angewiesen, denn je mehr Menschen über das Medium und deren Themen sprechen, umso stärker steigt der Wert des Mediums an. Dieser Effekt ist auch unter dem Begriff des indirekten Netzwerkeffektes bekannt.

Bei einem indirekten Netzwerkeffekt hängt der Nutzen eines Massenmediums davon ab, wie gut dieses Anschlusskommunikation ermöglicht. Je bekannter ein Medium, umso mehr Menschen können sich an die von dem Medium gesetzten Themen anschließen und so eine erfolgreiche soziale Interaktion herstellen. Damit kann das Medium wiederum mehr Rezipienten gewinnen und der Wert des Mediums steigt besonders für Werbe-Kunden an.

▶ **Netzwerkeffekte** liegen vor, wenn der wahrgenommene Wert einer Leistung mit der (erwartbaren) Anzahl der Netzwerkteilnehmer steigt.

▶ **Indirekte Netzwerkeffekte** liegen dann vor, wenn es zu einer Steigerung der Attraktivität einer Leistung aufgrund steigender Teilnehmerzahlen an dem Netzwerk kommt. Die Wertsteigerung resultiert aber nicht aus dem direkten Austausch der Leistung im Netzwerk selbst. (Katz und Shapiro 1985, S. 424).

In diesem Sinne verwenden besonders Massenmedien „Social Media" wie Facebook oder Twitter. Zum einen sollen über die Sharing-Funktionen die Themen besser verteilt, zum anderen sollen direkte Verbindungen zwischen den Medien und deren Rezipienten hergestellt werden, umso die Relevanz des Mediums zu steigern.

Um aber das volle Potenzial für Geschäftsmodelle von Medienunternehmen nutzen zu können, reicht diese Definition nicht aus.

1 Geschäftsmodelle und digitale Business Models

Sehen wir uns zuerst an, was überhaupt Geschäftsmodelle und was im engeren Sinne digitale Business Models sind.

Geschäftsmodelle bilden relevante Regelwerke innerhalb von Organisationen ab, damit für definierte Teilaufgaben konkrete Handlungsabfolgen (Algorithmen) angewandt werden können, so dass identische oder ähnliche Ergebnisse für identische oder ähnliche Problemstellungen durch verschiedene Organisationen und durch die dort handelnden Personen erzielt werden können. So können Mitarbeiter autonom und koordiniert zugleich agieren (u. a. Hoffmeister 2013, S. 199; Christensen 1997, S. 191).

Geschäftsmodelle können daher auch als Algorithmen bezeichnet werden. Diese legen in einer definierten Sprache fest, wie eine definierte und eindeutige Aufgabe durch die Anwendung elementarer Verarbeitungsschritte gelöst werden soll (Gabler Wirtschaftslexikon 2013).

Geschäftsmodelle sind somit nichts anderes als die Summe von verbundenen Algorithmen, mittels derer konkrete Aufgabenstellungen gelöst werden. Die meisten Regelwerke in Unternehmen sind aber nur immateriell in den Köpfen der Mitarbeiter/-innen verfügbar. Dass es diese aber gibt, zeigt sich an der von neuen Mitarbeitern oft gehörten Aussage: „Das haben wir schon immer so gemacht". Auch die meisten Medienunternehmen basieren heute auf diesen kognitiven und somit nicht digitalen Geschäftsmodellen, wenngleich sie viele digitale Produkte und Plattformen anbieten. Nicht digital, da die Kernregelwerke von Menschen ausgeführt und angewandt werden, so zum Beispiel die Selektion von Inhalten oder auch die Festlegung der Preispunkte bei den Leistungsangeboten von Verlagen.

Bei digitalen Geschäftsmodellen werden allerdings genau diese rein kognitiv verfügbaren Regelwerke und deren Anwendung durch Mitarbeiter mittels Software-Agenten ausgeführt. Diese werden zudem auf digitalen Plattformen miteinander vernetzt und für Dritte zugänglich gestaltet (Hoffmeister 2013, S. 201).

▶ Digitale Geschäftsmodelle sind die Abbildung geschäftsrelevanter Algorithmen mittels Software-Agenten, die auf digitalen Plattformen eingesetzt, untereinander vernetzt und für Dritte zugänglich gestaltet werden.

Die Vernetzung der Algorithmen findet innerhalb des eigenen Geschäftsmodells statt oder mit Algorithmen von Partnern durch offene Schnittstellen (Hoffmeister 2013, S. 201).

Dabei kann ein einzelner Algorithmus schon ein ganzes Unternehmen ausmachen, so wie zum Beispiel bei der Musikerkennungssoftware „Shazam", oder ein Unternehmen vernetzt zahlreiche Software-Algorithmen untereinander, so wie dies bei Google realisiert ist. Denn der ursprüngliche Suchalgorithmus ist inzwischen mit zahlreichen weiteren Algorithmen vernetzt, z. B. dem AdWord-Pricing-Regelwerk oder dem Algorithmus, wie Anzeigen neben Suchergebnissen platziert werden sollen. All diese Aufgaben übernehmen keine Mitarbeiter/-innen, sondern diese werden autonom und vernetzt von digitalen Software-Agenten ausgeführt, die wiederum mit Informationen gefüttert werden müssen, um die Aufgaben immer besser und „intelligenter" erledigen zu können. Und an dieser Stelle kommt die Idee von „Social Media" ins Spiel.

Denn in Bezug zu digitalen Geschäftsmodellen und deren Realisierung innerhalb digitaler Plattformen wie Facebook, Twitter, YouTube oder Google plus (man sieht die Relevanz des Themas allein daran, dass Google sogar zwei Plattformen betreibt, die beide Social Media-Angebote darstellen) kommt Social Media eine ganz besondere Rolle zu.

2 Graphentheorie

Sozial ist in dieser Definition dabei nicht der User, der sich mit anderen vernetzt, sondern sozial beschreibt lediglich die technische Verbundenheit von Informationsobjekten zueinander und deren Darstellung durch sogenannte Graphen (vgl. Springer Gabler o.J., Graphen).
Ein Graph ist eine hierbei mit zwei Definitionen zu beschreiben.

Erstens

Erstens repräsentiert ein Graph eine abstrakte Struktur, die eine Menge von Objekten, zusammen mit den zwischen diesen Objekten bestehenden Verbindungen, abbildet. Dies ist die eine Seite der Angebote wie Facebook oder auch YouTube. YouTube, bildet beispielsweise die bisher abstrakt vorhandenen Beziehungsstrukturen von Usern zu Videos software-basiert und durch die Internet-Technologie technisch nachvollziehbar ab. YouTube weiß, wo welches Video eingebunden ist, wer es liked, wer es teilt, ob das Video ganz angesehen wird und welche Videos der User noch sehen möchte. Alle Plattformen

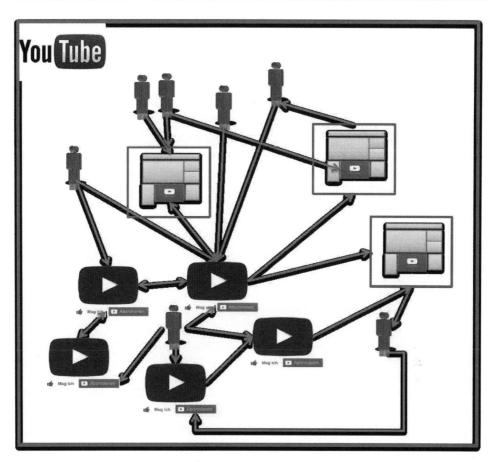

Abb. 2 Youtube ist die Summe der Verbindungen zwischen Objekten untereinander auf YouTube selbst und auch außerhalb der digitalen Plattform youtube.com

und Anwendungen im Internet, die Objekte miteinander technisch verbinden und die zwischen den Elementen bestehenden Verbindungen darstellen und nutzen, sind graph-basierte Angebote. Deswegen stellen diese Plattformen auch eigene Verbindungs-Tools (Social Plug-Ins genannt) zur Verfügung, wie die embed-Funktion, den Like- oder tweet-Button. So wird eine technische Beziehung zwischen eigener Plattform (z. B. facebook.com) und Informationsobjekten (Artikel oder Bilder auf anderen Websites) hergestellt. Social Media als Geschäftsmodell geht dabei über die technischen Grenzen der Angebote hinaus. Es geht vielmehr um die Vernetzung mit Objekten innerhalb und außerhalb der eigenen Plattformen (Abb. 2).

Zweitens
Die zweite für Social Media relevante Bedeutung des Begriffes Graph ist die in der Linguistik verwendete. Als Graph wird die kleinste bedeutungs-unterscheidende Einheit einer Schrift verstanden. Bezogen auf soziale Medien heißt dies, dass neben der technischen

Abbildung von Objekten eine Bedeutung dieser Beziehungen abgeleitet werden muss, die dann wieder zielorientiert auf den eigenen Angeboten verwendet wird.

Nur wenn wer die Bedeutung von Verbindungen versteht, kann daraus ein Geschäftsmodell entwickeln. Diese Deutung wird mittels semantisch-stochastischer Methoden herausgearbeitet. Dabei berechnen Software-Programme aus den gesammelten Informationen Bedeutungswahrscheinlichkeiten. Wenn man zum Beispiel einen Namen bei Facebook eingibt, wird auf Basis der Analysen der Verbindungen zwischen dem Suchenden und dem eingegebenen Namen eine Wahrscheinlichkeitsliste erstellt. Ebenso wirft YouTube auf Basis der Informationsanalysen die Videos aus, die der User wahrscheinlich meint, wenn er einen Begriff eingibt. Ein Verstehen dessen, was der User eigentlich meint, wenn er einen Begriff wie „Bank" oder „Max Mustermann" eingibt, wird erst aus der technischen Beobachtung und der Analyse der Interaktionen von Informationsobjekten möglich.

Facebook will aus den Verbindungen bewerten und darstellen, was die User sehen und lesen wollen.
Ebenso nutzen YouTube oder auch Amazon die Analyse und Bewertung der Verbindungen zu den Inhalts-Objekten (Videos, Bücher), um den Nutzern bessere Ergebnisse anzeigen zu können und so zielgerichtet Videos und Werbung (bei YouTube) anzubieten oder Bücher und Produkte zu verkaufen (bei Amazon). Jeder Klick, jede Bestellung, jede Empfehlung und jeder Kommentar liefert damit eine kleine Informationseinheit, die zu einer immer besseren Unterscheidung der Objekte und User führt.

Erst das Internet macht diese Umsetzung der Graphentheorie möglich und wirtschaftlich nutzbar. Genau daher sind Social Media Angebote ein Idealtypus von digitalen Geschäftsmodellen, weil diese Plattformen nur aus vernetzten Software-Agenten bestehen, die ihre Aufgaben autonom, aber zugleich vernetzt mit anderen Software-Agenten ausführen (vgl. Springer Gabler o.J., Agenten, vgl. auch: Katz und Shapiro 1985). Die Agenten reagieren dabei selbstständig auf Änderungen von Input-Faktoren, die über die Verbindungen wie dem Sharing- oder Like-Button wiederum auf den Plattformen einlaufen.

In diesem Sinne kann Social Media so definiert werden (siehe unten).

▶ Social Media ist die Herstellung technologischer Verbindungen von immateriellen und abstrakten Objekten auf und außerhalb von digitalen Plattformen mittels Software-Agenten, die Interaktionen zwischen den Objekten mittels semantisch-stochastischer Methoden deuten, bewerten und so zielgerichtet auf digitalen Plattformen wirtschaftlich verwerten.

Für Medienunternehmen hat diese Perspektive eine hohe Relevanz, denn auch Medienunternehmen könnten sehen, wo im Rahmen des eigenen (noch nicht digitalisierten) Geschäftsmodells diese Anwendungsform einen Mehrwert liefern könnte.

Dazu müssen allerdings einige grundlegende Schritte durchlaufen werden.

Regelwerke suchen
Medienunternehmen müssen die Kernregelwerke in den einzelnen Teilbereichen ihres Geschäftsmodells suchen und vor allem exakt formulieren.

Ein typisches Regelwerk wäre das der Inhaltsselektion. Welche Inhalte sollen aus der Masse an Themen, News, Bildern und Informationen ausgewählt werden und was sind die Kriterien, nach denen eine Auswahl getroffen werden soll? Auch die Organisation von Inhalten auf digitalen Plattformen könnte nach einem derartigen Regelwerk hin analysiert und optimiert werden, wenn z. B. verschiedene Algorithmen miteinander verbunden werden. Facebook selektiert die Inhalte, die User in der Timeline sehen nicht nach Aktualität, sondern nach einem komplexen Regelwerk, welches auf Analyse des Kundenverhaltens und Klickverhaltens basiert. YouTube schlägt die Videos passend zum Suchverhalten des Users vor und nicht nur basierend auf den inhaltlichen Zuordnungen der Videos. Und Amazon bietet weitere Bücher aufgrund des tatsächlichen Klick-, Lese- und Kaufverhaltens der Kunden an und nicht nach den inhaltlichen Kategorien.

Informationsobjekte benennen
Als nächstes müssen Informationsobjekte benannt werden, die analysiert und ausgewertet werden sollen. Sind es Artikel, Bilder oder ganze Blogs? Sollen Profile von Rezipienten aufgebaut und analysiert werden? Sollen Themenstreams beobachtet werden? Die Bestimmung der Objekte ist relevant, weil nur ein Informationsstream zurück zum Unternehmen fließen kann, wenn geklärt wurde, welche Ströme angezapft werden sollen. Die Objekte können sich auf den eigenen Plattformen befinden, oder aber auch außerhalb der eigenen Angebote liegen. Wenn die Objekte außerhalb der eigenen Angebotsgrenzen liegen, dann ist entscheidend, dass entsprechende Plug-Ins entwickelt werden, die diese Objekte in Beziehung zu den eigene Angeboten setzen.

Verbindungen herstellen
Wenn Informationen zu den eigenen Angeboten zurücklaufen sollen, muss überlegt werden, wie diese Verbindungsströme gestaltet werden sollen. Zudem ist es erforderlich die Aussage dieser technischen Vernetzung zu definieren. Bei Facebook ist der Like-Button im semantischen Sinne keine „Ich finde das toll"-Funktion, was man daran erkennen kann, dass auch inhaltlich traurige Ereignisse von Usern mit dem „Like-Button" markiert werden. Der Like-Button signalisiert nur eine inhaltliche Reaktion der User auf bestimmte Informationsobjekte, die dadurch aus Sicht von Facebook eine höhere Relevanz bei der Selektion der Timeline erhalten. Der Tweet-Button bei Twitter hat die Funktion mitzuteilen, was andere für teilenswert halten, woraus wiederum eine thematische Relevanz von bestimmten Themen und Hashtags ableitbar ist. Diese Plug-Ins müssen aus Sicht des Unternehmens konzipiert sowie realisiert werden und in ein klares Ziel einzahlen. Was will das Unternehmen wissen und wie werden technisch die dafür notwendigen Informationen eingesammelt? Aus diesem Grund bieten Social Media Angebote zahlreiche derartige Social Plug-Ins an und stellen diese Webseite-Betreibern zur Verfügung. Jedes Tool hat dabei aus Sicht der Plattformen eine andere signalgebende Aufgabe, die durch Software-Agenten zielführend interpretiert und ausgewertet wird.

Informationen transformieren

Auf Basis der Informationen müssen dann Programme (Software-Agenten) geschrieben werden, die aus den Signalen Handlungen ableiten. So können zum Beispiel die Inhalte entsprechend bestimmter Zielgruppen angepasst oder es könnten Themenbundles automatisch generiert und passenden Usern zur Verfügung gestellt werden. Es könnten auch Themenlisten für die Redaktionen oder für Senderprogramme erarbeitet werden, die nicht mehr von der Beurteilung einzelner Redakteure, sondern von der Bewertung und Auswahl der Algorithmen vorgenommen werden. Es könnten auch „Trend-Algorithmen" entwickelt werden, die User-relevante Themen identifizieren und so auf die Agenda der Redakteure bringen.

Social Media ist aus dieser Sicht weit mehr als die Nutzung von Twitter, Facebook, YouTube und Co, sondern es ist eine grundlegende Geschäftsmodell-Architektur, die Medienunternehmen helfen kann relevante Aufgaben schneller, effizienter und besser zu lösen als bisher. Dafür müssen aber einige Voraussetzungen erfüllt werden.

3 Voraussetzungen

3.1 Anders Denken

Für viele Medienmanager ist der skizzierte Weg ein schwieriger, denn er erfordert einen Wandel in der Denkstruktur. Diese Manager denken oft in alten Modellen und definieren Medien eher als technische Kanäle, weshalb dann auch Social Media nur als ein weiterer Kanal in der Kommunikationspolitik gesehen wird. Dies schränkt die strategischen Möglichkeiten ein. Medien können aber zum Beispiel auch als eine Art „Agentensystem" in einem digitalen Raum definiert werden. In dieser Definition sind Medien Plattformen, die Kommunikation zwischen Agenten ermöglichen. Agenten können dabei nicht nur Menschen sein, sondern vor allem auch Software-Agenten (in Anlehnung an Beat F. Schmid 2002, S. 4). Betrachtet man Medien so, dann lösen in Zukunft definierte Aufgaben nicht mehr Menschen, sondern Software-Algorithmen. Dafür muss aber das eigene Denk- und Handlungsmodell aufgelöst werden.

3.2 Genauigkeit

Sofern dieses traditionelle Denkmuster aufgegeben wurde, ist es nötig, die Regelwerke exakt zu beschreiben und zu formulieren. Die im operativen Geschäft oft angewandten Daumenregeln reichen in diesem Kontext nicht länger aus. Die Entscheidungsregel, warum zum Beispiel eine Headline oder ein Thema ausgewählt werden, muss klar und eindeutig beschrieben werden können. Oder auch die Art der Preisfindung bei Anzeigen könnte als eindeutige Regel formuliert und dann in Software-Agenten umgesetzt werden. Dazu müssen dann auch die Informationsquellen genannt werden, auf deren Input solche Entscheidungen von den Algorithmen getroffen werden.

3.3 Zeit

Die Transformation benötigt Zeit, weil die Analyse, die Formulierung und auch Umsetzung der Algorithmen herausfordernd ist und die notwendige Genauigkeit eine gewisse Zeit durch Iterationsschleifen benötigt. Ein schnelles Vorgehen schafft oft schlechte Umsetzungen, die zu einem negativen Social Media Effekt führen.

3.4 Lean-Management und Vernetzung

Schließlich ist es wichtig im Sinne eines Lean-Managements mit einfachen und eindeutigen Algorithmen zu beginnen. Wenn die Regelwerke zu komplex und von zu vielen Inputfaktoren abhängig sind, werden oft schlechte Ergebnisse erzielt. Viel sinnvoller ist es, schrittweise Regelwerke zu beschreiben, in Agenten zu überführen, diese zu testen, anzuwenden und im nächsten Schritt zu vernetzen und zu erweitern.

Betrachtet man Social Media aus dieser Perspektive heraus, ist es mehr als die Nutzung der Plattformen wie Facebook, Twitter oder Google Plus. Aus dieser Sicht heraus ist Social Media Innovations- und Changemanagement der gesamten Medienwertschöpfung mit sehr großen und positiven Veränderungs- und Erfolgschancen. Dafür muss die Anwendungs-Sicht digitaler Angebote aufgegeben und eine digitale Geschäftsmodell-Sicht eingenommen werden. Denn, wer Facebook nutzt, nutzt Facebook, aber er nutzt nicht das volle Geschäftsmodellpotenzial von Social Media.

Literatur

Burkart, R. (1994). *Kommunikationswissenschaft*. Wien. Böhlau UTB.
Christensen, C. (1997). The Innovators Dilemma: Warum etablierte Unternehmen den Wettbewerb um bahnbrechende Innovationen verlieren. München München. Vahlen.
Hoffmeister, C. (2013). *Digitale Geschäftsmodelle richtig einschätzen*. München. Hanser.
Katz, E.& Lazarsfeld, P.F. (1955). Personal Influence: the Part Played by People in the Flow of Mass Communications. New York. The Free Press.
Katz, M. L., & Shapiro, C. (1985). Network externalities, competition, and compatibility. *American Economic Review*, Vol. 75, No. 3, June 1985, 424–440.
Schmid, B. F. (Mai 2002). *Ein Referenzmodell für Gemeinschaften*. St. Gallen.
Springer Gabler Verlag. (Hrsg.). (o.J.) Gabler Wirtschaftslexikon. Stichwort: Agent. http://wirtschaftslexikon.gabler.de/Archiv/1711/agent-v10.html. Zugegriffen: 15. Jan. 2014.
Springer Gabler Verlag. (Hrsg.). (o.J.). Gabler Wirtschaftslexikon, Stichwort: Graph. http://wirtschaftslexikon.gabler.de/Archiv/6948/graph-v9.html. Zugegriffen: 15. Jan. 2014

Christian Hoffmeister ist Autor, Speaker und Strategieberater. Seine Schwerpunktthemen sind Innovations- und Changemanagement für Medien- und Telekommunikations-Unternehmen im Zeitalter der Digitalisierung und Technologisierung. www.dci-institute.com.

Make vs. Buy, Digital vs. Print: Verlagsstrategien im Lokal- und Regionalmarkt

Dr. Holger Paesler

Inhaltsverzeichnis

1	Gibt es die klassische Verlagsstrategie im Lokal- und Regionalmarkt?	214
2	Was ist das für eine Branche: die Zeitungen?	214
3	Wie wollen nun die deutschen Verlagshäuser in Zukunft noch ausreichend Geld verdienen?	215
	3.1 Der Blick auf die Verlagsstrategien – uneinheitlich!	215
	3.2 Kostenreduktion und Synergien als Lösung?	216
	3.3 Welche Geschäftsmodelle versprechen Erfolg?	216
4	Was machen die Besten – oder die, die sich dafür halten?	217
	4.1 Wo liegt mein Selbstverständnis als Verlags- bzw. Medienhaus?	218
	4.2 Das Richtige tun!	219
	4.3 Die Dinge richtig tun!	220
5	Fazit	221
	Literatur	221

Zusammenfassung

Regionale Zeitungsverlage haben sich zu Medienhäusern gewandelt, die unterschiedliche mediennahe und -ferne Produkte und Dienstleistungen anbieten. Die zunehmend differenzierten und wettbewerbsintensiven Märkte erfordern dabei von Seiten des Verlagsmanagements nicht nur eine Optimierung von Prozessen und Kosten, sondern darüber hinaus auch ein neues Verständnis des eigenen unternehmerischen Kernauf-

Dr. Holger Paesler (✉)
Verlagsgruppe Ebner, Karlstraße 3, 89073 Ulm, Deutschland
E-Mail: paesler@ebnerulm.de

trags. Ein zielgruppenorientiertes mediengattungsübergreifendes Modell kann hier ein Lösungsansatz sein.

1 Gibt es die klassische Verlagsstrategie im Lokal- und Regionalmarkt?

Gibt es die klassische Verlagsstrategie im Lokal- und Regionalmarkt? Gibt es überhaupt eine sichere Strategie, bei deren Anwendung der Zeitungsbranche weiterhin goldene Zeiten garantiert sind? Wohl kaum!

Vielmehr gibt es Fragen über Fragen und in den Verlagshäusern einen unterschiedlichen Umgang mit der Veränderung des Zeitungsgeschäfts und der Veränderung des Journalismus'.

„Ist die Zeitungsgruppe lokal oder national? Oder beides? Hätte die Post im Internet ihr nationales Profil schärfen müssen? Hätte man von den Online-Lesern früher Geld verlangen sollen? Wie groß muss die Redaktion in Zukunft noch sein?": Diese Fragen stellte unlängst die Redaktion der „Washington Post" ihren Lesern.

Der Verleger Donald Graham hatte keine Antworten auf diese Fragen und weil er nicht mehr wusste, wie er das Blatt retten sollte, verkaufte er es für 250 Mio. $ an Jeff Bezos. Jeff Bezos ist bekanntlich der Erfinder des Versandhändlers Amazon, ein reicher Mann, ein Mann der Internetzeit (Richter 2013). Verbunden war der Verkauf mit der Hoffnung, dass der Internetpionier die rettende Lösung für das schwindende Zeitungsgeschäft in den USA finden möge.

In Deutschland bekräftigte zeitgleich der Vorstandchef der Axel Springer SE sein Ziel, das führende digitale Medienunternehmen Deutschlands zu werden. In der Folge werden für 920 Mio. € die Zeitungstitel „Berliner Morgenpost" und das „Hamburger Abendblatt" sowie eine Reihe von Zeitschriften an die Funke Mediengruppe verkauft. Nachdem der Namenszusatz „Verlag" schon länger aus dem Firmennamen gestrichen war, trennte man sich bei Springer mit dem Verkauf der Regionalzeitungen und der Programmzeitschriften von seinen journalistischen Wurzeln (Scharrer 2013).

Die Axel Springer SE trennte sich mit diesem Schritt aber nicht nur von ihren traditionsreichen Regionalzeitungen, sondern auch von einem Unternehmensteil mit 512 Mio. € Umsatz und 95 Mio. € Gewinn – mithin einer Rendite von 18,5 %.

2 Was ist das für eine Branche: die Zeitungen?

Was ist dies nun für eine Branche, in der amerikanische Verleger, die nicht mehr weiter wissen, an Internetpioniere verkaufen und eine Axel Springer SE knapp 20 % Rendite als zu wenig empfindet, um Zukunft zu gestalten? Gleichsam bezahlt der Mitbewerber Funke

Mediengruppe das 1,8 fache auf den Umsatz als Kaufpreis, weil er dem Geschäftsmodell Tageszeitung und Zeitschrift noch viel Zukunft zutraut.

Wer wird nun Recht behalten und welche Zukunft haben regionale Medienhäuser?

Die Sicht der Banken scheint klar: die Analysten belohnten die Axel-Springer-Aktie für den Verkauf mit einer Kurzsteigerung über 12 %; die Funke-Gruppe brauchte ein Verkäufer-Darlehen um neben dem Bankkredit den Zukauf zu stemmen (o. V. Springer verkauft Regionalzeitungen an Funke-Gruppe 2013a).

Am Stammsitz der Funke-Gruppe in Essen muss das Vertrauen in das Produkt und das Zutrauen in die eigene unternehmerische Leistung aber jedenfalls sehr groß sein. Hier muss die Hoffnung greifen, dass die Rendite künftig noch weiter ausbaubar ist und dass Regionalzeitungen nach wie vor goldenen Boden haben (Hauser 2013).

3 Wie wollen nun die deutschen Verlagshäuser in Zukunft noch ausreichend Geld verdienen?

3.1 Der Blick auf die Verlagsstrategien – uneinheitlich!

Der Blick auf die Verlagsstrategien – soweit bekannt und ersichtlich – ist auf den ersten Blick uneinheitlich. Selbst die großen deutschen Verlagshäuser verfolgen deutlich unterschiedliche Strategien und sind daher nur bedingt Vorbild:

Axel Springer hat schon früh das Ziel ausgegeben, im europäischen Mediengeschäft Gewinner der Digitalisierung zu sein. Die Digitalisierung ist seit dem Jahr 2004 in der Unternehmensstrategie verankert. Dem Vernehmen nach haben die Berliner seitdem über 2 Mrd. € in die Digitalisierung investiert, vor allem in den Zukauf von digitalen Unternehmen mit neuen, nicht unbedingt mediennahen Geschäftsfeldern (Müffelmann 2012). In den letzten Jahren hat sich die digitale Springer-Landkarte dank organischem und akquisitorischem Wachstum konsequent erweitert und erwirtschaftet zwischenzeitlich über 50 % des Konzernumsatzes.

Die Verlagsgruppe Georg von Holtzbrinck hat sich mit dem Verkauf der Regionalzeitungen in Saarbrücken (an die „Rheinische Post" Düsseldorf) sowie Konstanz und Würzburg (an die Presse-Druck Augsburg) abschließend aus dem Markt der regionalen Tageszeitungen zurückgezogen und sucht offenkundig ihre Zukunft im Bereich der neuen Medien mit Angeboten, die oft keinen Bezug mehr zu redaktionell gestalteten Produkten haben.

Die Käufer an Rhein und Lech steigen durch die Zukäufe in die Reihe der Großverlage in Deutschland auf. Strukturell handelt es sich bei den Käufern durchgängig um (bislang) mittelgroße Verlagshäuser, die weiterhin an redaktionell gestaltete Inhalte glauben. Sie sehen offenkundig ihre wirtschaftliche Zukunft in größeren Einheiten und damit in den verschiedenen Möglichkeiten der Kostenreduktion und Synergien, z. B. durch das Zusammenlegen von Redaktionen. Neben den genannten Verlagen in Augsburg und Düsseldorf ist dies der Weg, der strategisch auch in Stuttgart (SWMH), Köln (DuMont) und Hannover (Madsack) eingeschlagen wird.

So machte unlängst die Mediengruppe Madsack öffentlich, fortan unter dem Namen „Redaktionsnetzwerk Deutschland" (RND) eine zentrale Redaktionsgemeinschaft für überregionale Inhalte zu starten. Hier sollen zunächst die Zeitungen der Madsack-Gruppe und später auch externe Kunden mit überregionalen Inhalten für Regionalzeitungen für die Bereiche Print und Digital versorgt werden. Durch den Zukauf einzelner Zeitungstitel sieht sich Madsack zudem in der Rolle eines „aktiven Konsolidierers" (Kornfeld 2013). Bei DuMont werden die einzelnen Zeitungen in Köln, Halle und Berlin im Austausch der Redaktionen erstellt und auch in Stuttgart werden Synergien durch die Belieferung von Oberndorf und Hof/Coburg/Suhl erzielt.

3.2 Kostenreduktion und Synergien als Lösung?

Nun sind Kostenreduktionen und das Schaffen von Synergien durch die Schaffung von größeren Betriebseinheiten ein Weg, um den Lebenszyklus des Geschäftsmodells Zeitung zu verlängern (o. V.: Funke schließt Lokalteile 2013b, o. V. Harte Schnitte, M.DuMont Schauberg: Verlag baut weitere Stellen ab 2013c).

Dieser Weg ist für viele Verlagshäuser aber nicht gangbar, da die Mehrzahl der deutschen Verlage Zeitungen in einer Auflagenhöhe unterhalb von 100.000 Exemplaren pro Tag vertreibt. Sie sind damit weit entfernt von den Betriebsgrößen der oben genannten Verlagshäuser, die ihr Heil in der Flucht aus der Branche oder deren bedingungslosem Zukauf und damit der Schaffung von Größeneffekten sehen (Schütz 2013).

Auf der anderen Seite sind Kosteneffekte in ihrer Wirkung endlich und bei Produkten, die vom Engagement und der Intelligenz ihrer Redaktionen leben, nur bedingt anwendbar. Es braucht neben den Kosteneffekten auch neue Umsatzbringer und Erlösformen, die rückläufige Auflagen und schwindende Anzeigenwerbung ausgleichen.

Da letztlich keine Zeitung und kein Zeitungsmarkt miteinander vergleichbar sind – schon in den jeweiligen Auflagengrößenklassen unterscheiden sich einzelnen Häuser je nach Region und deren Kaufkraft und der spezifischen Ausrichtung in neue Geschäftsfelder sehr – gibt es auch keine einheitliche Lösung, die für den Lokal- oder Regionalverlag und damit auf das Geschäftsmodell Zeitungsverlag angewendet werden kann.

Wenn man sich allerdings von der allgemeinen Marktbetrachtung zur Wirtschaftlichkeit einzelner Häuser nähert, gibt es einzelne Erfahrungen und Erkenntnisse, die sich als strategischer Ansatz im Lokal- und Regionalmarkt anbieten.

3.3 Welche Geschäftsmodelle versprechen Erfolg?

Es ist gesicherte Erkenntnis, dass es heute denjenigen Verlagshäusern besser geht, die schon frühzeitig neben der Tageszeitung in weitere Geschäftsfelder und Beteiligungen wie

Anzeigenblätter, Digitalangebote, Radio/TV-Beteiligungen, Postzustellung, intelligente Druckverfahren, Dienstleistungen und Logistik investiert haben. Dies trifft aber nicht auf alle der knapp 330 deutschen Verlagshäuser zu.

Viele Häuser denken nach wie vor in Verbreitungsgebieten und erzielen die überwiegenden Erlöse – nach wie vor – mit Print. Die klassischen generischen Merkmale der Medienmärkte liegen dort vor: Auf dem Konsumentenmarkt werden redaktionelle Inhalte (Content) und auf dem Werbemarkt Anzeigenwerbung abgesetzt und diese Märkte bedingen sich gegenseitig (sog. Anzeige-Auflagen-Spirale).

Die Digitalisierung und damit einhergehend die Konvergenz der Medien hat dieses Geschäftsmodell alleine aber als nicht mehr finanziell nachhaltig hinterlassen. Das Internet führt zu einer Entbündelung der Leistungsversprechen, die ein Verlagshaus bislang quasi als Zwangskombination vorgab, nämlich Inhalt und Werbung in einem abgeschlossenen und verkörperten Printprodukt mit Preisbindung gegenüber dem Endkunden und mit Mal- und Mengenstaffel gegenüber dem Werbekunden durchzusetzen.

Anders als früher sind heute die Rotation und der Vertrieb keine echte Markteintrittsschranke mehr. Neue Angebotsformen und andere journalistische Erzählformen gelangen über das schnelle Internet heute in nahezu jeden Haushalt und auch die Lokalität und damit die regionale Beschreibung des Marktes ist alleine kein Abgrenzungskriterium mehr. In der Folge lassen sich die „alten" Geschäftsmodelle nicht mehr „quasi-monopolistisch" im Markt durchsetzen. Die klassischen lokalen und regionalen Medien der analogen Welt treffen folglich auf die lokalisierbaren Medien des Internets und treten mit diesen in Konkurrenz.

Letztlich verändert sich die regionale Verlagsbranche zu einem Wirtschaftsbereich, der den normalen Gesetzen der Märkte unterliegt und bei dem sich jedes Verlagshaus fortan täglich dem Kampf um die Aufmerksamkeit und Zeitbudgets seiner Leser und dem Geld der Werbekunden stellen muss.

Damit muss sich auch ein Verleger oder Verlagsmanager den neuen Gegebenheiten stellen, wenn er eine Strategie in seinem Lokal- und Regionalmarkt entwirft.

4 Was machen die Besten – oder die, die sich dafür halten?

Laurence Mehl, Geschäftsführer der „Neuen Osnabrücker Zeitung" (NOZ), definiert sein Erfolgsgesetz verkürzt wie folgt: „Wir sind keine Papier-, sondern Inhaltelieferanten". Man verfolge die Device: Kerngeschäft stärken und mit Diversifikationen im Regionalen und Nationalen flankieren. Beispiele für letztere seien der Einstieg als Mehrheitsgesellschafter beim digitalen Pferdemarkt ehorses, die Onlinemarketing-Agentur MSO Digital oder die Beteiligung an der Medienagentur Now. Ferner brauche es einen Kulturwandel in der Redaktion. Mit dieser Mischung verspricht Mehl den Anspruch der NOZ: „Wir wollen 2016 das erfolgreichste regionale Medienhaus in Deutschland sein" (Lübbers 2013).

Übersetzt könnten diese Aussagen Folgendes beinhalten:

Ein gut aufgestelltes Haus ist nur noch in Teilbereichen ein Verlagshaus. Heute verfügt ein Verlag über ein Portfolio an Hörfunk- und TV-Beteiligungen, hat viele digitale Produkte, macht Briefverteilung und Postdienstleistung sowie Direktverteilung, gibt Anzeigenblätter und Stadtmagazine heraus und bietet Service und Agenturdienste wie Ticketing und Veranstaltungen an – die Zeitung verlegt und vertreibt Inhalte über alle Distributionsformen aus der Region und für die Region.

Der Nachteil, dass in vielen Häusern immer noch die Redaktionen und der Verlag voneinander getrennt sind, die Verkäufer damit nicht in den Herstellungsprozess involviert sind und sowohl auf der Seite der Redaktionen wie im Verlag die Kenntnis um den Leser und Kunden nicht optimal ausgeprägt ist, besteht allerdings unverändert fort.

So gibt es in den meisten Häusern keine klassische Marktforschung (Wer ist mein Leser/Kunde und was braucht er von mir?), wenig Markenpflege, kaum Ideenmanagement oder gar einen Bereich für Forschung und Entwicklung – das Geschäftsmodell Zeitung funktioniert(e) seit nunmehr 400 Jahren, aber dies ändert sich gerade – daher braucht es einen Kulturwandel.

Einen Weg, diesen Kulturwandel herbeizuführen und die Redaktion und alle weiteren Vertriebs- und Verkaufsmitarbeiter/-innen in diesen Prozess einzubeziehen, liegt in der transparenten Vermittlung der Unternehmensstrategie, d. h. zu vermitteln, wo stehe ich jetzt als Verlagshaus und wie komme ich mit welchen Anstrengungen zum Medienhaus, weil ich mir davon die Zukunftsfähigkeit verspreche?

4.1 Wo liegt mein Selbstverständnis als Verlags- bzw. Medienhaus?

Die „Südwest Presse" in Ulm hat beispielsweise für sich als Credo ausgerufen, das Forum für die Themen der Region und der Marktplatz der Region zu sein. Im Ergebnis vermittelt dies den Anspruch der führende unabhängige Anbieter von Informations-, Kommunikations- und Werbelösungen über alle Vertriebsformen hinweg für die Region Schwaben und das östliche Württemberg zu sein und mit einer intelligenten Regionalität die bisherige „Südwest Presse" neu auszurichten – diese Diskussion muss jedes Verlags- bzw. Medienhaus für sich führen und individuell klären.

Die „Südwest Presse" hat mit der Beschreibung ihres Selbstverständnisses zugleich einen Strategieprozess initiiert, d. h. relevante Themen erkennen, Prioritäten setzen und das Unternehmen dazu bringen, sich mit diesen Themen zu befassen.

Neben dem beschriebenen Unternehmensleitbild (Mission Statement) gehört zum Strategieprozess zunächst die Analyse des relevanten Marktes und die Analyse der Firma. Denn, nur wenn ich meinen Markt und meinen Kunden/Leser kenne, und ich weiß, was meine Firma für Ressourcen hat und leisten kann, vermag ich einzuschätzen, wie ich handeln muss. Nur so weiß ich, ob ich eine Zielgruppe mit der Tageszeitung, dem Anzeigenblatt, mit Special-Interest-Publikationen, in gedruckter oder elektronischer Form beliefern soll. Und nur so weiß ich, ob ich beispielsweise in die Belieferung mit fertigen Mantelseiten für andere Verlage einsteigen soll oder nicht.

4.2 Das Richtige tun!

Nun wird auf Nachfrage die Mehrzahl der Redakteure behaupten, sie würden ihre Leser kennen und wüßten, was diese erwarten. Der Verkaufsleiter würde sagen, er kenne seine Kunden. In Wahrheit sind dies jedoch zumeist nur subjektive Einschätzungen der Befragten, ohne weiteren Nachweis und ohne Transparenz. Zeitgleich gibt es heute in der Praxis verschiedene Werkzeuge, um die jeweilige Zielgruppe zu beschreiben und daraus Handlungsoptionen abzuleiten:

Eines ist das Zielgruppenmodell der Media-Analyse (Zeitung): In der Grundgesamtheit wird die deutschsprachige Wohnbevölkerung ab 14 Jahren über mehrstufige Zufallsstichproben und damit repräsentativ abgefragt und durch die Vielzahl der Fälle (rund 133.000, davon 3.000 im Verbreitungsgebiet) können über die Clusteranalyse über 80 % der Bevölkerung im Verbreitungsgebiet abgebildet werden. D. h. eingeteilt in sechs repräsentative und abgrenzbare Gruppen (sogenannte Cluster) lässt sich eine Erwartungs- und Nutzungshaltung an die eigenen Produkte spiegeln. Dies bildet damit ein Werkzeug, um auf Basis der Zielgruppenanalyse neue Angebotsformen und Geschäftsmodelle anzubieten und gleichsam im Potenzial zu bewerten.

Die Cluster beschreiben sich wie folgt:

Cluster 1: die Mitte (Männer und Frauen ausgeglichen, Angestellte und Facharbeiter, durchschnittliches Einkommen, DINK)
Cluster 2: die Aktiven (eher männliche Singles, wohnen eher zur Miete, Heimwerken, Sport und Ausgehen sind beliebte Hobbys)
Cluster 3: die Bestverdiener (eigenes Haus, eher weiblich; beliebt: Reisen und Ausgehen. höchste Bildung, keine Kinder, häufig online)
Cluster 4: die Etablierten (Eher männlich, lieben ihren Garten, sehr häufig im eigenen Haus, mögen Heimwerken)
Cluster 5: die Familien (haben Kinder, regelmäßig online, machen Sport, mögen Urlaub im europäischen Ausland)
Cluster 6: die Passiven (eher weiblich, Rentner, nie online, lieben ihren Garten, häufig im eigenen Haus, gehen selten oder nie aus)

Schon der schnelle Blick auf diese unterschiedlichen soziodemografischen Gruppen macht deutlich, dass ein Universalprodukt wie die Tageszeitung für alle diese Menschen – wenn es spezifische Alternativen und Darreichungsformen gibt – dauerhaft nicht funktioniert, da die Menschen mit ihren Bedürfnissen und ihrer jeweiligen Lebenssituation zu unterschiedlich sind.

Ein Überblick über die Reichweite der Gattungen Tageszeitung, Radio, Internet, Fernsehen, Zeitschrift und Anzeigenblatt, eingeteilt nach Clustern, lässt sich ebenfalls über die Media-Analyse für das jeweilige Verbreitungsgebiet erstellen und ermöglicht so eine Umsetzung auf Basis der Zielgruppenanalyse.

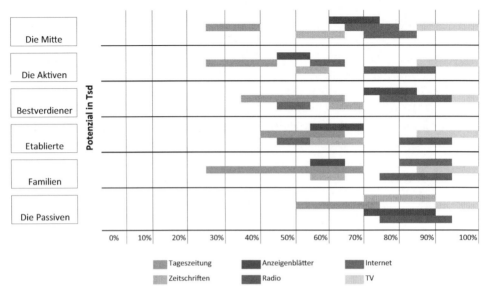

Abb. 1 Beispiel für ein Zielgruppenmodell auf Basis einer Clusteranalyse MA

Das Ergebnis einer Clusteranalyse kann eine Matrix wie Abb. 1 sein. Daraus lässt sich ableiten, welcher Cluster im Verbreitungsgebiet welche/s Potential/Reichweite hat und mit welchem Produkt/Angebot (Tageszeitung, Online, Anzeigenblatt, Radio, Spezial-Interest-Publikationen, Sonderwerbeform) die jeweilige Zielgruppe am besten zu adressieren ist. Dabei kann auch ermittelt werden, mit welcher Publikation (Print und/oder Online) geben wir welchen Schwerpunkt in der Berichterstattung und Ansprache der Leser.

Zusammenfassend lässt sich eine Matrix erstellen, welche Märkte wir beobachten, entwickeln und erobern oder eben welche Desinvestition durchgeführt werden soll und gibt damit der Geschäftsführung und Chefredaktion eine Anleitung zur Priorisierung (Abb. 1).

Im Rahmen der Effektivität (das Richtige tun) ist mithin durch die Zielgruppenmodelle über die Media-Analyse ein Ansatz geschaffen, den Überlebenszyklus der „Cash Cow" Tageszeitung neu zu erfinden und Wachstumsoptionen in den einzelnen Geschäftsfeldern zu starten.

Ob dies im Ergebnis in den Bereichen Print, Digital, Radio/TV, Druck, Dienstleistungen oder Logistik statt findet, hängt von den spezifischen Gegebenheiten vor Ort ab und ist Ergebnis der jeweiligen Strategiefindung.

4.3 Die Dinge richtig tun!

Hier gilt das Motto: Standards setzen! Die Mediengruppe Madsack gibt beispielsweise 18 Tageszeitungen in sieben west- und ostdeutschen Bundesländern heraus, deren überregionale Inhalte in fünf Mantelredaktionen entstehen. Die Blätter haben drei unterschiedliche Formate, ein konzernweit einheitliches Redaktionssystem gibt es hingegen nicht. Die Geschäftsführung von Madsack wird hier ansetzen und durch Vereinheitlichung Standards schaffen (Kornfeld 2013).

Größtmögliche Effizienz besteht aber nur bei gleichen Standards für Marktbearbeitung, Marketing, Aufbau neuer Geschäftsfelder, alle Verwaltungsthemen und Technik (insbesondere Redaktionssystem, Produktionssysteme und Digitalgeschäft).

Besonders ein bewusster und zielgerichteter Technikeinsatz ist für Medienunternehmen wichtiger denn je und für strategisch bedeutsame IT Lösungen, z. B. im Bereich Micro-Payment, sollten Verlage auch horizontale Allianzen schmieden.

Im Grundsatz sind diese Maßnahmen auf jeden Titel anwendbar. Die historisch bedingte „Kleinstaaterei", dass jedes Haus für sich allein denkt und plant, ist nicht zukunftsfähig und auch nicht länger leistbar.

5 Fazit

Die klassische Verlagsstrategie für den regionalen und lokalen Zeitungsmarkt gibt es nicht. Es gibt aber eine Reihe von Beispielen aus der Branche, die Mut machen und zeigen, dass der Wandel vom Zeitungs- zum Medienhaus möglich ist.

Die Kenntnis und Wertschätzung des eigenen Marktes sowie der Kunden sind Leser ist elementare Voraussetzungen des jeweiligen Handelns. Dann werden Angebote gemacht, die der Leser braucht und in der Form, in der er es benötigt. So schafft es auch ein regionaler Anbieter einen Mehrwert zu bieten, für den der Werbekunde wie auch der Leser gerne zahlt.

Das Zielgruppenmodell auf Basis der Media-Analyse ist ein Werkzeug, um die Wünsche der Kunden und Leser abzubilden und dabei auch die eigenen Mitarbeiter/-innen mitzunehmen. Hier wird exemplarisch angezeigt: Wer sind unsere Kunden/Leser? Wie leben Sie? Was erwarten sie von uns als Medienhaus und mit welchen Produkten können wir sie am besten erreichen?

Werden im Rahmen des Strategieprozesses die richtigen Dinge getan (Effektivität) und diese auch richtig umgesetzt (Effizienz), indem zum Beispiel die Wachstumsoptionen richtig benannt und Standards gesetzt werden, wird es gelingen – auch im regionalen und lokalen Umfeld – die „Cash-Cow" Tageszeitung neu zu erfinden. Deren Lebenskurve kann dann mit neuen Angebotsformen wie Lesermarkt digital, Digitalgeschäft, Corporate Publishing, Agenturgeschäft, Magazine, Reisen, Messe und Kongresse entscheidend verlängert werden.

Literatur

Hauser, J. (2013). Ein neues Medienhaus baut sich gewagt auf. In FAZ, 09.10.2013. Frankfurt a. M.
Kornfeld, H. (2013). Nicht jeder will Madsack sein. In kressreport 24/13 vom 29.11.2013.
Lübbers, C. (2013). kressreport 18/13 vom 06.09.2013. (S. 20). Heidelberg.

Müffelmann, J. (2012). Vortrag von Axel Springer bei den Münchener Medientagen 2012.
o. V. (2013a). Springer verkauft Regionalzeitungen an Funke-Gruppe. handelsblatt.com vom 25.07.2013.
o. V. (2013b). Funke schließt Lokalteile. In SZ vom 16.10.2013.
o. V. (2013c). Harte Schnitte, M. DuMont Schauberg: Verlag baut weitere Stellen ab. *Horizont, 40*(2013). (4. Oktober 2013).
Richter, N. (2013). Fremder Freund. In: SZ vom 09.11.2013.
Scharrer, J. (2013). Kommentar zu Springers Print-Verkäufen: Der seltsame Jubel der Börsianer. In Horizont.net vom 25.07.2013.
Schütz, W. J. (2013). Schaubild Auflagengruppen und Anteile an der Gesamtauflage. In BDZV (Hrsg.), *Zeitungen 2013/2014* (S. 386).

Dr. Holger Paesler Geschäftsführer Verlagsgruppe Ebner Ulm Verwaltungsgesellschaft mbH.

Das Markenerlebnis Medien Dome

Neue Möglichkeiten zur Umsatzsteigerung und Unternehmensprofilierung von Medienhäusern und Verlagen am Beispiel von reiff medien Offenburg

Christian Kaufeisen

Inhaltsverzeichnis

1	Ausgangssituation und Problemstellung	224
2	Situationsanalyse und Konzeption	224
2.1	Der regionale Zeitungsverlag als Bindeglied regionaler Akteure	224
2.2	Entwicklung zielgruppenspezifischer Veranstaltungen als Basis für den positiven Imagetransfer	225
2.3	Der Veranstaltungs-Mix	226
3	Imagetransfer unter Berücksichtigung der Wirtschaftlichkeit	228
3.1	Verkaufspartnerschaften und Werbevermarktung	228
3.2	Vermietung	229
3.3	Crossmediale Werbung	229
3.4	Provisionen	229
4	Nutzung von Synergie-Effekten	230
4.1	Zielgruppenhoheit schaffen	230
5	Fazit: Event als lukratives Zusatzgeschäft	231

Zusammenfassung

Neben den typischen produktnahen Mediengeschäftsfeldern im lokalen und regionalen Markt bieten sich im Rahmen der Diversifikationsstrategien der Verlage weitere Schritte an. Am Beispiel von reiff medien, Offenburg, die neue Wege im Bereich Events beschreiten, sieht man, welche weiteren Spielräume vor Ort möglich sind und wie in-

---

Christian Kaufeisen (✉)
Reiff Medien, Marlener Straße 9, 77656 Offenburg, Deutschland
E-Mail: christian.gimbel@reiff.de

© Springer Fachmedien Wiesbaden 2015
T. Breyer-Mayländer (Hrsg.), *Vom Zeitungsverlag zum Medienhaus*,
DOI 10.1007/978-3-658-04100-7_21

novative Geschäftsfelder mit den Hauptaktivitäten eines lokalen bzw. regionalen Medienhauses verbunden werden können.

1 Ausgangssituation und Problemstellung

Sinkende Auflagen und Umsatzrückgänge im Werbemarkt beschreiben die Marktentwicklung für regionale Zeitungsverlage. Die Dynamik der Anzeigen-Auflagen-Spirale und die damit verbundene Wechselwirkung von Absatz- und Werbemarkt zwingen die regionalen Medienhäuser zum Handeln. Starker Wettbewerb, verändertes Nutzerverhalten, die demographische Entwicklung und eine hohe Preissensibilität der Kunden verschärfen die Situation.

Regionale Tageszeitungsverlage müssen sich um neue Geschäftsfelder und damit neue Erlösquellen kümmern. Die Ziele:

- Reichweiten-Steigerung, insbesondere bei jüngeren Zielgruppen
- Generierung und Steigerung crossmedialer Werbeerlöse in eigenen Print-, Online- und Rundfunkwerbeträgern
- Erschließung neuer Erlösquellen (Produkte/Dienstleistungen)
- Imagepflege und Brand-Management: mit zielgruppenspezifischen Events Medienprodukte erlebbar machen

Auf Basis dieser Zielsetzung und unter Berücksichtigung entstehender Synergie-Effekte wurde das Konzept der Kultur- und Veranstaltungsstätte „Medien Dome" entwickelt.

2 Situationsanalyse und Konzeption

2.1 Der regionale Zeitungsverlag als Bindeglied regionaler Akteure

Der typische Tageszeitungsverlag ist in der jeweiligen Region verwurzelt und verfügt in der Regel über exzellente Netzwerke und Kontakte. Kernkompetenz ist die regionale, lokale Information. Regionale Zeitungsverlage streben daher nach Informationsführerschaft, großer Publikumsreichweite und vernetzen die Akteure aus Wirtschaft, Politik und Kultur in der Region.

Der „Medien Dome" will als Kultur- und Veranstaltungsstätte das Engagement institutionalisieren und mit regelmäßigen, maßgeschneiderten Angeboten unterschiedliche Zielgruppen ansprechen.

Die zielgruppenspezifischen Events aktivieren neue und traditionelle Zielgruppen und tragen damit zu einer erhöhten Aufmerksamkeit sowie einer Imagesteigerung bei. Salopp formuliert soll der „Sex-Appeal" des traditionellen Medienhauses unterstrichen werden und in seiner Strahlkraft unterschiedliche, besonders auch neue, bislang nicht erreichte Kundengruppen im Werbe- und Lesermarkt ansprechen.

Das Markenerlebnis Medien Dome 225

Abb. 1 Impression aus dem Reiff Medien Dome

2.2 Entwicklung zielgruppenspezifischer Veranstaltungen als Basis für den positiven Imagetransfer

Voraussetzung für die Konzeption zielgruppenspezifischer Veranstaltungen ist eine Markt-, Wettbewerbs-, Konkurrenz- und Bedarfs-Analyse unter Einbeziehung aller Akteure und der wirtschaftlichen, politischen und kulturellen Rahmenbedingungen.

Aus dieser Analyse resultiert ein Business- und Maßnahmenplan zur Umsetzung der vielfältigen Veranstaltungskonzepte. Durch die Erfahrungen in Offenburg und die Anwendung von Best-Practice-Konzepten kann auf eine aufwändige Analyse oft verzichtet werden, da der Aufwand für die genaue Planung im Vorfeld in keinem Verhältnis zum unternehmerischen Risiko steht.

Die Veranstaltung selbst bietet dann vor- und nachgelagert ein breites Feld von möglichen Aktivitäten, die den positiven Imagetransfer des „aktiven Mediums" hin zum Kunden schaffen.

In Offenburg wurden exemplarisch folgende Maßnahmen umgesetzt:

- Das architektonisch interessante und auffällige Gebäude („Kuppel", bzw. „Dome") wurde im Namen aufgegriffen und mit der Medienmarke „reiff medien" in Verbindung gebracht. Der „Dome" wurde so zum „reiff medien dome" (vgl. Abb. 1).
- Bei einzelnen Veranstaltungen im „reiff medien dome" wird eine enge Verzahnung mit den Tageszeitungen und dem hauseigenen Radiosender hergestellt. So wurden in der Zeitung Coupons abgedruckt, etwa für vergünstigte Getränke oder Eintrittsermäßigun-

gen, exklusive Treffen mit Künstlern angeboten, ein VIP-Eingang für Abo-Card-Inhaber geschaffen, Ticketvorverkauf in den Geschäftsstellen angeboten etc.
- Einzelne Veranstaltungen wurden direkt von den hauseigenen Medien gebrandet. So gab es in Offenburg den „Hitradio OHR 80er Abend", die „Mittelbadische Presse Schickeria" u. v. m. Die Mottoabende wurden dann auch im Radio-Programm bzw. in der Tageszeitung und in den Online-Medien sowie Social-Media-Auftritten mit passenden Aktionen und durch Werbepartnerschaften aktiv begleitet.
- Das Medienhaus präsentierte sich vor Ort mit seinen Dienstleistungen, beispielsweise mit einem iPad-Stand, einer Nachtschwärmer-Frühstückstüte inklusive Zeitung, Entgegennahme von Musikwünschen für das Radio-Programm, speziellen Studenten-Abos etc. Bei den Besuchern der Veranstaltungen wurde so das Interesse an den Produkten des Medienhauses geweckt.
- Durch das Engagement von überregional bekannten Künstlern, wie beispielsweise Sänger Jan Delay und anderen, war der „reiff medien dome" über die Berichterstattung in den eigenen Medien hinaus zielgruppenübergreifend in aller Munde.
- Mit der Veröffentlichung von z. B. Bildergalerien in der Zeitung und den hauseigenen Online-Diensten sowie über kurze Videostatements wurde die Reichweite über virale Verbreitung der Marke „reiff medien dome" vervielfacht. Durch das Einrichten einer eigenen Facebookseite und die aktive Betreuung konnte ein großer Teil der Zielgruppen als „Follower" bzw. „Fan" gewonnen werden. Diese „Social-Media-Fanbase" ist eine wichtige Grundlage für die ergänzende Bewerbung und Vermarktung der Veranstaltungen. Innerhalb eines Jahres konnten für den „reiff medien dome" auf unterschiedlichen Seiten rund 25.000 Fans gewonnen werden.

2.3 Der Veranstaltungs-Mix

Neben dem Verkauf von unterschiedlichen Werbepaketen an Kunden wurden die Veranstaltungen auch mit Vorberichten, Interviews, Verlosungen („Meet & Greet"), Bildergalerien, Videobeiträgen und Nachberichten redaktionell begleitet. Diese Inhalte wurden oft „exklusiv", zumindest aber mit zeitlichem Vorsprung, in den eigenen Medien veröffentlicht. Ein Ansatz, der unterschiedliche Zielgruppen an hauseigene Produkte heranführen bzw. binden soll. Die Strategie des Medienhauses spiegelt sich in der Veranstaltungsgewichtung wider. Die Steuerung nach den jeweiligen Markterfordernissen kann von den Verantwortlichen des Hauses flexibel umgesetzt werden. Idealerweise wird eine Balance zwischen Image und Wirtschaftlichkeit verfolgt. In Offenburg wurde der Veranstaltungs-Mix mit dem Schwerpunkt auf Wirtschaftlichkeit umgesetzt, was sich in der Aufteilung in Abb. 2 widerspiegelt.

Für den Erfolg der Veranstaltungen sind die Pflege und der Aufbau eines Netzwerkes unabdingbar. Nur durch Partnerschaften mit unterschiedlichen Institutionen, Vereinen und Unternehmen können die verschiedenen Besuchergruppen – gerade zum Auftakt einer Veranstaltungsreihe – erreicht und zum Besuch motiviert werden.

Das Markenerlebnis Medien Dome

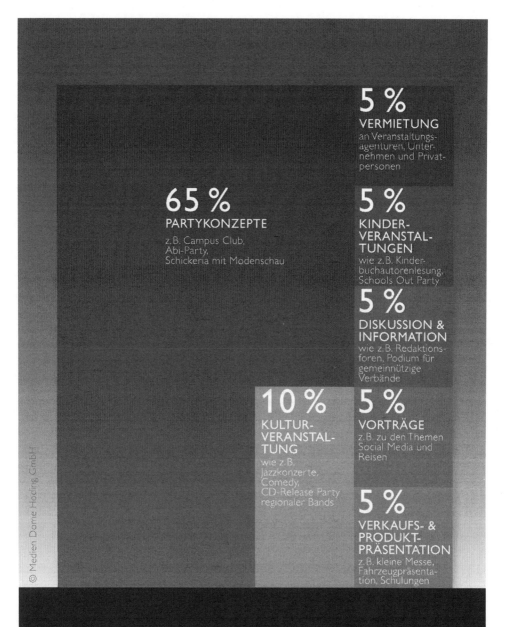

Abb. 2 Veranstaltungsmix

Das gilt für alle aufgeführten Bereiche. So sind Kooperationen im Kulturbereich mit dem Jazzclub oder dem Städtischen Kulturbüro genauso wichtig, wie z. B. die Zusammenarbeit mit der örtlichen Bank bei der School's Out Party oder der Studentenorganisation AStA im Rahmen der Veranstaltung „Campus Club".

3 Imagetransfer unter Berücksichtigung der Wirtschaftlichkeit

Der Medien Dome ist im Selbstverständnis allen Zielgruppen verpflichtet. Ziel ist es, ein Kontaktnetzwerk weiter auszubauen und zu pflegen. Durch die Veranstaltungen und die durch die Organisation entstehenden Kontakte schafft das Medienhaus Nähe und Vertrauen. Eine gute Basis, um mit wichtigen Meinungsführern, Entscheidern, Künstlern und anderen Multiplikatoren in Kontakt zu treten und zu bleiben.

Aus diesem Selbstverständnis leitet sich auch eine Verpflichtung zur Durchführung von nicht wirtschaftlichen Veranstaltungen ab. Das gilt für die direkt zuordenbaren Einnahmen, oft rechnet sich diese Investition aber erst im zweiten Schritt. In Offenburg wurden die Veranstaltungen deshalb (nach ersten Tests) in der Frequenz bewusst gewichtet. Ziel war es – bis auf wenige Ausnahmen – jeweils Partner zu finden, mit denen gemeinsam die Zielgruppe erreicht, das Event finanziert und umgesetzt werden konnte.

Die Werbepartner können die Veranstaltungen zur Kundeninformation und -pflege nutzen. Sie laden ihre Gäste zu diesem Event ein und präsentieren sich selbst am Veranstaltungstag mit ihrem Unternehmen, ihren Dienstleistungen und/oder ihren Produkten.

3.1 Verkaufspartnerschaften und Werbevermarktung

Die vielfältigen Aktivitäten in der Kultur- und Veranstaltungsstätte stellen eine gute Plattform für Kooperations- und Werbepartner dar. Ziel in Offenburg war es, neben den „bekannten" potenziellen Partnern auch neue Kunden an unsere Marke und die Produkte des Medienhauses heranzuführen. Auch solche mit kleinen Umsätzen, aber hohem Potential.

Als eine wichtige Zielgruppe in diesem Kontext ist die Getränkeindustrie zu nennen. Bei der Analyse der im Medienhaus realisierten Werbeerlöse konnte festgestellt werden, dass Umsätze aus dem Bereich Getränkeindustrie sehr gering bis nicht vorhanden waren. So hat ein Produzent von „Energydrinks" in der Vergangenheit keinerlei Umsatz bei reiff medien realisiert. Mit der exklusiven Aufnahme des Getränks in das Sortiment des Medien Domes und durch einzelne Werbepartnerschaften, wie z. B. das Co-Branding von Veranstaltungen, konnte ein fünfstelliger Werbekostenzuschuss erwirtschaftet werden. Bereits im ersten Jahr konnten so Werbeerlöse aus der Getränkeindustrie (bei gleichzeitig marktüblichen Einkaufskonditionen) in Höhe von rund 70.000 EUR erwirtschaftet werden.

Veranstaltungen mit Fokussierung auf die junge Zielgruppe (18–26 Jahre) wurden von der werbetreibenden Wirtschaft in Offenburg besonders nachgefragt. Hier besteht Bedarf bei der Gewinnung von Auszubildenden, jungen Arbeitskräften und beim Verkauf von

Sport- und Trendartikeln. Diese jungen Menschen sollen zielgruppengerecht erreicht und an die Marke bzw. das Produkt des Werbepartners herangeführt werden.

3.2 Vermietung

Der Medien Dome erreicht durch die ständige Präsenz in den Medien und durch die oft kreativen Werbemaßnahmen eine hohe lokale und regionale Marktdurchdringung. Das hier erzeugte positive Image und die damit verbundene Neugier auf die Veranstaltungsstätte ist eine gute Voraussetzung für die Vermietung des Medien Domes an Unternehmen. Das Angebotsportfolio reicht von Fachvorträgen, Weihnachts- und Jubiläumsfeierlichkeiten über Produkt- und Verkaufspräsentationen bis hin zu kleinen Messen und Ausstellungen. Diese Ansätze bieten eine attraktive Möglichkeit, die Leistungen des Medienhauses in Kombination mit der Veranstaltungsstätte Medien Dome zu vermarkten.

3.3 Crossmediale Werbung

Durch die Werbung im Vorfeld werden Interessenten für die Veranstaltungen aktiviert, die potenziell Kunden des Werbetreibenden werden könnten. In ergänzenden Werbemitteln wie Flugblättern, Plakaten, Anzeigen, Onlinewerbung etc. kann der Kunde sich und seine Leistungen zusätzlich darstellen. Letztendlich sorgt dann am Tag der Veranstaltung eine professionelle Präsentation des Werbetreibenden im Medien Dome für den gewünschten direkten Kontakt mit der Zielgruppe. Im Vorfeld konnten einige Veranstaltungspartner in Offenburg die Kundenfrequenz durch den Verkauf von Tickets in den eigenen Geschäftsstellen steigern.

3.4 Provisionen

Eine weitere Erlösquelle des Medien Domes ist die Vergabe von regulären Services, deren Qualität und Ausführung für das Image und die Akzeptanz der Veranstaltungsstätte sehr wichtig ist. Beispielsweise konnten sich die Besucher von einem „VIP-Taxi" zu Hause abholen lassen. Diese wurden mit einem Glas Sekt eines regionalen Weingutes im Fahrzeug begrüßt und zum Medien Dome chauffiert. Für jeden vermittelten Auftrag erhielt der Medien Dome Provision bzw. Werbeleistung auf die Fahrzeuge des Taxiunternehmens.

Der Shuttleservice konnte für eine begrenzte Anzahl von Veranstaltungen durch ein Autohaus ergänzt werden. Auf diese Weise sollte eine junge, kaufkräftige Zielgruppe an ein neues Kfz-Modell herangeführt werden. Aus diesem Grund konnte der über Anzeigen, Plakate und Flyer vor Ort angesprochene Besucher mit etwas Glück „sein" Auto anfordern. Das Autohaus holte den Gast von zu Hause ab und chauffierte den Besucher direkt zur Veranstaltung. Während der Fahrt wurde das Fahrzeug und dessen Vorzüge erklärt. Im Einzelfall konnte sogar der Besucher das Fahrzeug direkt auf dem Weg zum Medien Dome testen, Sektempfang im Fahrzeug, VIP-Vorfahrt und Eintritt inklusive. Ein Maßnahmen-Paket, mit dem das Autohaus Interessenten und Kunden für seine Fahrzeuge gewinnen konnte. Mit weiteren speziellen Services konnten in Offenburg „neue" Werbekunden an das Medienhaus gebunden und die Medien-Dome-Besucher begeistert werden.

4 Nutzung von Synergie-Effekten

Um die entstehenden Synergie-Effekte optimal zu nutzen, erhält der Medien Dome vergünstigte Konditionen zur Bewerbung seiner Veranstaltungen in allen Medien der reiffmedien-Gruppe. Werbeleistungen des Medienhauses wurden mit 20 % des Preislistenpreises bei den Kosten berücksichtigt. Im Gegenzug erhält der Verlag Zugang zu einer attraktiven Zielgruppe für seine Produkte und einen Anteil des neu erwirtschafteten Gewinns.

Der Medien Dome und das jeweilige Medium stärken sich durch ihre Aktivitäten und Verweise auf den jeweils anderen gegenseitig. Das Medienhaus kann von exklusiven Inhalten und einzigartigen Vorteilen für seine Konsumenten profitieren. Die Veranstaltungsstätte erreicht über den Imagetransfer und den Kontakt zu Lesern, Usern und Hörern eine spannende Zielgruppe für ihre Veranstaltungen.

4.1 Zielgruppenhoheit schaffen

Die jeweilige Medienmarke kann durch die Moderation von Veranstaltungen (Expertengespräch o. ä.) an Profil und Glaubwürdigkeit in der Sache gewinnen. Moderiert eine Person, etwa ein Fachredakteur, immer wieder die gleichen Themen und Fachbereiche, so kann der Moderator (= Vertreter des Medienhauses) selbst zur Marke aufgebaut werden. Die Kompetenz des Moderators strahlt auf das Produkt ab. Positiver Nebeneffekt: Das Medienhaus gewinnt auf diese Weise „Fans" und „Follower" bzw. Adressen von Menschen aus der Region, die an ganz bestimmten Themenbereichen interessiert sind. Diese können – unter Berücksichtigung der gesetzlichen Vorschriften – auch für künftige Veranstaltungen und Promotions in diesem Themenbereich genutzt und im hauseigenen CRM-System verarbeitet werden. Durch die kontinuierliche Entwicklung von Veranstaltungsreihen kann die Zielgruppe in der Region klar umrissen werden – damit schafft sich das Medienhaus eine „Zielgruppenhoheit" und einen Wettbewerbsvorteil. Beispielsweise könnte eine regelmäßige Immobilienmesse „Bauen & Wohnen" oder eine „Hochzeitsmesse" passend zur Sonderveröffentlichung in den Tageszeitungen oder Magazinen helfen, diesen Wettbewerbsvorteil auszubauen und zusätzliche Erlöse im Werbemarkt zu generieren. Die gewonnenen Daten sind darüber hinaus eine gute Basis für die Entwicklung neuer Geschäftsideen.

5   Fazit: Event als lukratives Zusatzgeschäft

Der „reiff medien dome" konnte sein Geschäftsjahr mit einer Rendite von ca. 20% abschließen. Dabei wurden die Einnahmen über den Ticketverkauf, Event-Partnerschaften, Product-Placement, Gastronomie und Merchandising erwirtschaftet. Für die Rendite sorgen in erster Linie die Partykonzepte. Dagegen sind Kulturveranstaltungen oft wirtschaftlich schwierig umzusetzen, da in der Regel städtische Institutionen Veranstaltungen, und damit letztendlich die Eintrittspreise, subventionieren.

Der Medien Dome bietet für Verlage und Medienhäuser einen lukrativen Ansatz zur Erweiterung des Produktportfolios und die Chance zum Aufbau eines neuen Geschäftsfeldes. Zu beachten sind die insgesamt komplexe Thematik und die damit verbundenen Detailaspekte, wie z. B. Akustik, Lärmschutz, Gastronomie, Warenwirtschaft etc.

Die reiff medien dome holding in Offenburg hat sich als Tochter des regionalen Medienhauses reiff medien auf den Bau, die Organisation und den Betrieb der Veranstaltungsstätte Medien Dome spezialisiert. Gemeinsam mit anderen Verlagen und Medienhäusern möchte reiff medien dieses Konzept auch in anderen Regionen erfolgreich umsetzen.

Christian Kaufeisen   Christian Kaufeisen (40), war bis 7/2014 Marketing- und Vertriebsleiter von reiff medien sowie Geschäftsführer der medien dome holding GmbH in Offenburg, Seit 7/2014 ist er Geschäftsführer von SDZ. Druck und Medien in Aalen. Kontakt zum Autor unter http://www.xing.com/profile/Christian_Kaufeisen Sein Nachfolger bei reiff medien ist Christian Gimbel, Mittelbadische Presse reiff medien, Marketing- und Vertriebsleitung, Marlener Straße 9, 77656 Offenburg.

Content for free: „Huffington Post" als neues Modell des Journalismus?

Oliver Eckert

Inhaltsverzeichnis

1 Gründungsidee und Gründungsgeschichte 233
2 Das Journalismus-Modell 234
3 Internationaler Roll-out 235

Zusammenfassung

Der Wettbewerb zwischen kostenpflichtigen und kostenlosen redaktionellen Angeboten im Netz bekam eine neue Qualität, als mit der Einführung der „Huffington Post" nicht nur die Verbreitung der Inhalte im Geschäftsmodell auf unterschiedlichen Grundsätzen beruhte, sondern auch das Prinzip der Content-Erstellung vom klassischen Bezahljournalismus verändert und ergänzt wurde. Die Frage nach dem Wert redaktionellen Contents stellt sich für viele daher bereits bei der Erstellung.

1 Gründungsidee und Gründungsgeschichte

Wer die „Huffington Post" verstehen möchte, reist am besten nach New York. Am Broadway 770 sitzt die Zentrale, verteilt auf zwei Etagen eines Wolkenkratzers. Allein im Newsroom arbeiten mehr als dreihundert Menschen. Die Tische stehen in langen Reihen, so wie

---

Oliver Eckert (✉)
TOMORROW FOCUS Media GmbH, Neumarkter Str. 61, 81673 München, Deutschland
E-Mail: o.eckert@focus.de

© Springer Fachmedien Wiesbaden 2015
T. Breyer-Mayländer (Hrsg.), *Vom Zeitungsverlag zum Medienhaus*,
DOI 10.1007/978-3-658-04100-7_22

in einer Universitätsbibliothek. Vor den Notebooks sitzen Redakteure und Programmierer, die Hand in Hand arbeiten. Sie recherchieren und schreiben. Sie entwickeln interaktive Grafiken und neue Portal-Features.

Erst 2005 hat die Publizistin Arianna Huffington das neuartige News-Portal gegründet. Das erste Team bestand aus fünf Mitarbeitern. Acht Jahr danach arbeiten für die „Huffington Post" rund 800 Mitarbeiter/-innen, darunter 600 festangestellte Redakteure/Redakteurinnen. Die Reichweite des Portals ist in der gleichen Zeit von 0 auf 100 Mio. Unique User pro Monat geschossen. Die altehrwürdige „New York Times", die bekannte „USA Today", die renommierte „Washington Post" – alle etablierten Newsseiten liegen mittlerweile deutlich hinter der „HuffPost".

In der New Yorker Zentrale zeigen die Analyse-Tools der Redakteure und Marketing Manager das Erfolgsgeheimnis: Alle 58 s geht eine neue Story online. Ein Feuerwerk von täglich mehr als 1600 Nachrichten, Reportagen, Videos und Kolumnen zieht immer mehr Leser auf die Seite. Für jedes Interesse gibt es eine Rubrik, insgesamt mehr als 50 Ressorts – von Politik bis Entertainment, vom Hochzeits- bis zum Scheidungs-Channel. Die „Huffington Post" erobert das Internet, macht sich mit ihren Geschichten in Suchmaschinen und sozialen Netzwerken breit. Die Menschen lieben die Themenvielfalt und Mischung, die Menschen kommen an der „HuffPost" nicht vorbei.

Angetrieben wird die „Huffington Post" durch einen innovativen Hybrid-Motor. Die professionelle Berichterstattung der rund 600 festangestellten Redakteure wird ergänzt durch unterschiedlichste Beiträge von mehr als 50.000 Bloggern. Damit definiert die „Huffington Post" das Verhältnis zwischen Lesern und Journalisten neu. Im Blog-Bereich können Menschen verschiedenster Disziplinen und Bekanntheitsgrade ohne journalistischen Auftrag und Honorar über Themen schreiben, die sie begeistern. Unter den Gastautoren sind Barack Obama und Larry Page, Madonna und Alanis Morisette. Aber auch Sozialarbeiter oder Mütter, die über ihren Alltag zwischen Kind und Beruf schreiben, ebenso Sportler oder Gesundheitsexperten. Die Liste ließe sich ewig fortsetzen. Die „HuffPost" verbindet die besten journalistischen Ansätze traditioneller Medien mit der Transparenz, Offenheit und dem Dialog der neuen Medien. Die Mischung aus professionellem Nachrichtenangebot und Engagement-Plattform macht die „Huffington Post" zu dem Ort, an dem all die Themen und Probleme behandelt werden, die die Menschen aktuell interessieren.

2 Das Journalismus-Modell

Die „Huffington Post" verkörpert ein Modell, das äußerst demokratisch ist. Und ein Modell, das äußerst digital ist.

1. Es ist ein zutiefst demokratisches Modell, weil die „Huffington Post" Menschen eine Plattform verschafft, die bisher keine haben. Die „HuffPost" ist wie eine Talkshow mit einem großen Publikum. Der einzige Unterschied: Die Zahl der Gäste ist unbegrenzt.

Und jeder kann frei wählen, ob er im Publikum oder auf der Bühne Platz nehmen möchte. Wer mitschreiben möchte, kann das, wann immer und so oft tun, wie er will. Die Gastautoren lieben es, sich nicht erst aufwändig um einen eigenen Blog mit eigener Technik kümmern zu müssen. Und sie lieben es, direkt ein großes Publikum zu haben – im Gegenzug verzichten sie gerne auf ein Honorar. Erst recht, weil sie auch Texte veröffentlichen können, die anderswo schon erschienen sind, zum Beispiel in einem Buch oder in einem privaten Blog. Die „Huffington Post" bietet die Plattform, prüft die Beiträge und hebt die besten Texte sogar auf die Startseite. In einer Zeit, in der zusehends die Sorge vorherrscht, dass kritische Stimmen durch die Schließung von Zeitungen verstummen könnten, ist das eine positive Entwicklung. Zehntausende Blogger machen von diesem Angebot bereits regelmäßig Gebrauch – und es kommen täglich Dutzende hinzu. Weil sie sich für ein Thema begeistern. Weil sie gerne schreiben. Und weil sie ihre Meinungen einem größeren Publikum vorstellen möchten, so wie es auch Millionen bei Facebook, Twitter oder Tumblr tun.

2. Es ist ein zutiefst digitales Modell, weil im Internet nur die News-Portale mit den größten Reichweiten auf Dauer bestehen. Und diese Größe ist bei redaktionellen Portalen nur durch Qualität UND Quantität gleichermaßen erreichbar. Die Menschen haben im Internet mehr Interessen als eine Redaktion leisten kann. Jeder zusätzliche Artikel findet seine Leser, vergrößert die Reichweite und damit auch das Monetarisierungspotenzial. Die 600 festangestellten Redakteure der „Huffington Post" wären niemals alleine in der Lage, alle 58 s eine Geschichte zu veröffentlichen. Das ginge nur auf Kosten der Qualität oder durch massive Investitionen in weitere hunderte Journalisten – ein nicht zu finanzierendes Unterfangen. Die Kombination von professionell erstellten journalistischen Inhalten und interessanten, authentischen Blogger-Inhalten verschafft der „Huffington Post" hingegen die in digitalen Geschäftsfeldern so wichtige Skalierbarkeit. Einen zusätzlichen Schub erhält das Modell durch die User selbst. Sie diskutieren leidenschaftlich über einzelne Artikel. Zur Topnachricht des Tages schreiben sie oft mehr als 10.000 Kommentare. Was die User schreiben, ist oft mindestens so interessant wie die Artikel selbst und sorgt so für zusätzliche Reichweite.

3 Internationaler Roll-out

Das Modell der „Huffington Post" ist nicht nur in den USA skalierbar. Deshalb gibt es Anfang 2014 bereits in zehn weiteren Ländern eigenständige Onlineausgaben, unter anderem in Großbritannien, Japan, Brasilien und Frankreich. Im Herbst 2013 hat die „Huffington Post" in Partnerschaft mit „TOMORROW FOCUS" (u. a „FOCUS Online", „Finanzen100") ihr Portal in Deutschland gestartet. Weitere Länder sollen schnell folgen.

In allen Ländern überraschen Blogger und Redakteure gleichermaßen ihre User mit spannenden Geschichten. In allen Ländern ergänzen die Gastautoren das professionelle journalistische Angebot perfekt mit überraschenden Sichtweisen, fundierten Hintergründen, Analysen oder noch nicht erzählten Geschichten. Überall wächst die Reichweite über das skalierbare Modell enorm schnell – die sicher größte Auszeichnung für die tägliche Arbeit.

Eine ganz besondere Ehrung gab es aber 2012: Da veröffentlichten die Reporter der „Huffington Post" eine aufwändige, mehrteilige Reportage über das Schicksal von Kriegsveteranen. Sie erhielten dafür anschließend den Pulitzer Preis, den Oscar für ausgezeichneten Journalismus – als erstes Online-Medium überhaupt.

Oliver Eckert ist Geschäftsführer der TOMORROW FOCUS Media GmbH, TOMORROW FOCUS Content&Services GmbH und der Finanzen100 GmbH.

Hat Qualitätsjournalismus eine Zukunft?

Stefan Plöchinger

Inhaltsverzeichnis

1 Wenn es Qualitätsjournalismus gibt, muss es Nichtqualitätsjournalismus geben.
   Aber was wäre das? Wäre das überhaupt Journalismus?......................... 238
2 Wird Journalismus, der den Leuten dient, überleben?........................... 239
Literatur 242

Zusammenfassung

Viele Journalisten und Medienschaffende quälen sich derzeit mit Selbstzweifeln und der Sinnhaftigkeit der eigenen beruflichen Existenz. Die zahlreichen Veränderungen, die das bisher gültige Prinzip des direkt vermarktbaren Bezahljournalismus in Frage stellen, sind jedoch die Rahmenbedingungen unter denen auch neue positive Entwicklungen für den Journalismus machbar sind. Man muss nur damit beginnen.

Studenten, die das Handwerk namens Journalismus an der Universität verwissenschaftlicht bekommen, lernen meistens im ersten Semester die Nachrichtenfaktoren kennen. Eine Nachricht ist dieser Theorie zufolge nur dann eine ebensolche, wenn sie möglichst viele Kriterien erfüllt: Aktualität, Relevanz, ein Dutzend mehr. Ein Killerfaktor ist der sogenannte Negativismus. Er besagt, dass viele Menschen insgeheim lieber von Schlechtem, Bösem, Üblem erfahren als von Gutem, Wahrem, Schönem. Respektive, dass Journalisten das glauben – und deshalb gern schlechte, böse, üble Neuigkeiten publizieren.

Stefan Plöchinger (✉)
Süddeutsche Zeitung Digitale Medien GmbH,
Hultschiner Str. 8, 81677 München, Deutschland
E-Mail: stefan.ploechinger@sueddeutsche.de

Die Praxistauglichkeit dieser Annahme wurde vielfach wissenschaftlich überprüft, aber derzeit braucht es dafür keine Forscher. Man muss nur die Fachdienste lesen, 2020-Debatten scannen, auf Branchenkongressen den Panels zuhören oder auf ebenjenen sitzen, schon erlebt man Negativismus in Reinform.

Zahlreiche publizistische Protagonisten ergehen sich in gefühlter Schauderwonne, wenn sie über Zustand und Zukunft ihrer Zunft sprechen. Absurderweise auf beiden Seiten der Debattenfront. Rückzugskämpfer der altbekannten Medienwelt scheuen die neue digitale und erklären sie zur Schreckensvision. Heilsarmisten der neuen Welt finden die alte verrottet und würden sich nicht stören, wenn sie heute statt morgen stürbe. Negativismus als egozentrischer Killerfaktor: furchtfröhlich berauscht am angeblichen Untergang der eigenen Art.

Kaum eine Branche redet sich so düster in Rage wie die Medienbranche. Selbstkritik angesichts der digitalen Revolution ist das eine; das ist nötig, um zu Selbsterkenntnis zu kommen. Das andere ist, was gerade an Sich-selbst-Schlechtmachen im Journalismus passiert. Reichlich Medienmenschen überschreiten die Grenze zwischen ersterem und letzterem mit einer Leichtfüßigkeit, die neben Negativismus auch den Herdentrieb unseres Berufsstands am Werk wähnen lässt. Herdentrieb ist: Wenn irgendein Vordenker etwas schlechtredet, reden es viele andere auch schlecht. Print tot! Journalisten massenentlassen! Noch mehr Zeitungen sterben! Verlage pennen! Pennen! Pennen! Fernsehsender auch! Diskussionskultur am Ende! Menschen immer dümmer! Wer die großen Narrative der Branchendebatte der vergangenen Jahre im Zeitraffer betrachtet, wähnt sich auf einem Festival von Depressiven.

Damit sind wir beim Thema. Denn die Frage, die über diesem Kapitel steht, folgt letztlich dieser Logik: Hat Qualitätsjournalismus eine Zukunft?

Am besten redigiert man zuerst die Frage:

1 Wenn es Qualitätsjournalismus gibt, muss es Nichtqualitätsjournalismus geben. Aber was wäre das? Wäre das überhaupt Journalismus?

Und warum sagen wir das jetzt in diesen Krisenzeiten noch häufiger als sonst: Qualitätsjournalismus?

In kleinen wie großen Verlagen und anderen Journalismusanstalten haben sich Kollegen massenhaft angewöhnt, unseren Job zur Selbstbestätigung der Schutzbedürftigkeit alldieweil Qualitätsjournalismus zu nennen, ob es sich darum handelt oder nicht. Dabei ist das Wort ein Pleonasmus – ein weißer Schimmel, eine runde Kugel, ein kaltes Eis, ein alter Greis. Journalismus, der sich nicht der Qualität verschreibt, braucht gar keine Zukunft. Er ist dann Pseudo und meinethalben gern dem Untergang geweiht.

Womit man bei der reduzierten Frage ist: Hat Journalismus eine Zukunft?
Wenn nun ein Journalist auf eine solche Ratefrage zu fernen Tagen antworten soll, liegt nahe, dass er das mit der Geste des halbprofessionellen Sehers tut und bekannte Einlas-

sungen zur Digitalrevolution wiederholt, und am Ende: Vorhang zu und alle Fragen offen. So geht das ja seit Jahren. Darauf verzichten wir in Zukunft besser.

„Zukunft haben" – auch so eine Worthülse. Gemeint ist letztlich: Wird Journalismus genug Geld haben, um zu überleben?
Man kann es auch weniger monetär formulieren. Wir berufen uns gern auf unseren gesellschaftlichen Auftrag; zu Recht, denn am Ende wird ebenjene Gesellschaft über unsere Ausstattung, unsere Möglichkeiten, unsere Unabhängigkeit – unsere Zukunft bestimmen. Ob es um den Werbemarkt oder den Erfolg von Paywalls geht, wir haben nur eine Chance: eine möglichst große Gemeinschaft von Nutzern vom Sinn unseres Daseins überzeugen.

Womit sich die Frage noch mal anders anhört:

2 Wird Journalismus, der den Leuten dient, überleben?

Die Ein-Wort-Antwort eines Optimisten: Natürlich.

Die Langfassung der Antwort folgt, und damit wir das Glas nicht weiter halb leer sehen, sondern halb voll, gliedert sie sich in sieben gute Nachrichten.

Gute Nachricht Nummer 1
Was die Pessimisten zu gern vergessen: Die Welt ist heute so voll mit Informationen wie nie zuvor. Die Menschen auf der Welt sind infolge der Digitalisierung – einer historisch ungekannten Explosion der Inhalteverbreitung – potentiell besser informiert denn je. Das ist unsere größte Chance als professionelle Vermittler. Denn die Menschen sind es nur *potentiell*. Tatsächlich informiert sind die Menschen erst, wenn wir richtig arbeiten. Es gibt Bedarf an uns, ob wir nun festangestellte Verlagsmenschen, Freizeitblogger, Trimediale im Rundfunk oder andere Publizisten sind. Der Informationsmarkt ist zwar so umkämpft, aber auch so groß wie nie zuvor. Der Wettbewerb auf diesem Markt mag härter sein als in früheren Zeiten, weil die nächste gute Webseite nur einen Klick entfernt ist – aber wer eine wirklich gute Webseite macht, profitiert davon, dass die Nutzer eben nur einmal klicken müssen, um bei ihr zu landen. Unser erreichbares Publikum ist viel größer als früher. Gute Nachricht Nummer 1.

Gute Nachricht Nummer 2
Falls dieses Publikum nun eines Tages beschließen würde, unsere Arbeit nicht mehr auf Papier oder im linearen Fernsehen nutzen zu wollen, dann würde ich das bedauern, weil ich zumindest Papier mag. Aber der Journalismus geht davon nicht unter. Im Gegenteil, man kann die Sache auch anders sehen. Bei der Zeitungsproduktion zum Beispiel kosten Druck und Vertrieb auf Papier mehr als die Hälfte; das vergisst man gern. Digital kostet einen Bruchteil. Das, wofür „Zeitung" steht, hängt wiederum keineswegs am Papier. Der Begriff beschreibt die Leistung, die Welt so zu sortieren, dass sich eine kritische Öffentlichkeit klug danach ausrichten kann. Er war einst ein Synonym für „Nachrichten". Also hören wir am besten mit dem stupiden Branchenspiel auf, auf das Ende des Zeitungs-

drucks zu tippen – 2020? 2032? 6 aus 49? –, sondern beginnen, in der Transformation hin zum Digitalen die Vorteile zu sehen, nämlich die vielen Vorteile unseres neuen Trägermediums. Unsere Möglichkeiten erweitern sich in bekannte und unbekannte Weiten der vernetzten Welt hinein, ohne dass die ganze Veranstaltung gleich unendlich mehr kostet als früher: gute Nachricht Nummer 2.

Gute Nachricht Nummer 3
Viele Kolleginnen/Kollegen fragen trotzdem erbittert und verbittert, wie wir in dieser neuen Welt unseren Journalismus finanzieren sollen. Nun, die Frage ist wichtig, aber wichtiger ist zuvor eine andere. Die meisten Redaktionen, die im Netz neue Geschäftsmodelle gefunden haben, haben zu allererst die Frage beantwortet, was sie publizistisch erreichen wollen in der digitalen Welt. Erst eine saubere Idee fürs Inhaltliche, dann das Publikum davon überzeugen, bis sich finanzielle Ideen logisch daraus ergeben – das ist der ideale Weg. Das bedeutet, gute Nachricht Nummer 3: Am Anfang brauchen wir für die Transformation einfach Verstand und guten Willen, um eine Vision zu finden. (Kant sah in Vernunft und Willen übrigens die Voraussetzungen für aufgeklärtes Handeln, in seinen Worten: für den „Ausgang aus der selbstverschuldeten Unmündigkeit".)

Gute Nachricht Nummer 4
In diesem Prozess des Neuerfindens müssen sich alle Redaktionen ihre *eigene* Zukunftsvision suchen. Weil sich jeder Titel im digitalen Raum gegenüber allen anderen behaupten muss, ist eben jeder auf eigene Weise herausgefordert. „Die Tageszeitungen", „die Verlage", „die Nachrichtenseiten": Diese Oberbegriffe werden in der Branchendebatte noch gern benutzt, aber die Ära der weitgehend einheitlichen Geschäfts- und publizistischen Modelle endet gerade. Man merkt das daran, dass die Zeitungskrise, von der alle reden, ja keineswegs alle Häuser zugleich trifft. Nicht alle Zeitungen und Zeitschriften verlieren gerade dramatisch Leser, manchen geht es gut. Manche gewinnen digitale Abonnenten in einem Ausmaß, das Hoffnung macht. Was läuft bei diesen Titeln anders, besser, klüger? Was kann man aus ihren Strategien lernen? Wer Antworten auf diese Fragen sucht und seine Schlüsse zieht, um die eigene Marke vom Rest des Marktes abzuheben, schärft sein Profil. Profil zu schärfen, ist eine kreative Aufgabe. Sie zielt am Ende auf Kreativität im Journalismus. Gute Nachricht Nummer 4.

Gute Nachricht Nummer 5
Halbhoffnungsvolle Branchenseher argumentieren gerade, dass Journalisten als starke Einzeltypen vermutlich die digitale Transformation überleben werden – aber nicht die großen Redaktionen, wie wir sie kennen, und dass es diese vielleicht auch nicht braucht. Falsch. Redaktionen müssen überleben, weil es sie braucht. Fachleute sprechen vom Netzwerkeffekt, wenn die Summe mehr ist als die Einzelteile. Eine Redaktion mit vielen exzellenten Journalisten schafft, wenn sie gut arbeitet, mehr als die exzellenten Journalisten allein. Wer daran zweifelt, sollte über Scoops wie WikiLeaks, OffshoreLeaks oder Snowden nachdenken. Natürlich hatten einzelne Journalisten einen enormen Anteil an diesen

Enthüllungen, wie auch die Whistleblower und andere Enthüller abseits des Journalismus. Aber ohne die Kraft und Verteidigungsmacht großer Redaktionen wäre die Aufklärung dieser Skandale um ein Vielfaches schwieriger gewesen. Der „Guardian", der in den genannten Enthüllungsgeschichten so stark war wie keine andere Redaktion, hat mit seinem Journalismus eine globale Anhängerschaft gewonnen, die sein Überleben sichern wird, davon bin ich überzeugt. Solche Redaktionen sind Möglichmacher, Bollwerke und Netzwerke für herausragende Journalisten. Sie sind wichtig – gute Nachricht Nummer 5 –, und wenn wir es richtig anstellen, ist das durchaus auch dem Publikum zu vermitteln.

Gute Nachricht Nummer 6
Dafür habe ich auch bei zwei Forschern Indizien gefunden, die mich in den vergangenen Monaten haben aufhorchen lassen. Der eine war Wolfgang Schweiger (2013), der sich mit der Frage beschäftigt hat, ob Leser mit harten Kriterien einschätzen können, was Qualität im Journalismus ist. Sein Befund: nicht wirklich. Die angenommene Qualität einer bestimmten Zeitung ist ein erlerntes Konstrukt im Kopf des Lesers, eine Art antrainiertes Vertrauen, das einer Marke entgegengebracht wird. Das größte Problem ist, wenn die Marke dieses Vertrauen durch Fehler oder Parteilichkeit zerstört – dann erodiert ihre Anhängerschaft. Vermeidet sie Fehler oder Parteilichkeit, dann bleibt ihr guter Ruf erhalten. Das Qualitätsversprechen vermittelt sich in der Gesellschaft weiter. Ich folgere daraus: Was auch immer die Digitalisierung mit unseren Geschäftsmodellen anrichtet, wenn wir journalistisch keinen Mist bauen, sondern eben jeden Tag exzellente Arbeit abliefern, vertrauen uns die Leute und erkennen unseren Wert. So viel auch zur Eingangsfrage. Gute Nachricht Nummer 6.

Der andere Forscher war Michael Haller (2013), der in der sonst oft schwarz-weißen 2020-Serie des „Spiegel" einen zu wenig beachteten Schluss- und Kontrapunkt setzte. „Im öffentlichen Palaver über die Zukunft der Zeitung wollen alle nur das Beste - und ohne Anamnese und Diagnose nur das verschreiben, was sie selbst kennen und können", schrieb er über die aktuelle Branchendebatte. „Alle meinen es gut, und unserem Patienten geht es schlechter und schlechter." Dann hinterfragt er gängige Rezepte von Zeitungsreformern, zum Beispiel, dass Lokales auf die Titelseite von Regionalblättern müsse oder dass Leser in Zeitungen nur noch „magazinige" Texte erwarten. Er hält mit Zahlen dagegen – und versucht auch zu entkräften, dass sich junge Leute erst wegen des Internets von Zeitungen abgewandt hätten. Seine Diagnose: Junge Leute fühlten sich von vielen Zeitungsredaktionen in ihrer Lebenswelt unverstanden. Gerade ihre Erwartungen zu Informations- und Einordnungskompetenz würden oft enttäuscht. „Viele Blattmacher reden derzeit viel über Lesernähe; doch verstanden haben sie ihr Publikum bislang nicht."

Wenn Haller damit richtig liegt, dann ist das eine schlechte Nachricht. Konkurrierende Forscher, Experten oder andere semi- bis vollprofessionelle Journalismusversteher werden seine Befunde sicher auseinanderfieseln, aber egal. Wir könnten die professorale Intervention in unsere Branchendebatte schlicht als Impuls nehmen, uns zu fragen, wo er in Bezug auf unser eigenes Medium Recht hat. Verstehen wir die Lebenswelt der jungen Leser, die keine Zeitungen mehr abonnieren wollen, ob gedruckt oder digital? Wo enttäuschen wir sie, was tun wir dagegen?

Gute Nachricht Nummer 7
Denn, gute Nachricht Nummer 7, wir sind doch alle schlau und neugierig genug, um zu hinterfragen, was wir täglich tun – um besser zu werden und jene Leute wieder für Journalismus zu begeistern, die nicht mehr von Journalismus begeistert sind.

Wir müssen halt mit dem Negativismus brechen und anfangen, uns selbst zu begeistern.

Literatur

Haller, M. (2013). http://www.spiegel.de/kultur/gesellschaft/michael-haller-zur-zeitungsdebatte-a-917026.html. Zugegriffen: 26. Sept. 2014
Schweiger, W. (2013). http://training.dw.de/ausbildung/blogs/lab/?p=2759. Zugegriffen: 26. Sept. 2014

Stefan Plöchinger ist Chefredakteur von „Süddeutsche.de" und Mitglied der Chefredaktion der „Süddeutschen Zeitung".

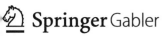

springer-gabler.de

Das Gabler Wirtschaftslexikon – aktuell, kompetent, zuverlässig

Springer Fachmedien Wiesbaden, E. Winter (Hrsg.)
Gabler Wirtschaftslexikon
18., aktualisierte Aufl. 2014. Schuber, bestehend aus 6 Einzelbänden, ca. 3700 S. 300 Abb. In 6 Bänden, nicht einzeln erhältlich. Br.
* € (D) 79,99 | € (A) 82,23 | sFr 100,00
ISBN 978-3-8349-3464-2

- Das Gabler Wirtschaftslexikon vermittelt Ihnen die Fülle verlässlichen Wirtschaftswissens
- Jetzt in der aktualisierten und erweiterten 18. Auflage

Das Gabler Wirtschaftslexikon lässt in den Themenbereichen Betriebswirtschaft, Volkswirtschaft, aber auch Wirtschaftsrecht, Recht und Steuern keine Fragen offen. Denn zum Verständnis der Wirtschaft gehört auch die Kenntnis der vom Staat gesetzten rechtlichen Strukturen und Rahmenbedingungen. Was das Gabler Wirtschaftslexikon seit jeher bietet, ist eine einzigartige Kombination von Begriffen der Wirtschaft und des Rechts. Kürze und Prägnanz gepaart mit der Konzentration auf das Wesentliche zeichnen die Stichworterklärungen dieses Lexikons aus.

Als immer griffbereite „Datenbank" wirtschaftlichen Wissens ist das Gabler Wirtschaftslexikon ein praktisches Nachschlagewerk für Beruf und Studium - jetzt in der 18., aktualisierten und erweiterten Auflage. Aktuell, kompetent und zuverlässig informieren über 180 Fachautoren auf 200 Sachgebieten in über 25.000 Stichwörtern. Darüber hinaus vertiefen mehr als 120 Schwerpunktbeiträge grundlegende Themen.

€ (D) sind gebundene Ladenpreise in Deutschland und enthalten 7% MwSt; € (A) sind gebundene Ladenpreise in Österreich und enthalten 10% MwSt. sFr sind unverbindliche Preisempfehlungen. Preisänderungen und Irrtümer vorbehalten.

Jetzt bestellen: springer-gabler.de

Druck: KN Digital Printforce GmbH · Schockenriedstraße 37 · 70565 Stuttgart